Hans Ruh
Thomas Gröbly

Die Zukunft ist ethisch – oder gar nicht

Vorab «Die Zukunft ist ethisch – oder gar nicht». Das Bild des Hochseiltänzers scheint uns für diese These passend. Wir befinden uns gesellschaftlich auf einer Gratwanderung. Einerseits leben wir mit größten ökologischen und ökonomischen Risiken. Wir befinden uns in einem labilen Gleichgewicht, und dabei geht es um alles oder nichts. Andererseits sehen wir im Hochseil auch eine Metapher für die Zukunftsfähigkeit. Es sind nämlich weder technische noch ökonomische Ansätze, die uns aus der Krise führen, sondern ethische und geistige. Der Hochseilartist kommt weder mit Kraft, Technik oder Geld an sein Ziel. Er braucht höchste mentale und geistige Präsenz, Flexibilität und Orientierung.

Aus dem Titel des Buches ist das Grundanliegen ersichtlich. Wir wollen begründen, warum die Lösung der großen ökologischen, gesellschaftlichen und wirtschaftlichen Fragen zunächst tief greifender ethischer und geistiger Überlegungen bedürfen. Wir haben diese These anhand einiger Themenfelder wie Umwelt, Wirtschaft, Landwirtschaft und Arbeit behandelt. Selbstverständlich gibt es noch andere Themen, die ebenfalls einer Behandlung bedürfen. Wir haben uns aber auf die Grundthese konzentriert und eine beschränkte Themenauswahl getroffen.

Wir möchten folgenden Personen für ihre Unterstützung und kritische Begleitung danken: Doris Brunner; Marc Palino Brunner; Silla, Dominik und Peter Gröbly; Tony Renold und Andreas Grünig.

Wir haben uns entschieden, nicht immer die weibliche und männliche Form auszuschreiben, sondern beide Formen abwechselnd zu verwenden. Selbstverständlich sind immer beide Geschlechter angesprochen.

Die Autoren sind in gleicher Weise für den Text verantwortlich. Die Fußnoten bzw. Anmerkungen werden ab Seite 233 aufgeführt.

Hans Ruh

Thomas Gröbly

Die Zukunft ist ethisch
– oder gar nicht

Wege zu einer
gelingenden Gesellschaft

Waldgut

2. Auflage 2008

Alle Rechte vorbehalten
© Waldgut Verlag und Autoren
CH-8500 Frauenfeld
2006
Umschlagfoto mit dem Hochseilartisten
Marc Palino Brunner © Thomas Gröbly
Gestaltung Atelier Bodoni Frauenfeld
Satz Thomas Marti Interlaken
Druck und Einband AZ Druck
und Datentechnik GmbH, Kempten

ISBN 978-3-03740-275-7

Waldgut Verlag
Industriestraße 23
CH-8500 Frauenfeld
www.waldgut.ch

Inhaltsverzeichnis

*«Un monde gouverné en fonction du plaisir des heureux
et non de la délivrance des ceux qui souffrent injustement,
est voué nécessairement à la haine.»*

*«Eine Welt, die im Dienst des Vergnügens der Glücklichen
und nicht im Dienst der Befreiung der ungerecht Leidenden
regiert wird, ist notgedrungen dem Hass ausgeliefert.»*
(Aus den Regeln von Emmaus, Abbé Pierre 1954)

I
Überleben und Lebensqualität als Thema der Ethik

Einleitung

Der Ausgangspunkt dieses Buches ist die Sorge um die Überlebensfähigkeit unseres Planeten und um die Sicherung einer menschenwürdigen Lebensqualität für alle. Mit dieser Sorge sind wir keineswegs allein und auch nicht besonders originell. Uns geht es aber um eine ganz besondere Dimension dieser Sorge. Wir sind nämlich zutiefst überzeugt, dass die Gefährdung von Überlebensfähigkeit und Lebensqualität nicht so etwas wie einen Betriebsunfall der Menschheitsentwicklung darstellt, sondern die logische Folge des gewählten Entwicklungssystems und der eingesetzten Mittel ist. Anders ausgedrückt: Selbst wenn immer mehr Einsichtige diese Gefährdungen erkennen: Das von der Weltgesellschaft eingesetzte Handlungsspektrum, der ökonomisch-technologisch-materialistische Komplex, umgeht die eigentlichen Fragestellungen und Probleme und verkehrt den Fortschritt in ein Desaster. Unser Punkt ist: Die eigentlichen Fragen, um die es heute geht, sind geistig-moralische Fragen. Und deshalb sehen wir in der Ethik das Instrument, diese Fragen anzugehen.

Die Ethik leistet drei Dinge. Sie hilft bei der Identifikation der eigentlichen Probleme; sie stellt theoretisch-geistige Mittel zur Lösung dieser Probleme bereit; sie eröffnet geistig-kreative Perspektiven zur praktischen Lösung der Probleme. Darum: Die Zukunft ist ethisch. Für uns ist aber nicht nur diese formale Seite der Ethik wichtig. Wenn wir sagen, dass die Zukunft ethisch sein soll, dann schwingt für uns damit auch der Geist des Ethischen mit: Ethik als Suche nach der Tiefe des Menschseins, der Menschlichkeit; Ethik als Bindung an die Mitmenschlichkeit und Mitgeschöpflichkeit; Ethik als Orientierung an nichtmateriellen Zielen; Ethik als grundsätzliche Verpflichtung auf intellektuell anspruchsvolle Argumentation; Ethik als Quelle der Kreativität und der Begeisterung für das Handeln. Die Zukunft ist ethisch – oder gar nicht; diese radikale Grundthese wollen wir mit Zeitungsberichten über zwei aktuelle Themen einführen.

Bioterror

«Beim Internationalen Komitee vom Roten Kreuz (IKRK) in Genf sitzen ein Jurist und ein Mediziner, die einem gründlich den Tag verderben können. Peter Herby, Leiter der Abteilung für Minen und Waffen, und den B-Waffenexperten Robin Coupland verbindet seit einiger Zeit eine gemeinsame Sorge. Alle Welt jubele über die Entschlüsselung des menschlichen Genoms, aber offenbar, warnen die beiden, mache sich niemand Gedanken darüber, was dieser medizinische Meilenstein für die Entwicklung neuartiger biologischer Waffen bedeuten könne. Viren, die gezielt Träger bestimmter genetischer Merkmale angreifen, etwa Menschen mit dunkler Haut oder blauen Augen? Ein grippeähnlicher Erreger, der alle Männer einer Bevölkerungsgruppe unfruchtbar macht? Schon 1999 beantwortete die British Medical Association in einem Report mit dem Titel *Biotechnology, Weapons and Humanity* die Frage, ob derartige genetische Waffen in absehbarer Zukunft hergestellt werden können, mit einem vorsichtigen Ja. Demnach könnten spezifische Eigenschaften im Erbgut nicht nur als Andockstellen für hoffnungsvolle pharmazeutische Entwicklungen dienen, sondern auch als Zielkoordinaten für maßgeschneiderte Ethnowaffen.

1998 berichteten die britische *Sunday Times* und die Militärfachzeitschrift *Jane's Foreign Report*, Israel arbeite an der Produktion transgener Bakterien und Viren, ‹die nur in Organismen von Arabern, vornehmlich Irakis, tödliche Reaktionen hervorrufen würden›. Die Erreger hätten – als Antwort auf einen etwaigen B- oder C-Waffenschlag Saddam Husseins – in das Trinkwassersystem von Bagdad eingeschleust werden sollen. ‹Falls das alles nicht möglich ist›, sagt Robin Coupland, ‹sollten wir keinen Alarm schlagen. Falls doch, sollten wir dies allerdings tun. Das Problem ist: Wir wissen es nicht›. Gerade deswegen, mahnen die Genfer Spezialisten, sei es Zeit zu handeln. ‹Wir müssen die moralische Debatte jetzt eröffnen›, fordert der Jurist Peter Herby.»[1]

Umweltkatastrophe als soziales Desaster

«*New Orleans, 30. Aug.* Der Hurrikan ‹Katrina› hat nach Einschätzung der amerikanischen Behörden möglicherweise allein in der Küstenstadt Biloxi Hunderten von Menschen das Leben gekostet und verheerende Schäden angerichtet. Viele Städte wurden überschwemmt. New Orleans, das zu weiten Teilen evakuiert ist, stand einen Tag nach dem Sturm zu mehr als drei Vierteln unter Wasser. Mehr als zwei Millionen Menschen in den Gliedstaaten Louisiana, Mississippi, Alabama und Florida waren am Dienstag ohne Strom. Experten schätzten die Schäden auf 26 Milliarden Dollar. Damit könnte ‹Katrina› zum teuersten Sturm der USA werden. Im Golf von Mexiko wurden mehrere Ölplattformen aus ihren Verankerungen gerissen. Am Dienstagmorgen schwächte sich der Hurrikan zu einem Tropensturm ab.»[2]

«*Chertoff warnt Bevölkerung.* Der US-Minister für innere Sicherheit, Michael Chertoff, hat seine Landsleute vor einigen der schlimmsten Szenen in der US-Geschichte gewarnt, wenn die Fluten aus den Hurrikangebieten weichen. ‹Wir müssen das Land auf das vorbereiten, was passieren wird›, sagt Chertoff am Sonntag. ‹Wenn das Wasser aus New Orleans abgepumpt wird, werden wir massenhaft Tote finden.› Dies werde ‹so schlimm sein wie nichts, was wir jemals in diesem Land gesehen haben, vielleicht mit Ausnahme des 11. September›, fügt Chertoff mit Blick auf die Terroranschläge im Jahr 2001 hinzu.»[3]

«*Washington.* Leichen im Wasser, Tierkadaver überall, geborstene Ölleitungen und brennende Chemielager: Neben den menschlichen Tragödien sind auch die Umweltschäden, die Hurrikan ‹Katrina› verursacht hat, bereits unüberschaubar. ‹Cancer Alley› – Krebs-Gasse – heißt der Hunderte Kilometer lange Katastrophenkorridor im Volksmund bereits.

Akut ist die Lage in New Orleans. ‹Wir reden hier von einem unglaublichen Umweltdesaster›, sagt ein Experte; die Kosten der Säuberung werden bereits auf über hundert Milliarden geschätzt. Man habe es mit einem Giftcocktail zu tun, der nicht nur Bakterien und Viren aus den Abwässerkanälen, sondern auch Schwermetalle und giftige Chemikalien enthalte. Die giftige Suppe könne nur über den Mississippi in den Golf von Mexiko geleitet werden, kontrolliert und gestaffelt, um die Gewässer nicht auf einmal mit dem riesigen Giftberg zu belasten. An Land müssen die kontaminierten Schichten abgetragen und entsorgt werden.»[4]

«Eine Woche nach ‹Katrina› offenbart sich eine neue Dimension der Katastrophe. Mit seiner meterhohen Flutwelle hat der Hurrikan auch eine hässliche soziale Realität freigelegt, vor den TV-Augen der Welt in New Orleans, in Mississippi und Alabama: Es sind die Schwächsten der Gesellschaft, die Armen, Schwarzen, Alten, Kranken, die am schwersten getroffen wurden – erst von dem Naturdesaster, dann von dem folgenden Rettungsdesaster, das in vielen Fällen unterlassener Hilfeleistung gleichkommt.»[5]

«Die große Lehre von ‹Katrina› ist, dass die Kruste der Zivilisation, auf der wir uns bewegen, dünn wie ein Furnier ist. Eine Erschütterung, und schon bist du hindurchgestürzt und kratzt und schnappst wie ein wild gewordener Hund um dein Leben. (…) ‹The Big Easy›, die Stadt der Leichtigkeit, hat uns ‹The Big Difficult›, das große Problem, vor Augen geführt: diese Kruste zu erhalten.»[6]

Diese beiden Beispiele sind absolut dramatisch, sie eignen sich in verschiedener Hinsicht für eine knappe Vorstellung des Grundanliegens dieses Buches. Das zweite Beispiel des Hurrikans ‹Katrina› könnte man zwar als Naturereignis darstellen. Wir haben es aber hier aufgeführt, weil wir es

auch als ein Ausdruck der menschengemachten Klimaveränderungen ansehen, welches die verheerenden Auswirkungen extremer Wetterereignisse
aufzeigt. In diesen Beispielen ist ein exemplarischer Mix enthalten von
Umweltzerstörung, Naturkatastrophe, Verletzlichkeit technologischer Systeme, falsche Prioritätensetzung, Gewalt, Missachtung der Schwachen,
Rassismus, fehlende Vorsorge, Unterschätzung der Risiken, Unfähigkeiten,
problematische Anwendung von Forschungsergebnissen usw.

➤ Beide Beispiele schildern drastisch den Ernst der Lage: Sowohl
die Lebensqualität als auch die Zukunftsfähigkeit der Menschheit
sind gefährdet. Dabei ist ersichtlich, dass der Verlust der Lebensqualität eng verknüpft ist mit dem möglichen Ende der Lebensfähigkeit überhaupt.

➤ In beiden Beispielen wurden grundlegende ethische Normen
missachtet. Die Ereignisse stehen in starkem Widerspruch zu
ethischen Werten wie Gleichheit, Solidarität, Ehrfurcht vor dem
Leben, Schutz der Schwachen, Menschenwürde, Schutz der Überlebensfähigkeit und Rechte zukünftiger Generationen.

➤ Beide Beispiele zeigen einen weiteren hochgefährlichen Trend
auf: die öffentlichen Güter, welche die Voraussetzung für eine gelingende Gesellschaft sind, werden vernachlässigt zugunsten einer Steigerung der privaten Güter von einigen wenigen. Solche
öffentlichen Güter sind: Stabilität des Klimas, Gesundheit, Sicherheit, Menschenrechte.

➤ Diese Beispiele sind nicht bloß bedauerliche Unfälle, sondern sie
sind letztlich unvermeidbare Folgen der Logik des herrschenden
technologisch-ökonomischen Systems.

➤ Alle diese Beobachtungen zwingen zu dem Schluss, dass die Sicherung von Lebensqualität und Überlebensfähigkeit einer grundsätzlich neuen Weichenstellung bedarf. D. h., wir brauchen einen Paradigmenwechsel, der die technische, wirtschaftliche und zivilisatorische Entwicklung auf neue ethische und geistige Grundlagen
stellt. D. h., die grundlegenden Zielvorstellungen der Gesellschaft
müssen in Einklang mit ethischen Werten zu stehen kommen.

Wir gehen auf eine unsichere Zukunft zu, einerseits wegen Extremfällen wie Terrorismus, Kriege und Gewalt, andererseits wegen alltäglichen Gefährdungen, welche vorwiegend von der Lebens- und Arbeitsweise in den Industrieländern ausgehen. Der Titel dieses Buches ist zugleich unsere zentrale These: «Die Zukunft ist ethisch – oder gar nicht!» Zukunftsfähigkeit erlangen wir, wenn wir unser Handeln in allen Lebensbereichen an ethischen Normen ausrichten. Ziel dieses Buches ist es, diese These zu begründen und die Bedeutung für verschiedene Lebens- und Arbeitsbereiche aufzuzeigen.

Unserer These nach ist eine ethische Orientierung die Bedingung für das menschliche Leben und Überleben. Menschliches Leben und Überleben ist nicht allein über technologische und ökonomische Strategien, sondern zutiefst über ethische und geistige Orientierungen zu erreichen. Eine Zukunft mit Lebensqualität für alle Menschen und einem nachhaltigen Schutz der ökologischen Lebensgrundlagen ist nur mit einer solchen Orientierung zu erreichen.

Somit lassen sich die Anliegen und Ziele formulieren, um die es uns geht. Wir suchen nach Strategien zur Erhaltung der Überlebensfähigkeit der Menschheit, aber auch nach Strategien zur Sicherung der Lebensqualität für alle. Überlebensfähigkeit wie Lebensqualität sehen wir als gefährdet an, sofern nicht der ethischen Orientierung in diesen Strategien prominenter Stellenwert zukommt. In diesem Sinne verstehen wir die Grundthese dieses Buches: Die Zukunft ist ethisch – oder gar nicht.

Vier wichtige Begriffe

Lebensqualität

Was verstehen wir unter Lebensqualität? Im Zusammenhang mit der Anfang der 1970er Jahre aufgebrochenen Diskussion um die Lebensqualität sind große Anstrengungen im Bereich der Sozialwissenschaften gemacht worden, mit dem Zweck, quasi objektive Messgrößen für akzeptierte und erwünschte soziale Anliegen zu bestimmen. Besonders elaboriert ist in dieser Hinsicht eine großangelegte Studie der OECD[7]. Experten hatten sich nach einem langen Prozess auf eine Liste von sozialen Anliegen geeinigt, welche Lebensqualität ausmachen:

➤ Gesundheit

➤ Persönlichkeitsentfaltung durch Erziehung

➤ Beschäftigung und Qualität des Arbeitslebens

➤ Zeit und Freizeit

➤ Verfügung über Güter und Dienstleistungen

➤ Umwelt (einschließlich Wohnverhältnisse)

➤ persönliche Sicherheit und Rechtsstaatlichkeit

➤ Chancengleichheit und Möglichkeit der aktiven Teilnahme am Leben der Gesellschaft

Wir bestimmen Lebensqualität über diese sozialen Anliegen, die nach wie vor aktuell sind. Allerdings fehlen wohl vier Anliegen, die noch hinzuzufügen sind:

➤ gerechte Verteilung

➤ soziale Sicherheit

➤ Sinnorientierung

➤ Gewaltfreiheit und Frieden

Überlebensfähigkeit

Unter dem Begriff der Überlebensfähigkeit verstehen wir die Erhaltung der ökologischen Lebensgrundlagen in einem Maße, das ausreicht, die erwünschte und ethisch legitimierte Lebensqualität für alle dauernd zu sichern. Zugleich verstehen wir darunter das Vermeiden von Entwicklungen und Ereignissen, welche für große Menschengruppen, im Extremfall für alle Menschen, unerträgliche und katastrophale Zerstörungen bringen.

Ethik

Ethik ist das kritische Nachdenken über die Fragen nach dem guten Leben, dem gerechten Zusammenleben und dem verantwortungsvollen Handeln. Ethik soll letztlich dazu verhelfen, unser Handeln oder auch Nichthandeln legitimieren und begründen zu können. Dazu gehört, dass eine Handlung verallgemeinerungsfähig ist und dem Wohl aller dient. Ethik bewegt sich nicht im luftleeren Raum, sondern kann sich auf eine lange Tradition von Lebensweisheit aus Theologie und Philosophie berufen. Ethik ist kein Kochbuch, aus welchem wir fertige Rezepte übernehmen können, sondern eine Anleitung, wie wir uns im Alltag orientieren können. Ethische Positionen müssen gerechtfertigt werden können. Ethische Aussagen sind nicht beliebig – wichtige Grundwerte unserer Kultur, etwa Menschenwürde, Partizipation, Gleichheit, Nachhaltigkeit und andere haben eine hohe Akzeptanz und Plausibilität sowie einen begründeten Geltungsanspruch. Sie sind nicht verhandelbar. Aufgrund dieser Grundwerte sind Überlebensfähigkeit und Lebensqualität zentrale Leitideen und Orientierungspunkte für eine zukunftsfähige Gesellschaft.

Nachhaltigkeit

Das Prinzip der Nachhaltigkeit ist die Bedingung bzw. Voraussetzung für die Erhaltung von Lebensqualität und Überlebensfähigkeit. Dieses Prinzip erachten wir nicht nur für die Umwelt, sondern ebenso für die Wirtschaft und Gesellschaft als zentral. Dabei definieren wir Nachhaltigkeit wie folgt:

> Nachhaltig im umfassenden ethischen Sinn heißt eine Lebens-, Gesellschafts- und Wirtschaftsform, welche unter den Bedingungen der ökologischen Grenzen, der ökonomischen Knappheit und der gesellschaftlichen Geltung der Menschenrechte das Leben so gestaltet, dass zukünftigen Generationen langfristig die Chance erhalten bleibt, in einer uns vergleichbaren Weise nach Erfüllung des Lebens zu streben, indem sie ihre Anpassungsfähigkeit, Handlungsfähigkeit und Verantwortungsfähigkeit behalten.[8]

Welche Zukunft droht uns?

Gefährdung unserer Lebensgrundlagen

Unsere These lautet: Ohne Ethik ist sogar der Untergang der Menschheit möglich! Damit behaupten wir, dass es ökonomische, politische und technologische Entwicklungen gibt, welche auf eine totale Zerstörung der Lebensgrundlagen für den Menschen hinsteuern. Das Missliche an dieser These ist zunächst der Umstand, dass wir nicht die Ersten sind, die den Untergang des menschlichen Lebens prophezeit haben, dass aber dieser Untergang bis heute nicht eingetreten ist – zum Glück nota bene.

Beispiele gibt es im religiösen Bereich, in dem sich eine Fülle von apokalyptischen Vorstellungen findet, aber auch jenseits der Religionen gibt es Beispiele dafür, dass Theoretiker das Ende der Menschheit als unausweichlich angesehen haben. Da ist im achtzehnten Jahrhundert der Pfarrer und Sozialphilosoph Robert Malthus (1766–1834) zu nennen, der aufgrund der wachsenden Bevölkerung die Unmöglichkeit einer hinreichenden Nahrungsproduktion prognostiziert hat. Im neunzehnten Jahrhundert waren es Genetiker, die, teilweise aus rassistischen Gründen, eine tödliche Verschlechterung des menschlichen Genpools voraussagten mit der Begründung, dass medizinische und sozialpolitische Strategien immer mehr lebensunfähigen und schwachen Menschen eine Existenz ermöglichten, die ihrerseits wiederum nur schwächliche Menschen hervorbringen könnte. Weder die religiösen noch die anderen Unheilsvoraussagen sind eingetroffen. Dieser Umstand mahnt zur Vorsicht beim Unterfangen, erneut eine Unheilsvoraussage auszusprechen. Und trotzdem: Es gibt ein paar Bereiche, in denen ein Ende der menschlichen Lebensmöglichkeiten vorstellbar ist. Im Folgenden zeigen wir die Gefährdungen an fünf möglichen Beispielen auf.

Gefährdung der Umwelt

Das erste Beispiel betrifft die *Ökologie*. Es ist denkbar, dass der Mensch durch seine Eingriffe in die Natur, insbesondere durch die Veränderung der chemischen Zusammensetzung der Lufthülle sowie durch die

Zerstörung der Artenvielfalt die relative Stabilität des Ökosystems so verändert, dass Menschen unter diesen neuen Bedingungen nicht mehr leben können. So ist zum Beispiel eine klimatische Instabilität denkbar, die zusammen mit sozialen Unruhen, ökonomischen Zusammenbrüchen, Krankheiten und Kriegen zum Untergang führen könnte. Diesem Problem haben wir das ganze Kapitel III gewidmet. Hier soll lediglich festgestellt werden, dass die Zerstörung der ökologischen Lebensgrundlagen zu verheerenden globalen Katastrophen führen kann.

Gefährdung durch Gewalt und Krieg

«Wenn wir die Atomwaffen nicht beseitigen, werden sie uns beseitigen. Wenn nicht heute, dann morgen.»[9]

Das zweite Beispiel betrifft das *Gewaltpotenzial*. Nach wie vor besteht in der Welt ein militärisches Zerstörungspotenzial, das den Planeten in ein Inferno verwandeln kann. Die Gefahr von großen Kriegen mit atomaren, biologischen und chemischen Waffen ist zwar in letzter Zeit im Vergleich zur Zeit des Kalten Krieges gesunken. Wie wir heute wissen, ist die Welt damals einige Male nahe an globalen Katastrophen vorbeigegangen. Da aber die Waffenarsenale immer noch vorhanden sind und sogar neue Generationen von Atomwaffen und neue Einsatzdoktrine entwickelt werden, bleibt die Gefährdung bestehen.

Es besteht ein Zusammenhang zwischen Verelendung weiter Teile der Menschheit und diesen Gefährdungen. Einerseits nimmt das Gewaltpotenzial in der Welt nicht zuletzt aus Gründen der sozialen Misere zu, andererseits ermöglicht die Miniaturisierung der technologischen Zerstörungsmittel immer kleineren terroristischen Gruppen die Zerstörung ganzer Zentren, im Extremfall die Zerstörung der ganzen Welt. Das Bild von der «Atombombe des kleinen Mannes» steht für dieses Szenario.

Die letzten Jahre und Jahrzehnte zeichnen sich durch eine Zunahme von terroristischen Anschlägen aus. Sofern die Akteure solcher Anschläge ihr eigenes Leben nicht schonen, sind diese kaum zu verhindern. Das Bedrohliche besteht darin, dass die technologischen Möglichkeiten der Zerstörung in Bezug auf die Folgen immer dramatischer werden und dass in letzter Konsequenz eine verheerende, allenfalls totale Vernichtung der Lebensmöglichkeiten nicht auszuschließen ist. Wie bereits erwähnt: Es bedarf immer weniger Menschen, um mit dem gewachsenen Zerstörungspotenzial ganze Länder, ja Kontinente, zu bedrohen. Eigentlich müssten die Terrorszenarien der Gegenwart die Menschheit dazu führen, die Tendenz und Logik dieser Entwicklung wahrzunehmen und ernst zu nehmen. Jede mögliche Art von technischen und militärischen Abwehrmaßnahmen greift zu kurz, was leider die führenden Politiker überhaupt nicht einsehen wollen. Einziger Ausweg ist aus unserer Sicht die Beseitigung der gesellschaftlichen Ursachen des Terrors. Das bedeutet, dass die ethische Dimension in den Vordergrund gerückt werden muss. Eine Welt voller Elend und Ungerechtigkeiten wird zu einer durch Gewalt bedrohten Welt.

Es gibt aber nicht nur eine Bedrohung als Folge von Armut und Verelendung, sondern auch aufgrund von Reichtum. Reiche Länder, allen voran die USA, verteidigen ihre Macht und Privilegien mit Waffengewalt. Sie wollen den Zugang zu wichtigen Rohstoffen wie Erdöl und Wasser mit Gewalt sichern. Wir begreifen auch dies als eine ernst zu nehmende Bedrohung.

Solange die Welt atomare Waffen zur Verfügung hat, ist deren Anwendung nicht auszuschließen. Dies allerdings könnte das Ende sein.

Zusammengefasst: Immer mehr Terroristen richten immer größeren Schaden an und machen die Welt zunehmend unberechenbar. Zur Überwindung des Terrorismus und gewalttätiger Konflikte braucht es nicht in erster Linie eine technische Sicherheitsstrategie, sondern eine soziale Strategie. Es ist undenkbar, dass eine Welt mit zwei Milliarden Menschen im Elend je eine sichere Welt wird. Der Schlüssel zur Verhinderung des Menschheits-GAUs liegt also bei Fragen der Verteilung und sozialen Entwicklung. Das sind aber alles Probleme, welche im Bereich des Ethischen und sogar Geistigen und nicht im Bereich von Technologie und Ökonomie zu lösen sind.

Gefährdung durch technische Risiken

Als drittes Beispiel sei die mögliche Gefährdung durch *technologische Risiken* oder Systemzusammenbrüche in einer immer komplexer und damit verletzlicher gewordenen Welt genannt. Nach wie vor stellt die Atomenergie ein nicht kalkulierbares Risiko mit einer gewaltigen Schadensgröße dar. Es gibt für diese Behauptung einige Gründe. Folgenschwere Fehler sind beim Menschen nie grundsätzlich auszuschließen. Atomare Anlagen eignen sich besonders gut für terroristische Anschläge.

Darüberhinaus setzt die Atomenergie für den Betrieb und die Entsorgung der Abfälle eine gesellschaftlich-politische Stabilität über Jahrhunderte und Jahrtausende voraus. Niemand ist in der Lage, eine solche langfristige Stabilität vorauszusagen, geschweige denn herzustellen und zu garantieren. Die notwendigen Sicherheitsvorkehrungen führen zu einem Abbau an demokratischer Mitsprache, wobei selbst damit die Sicherheit noch keineswegs garantiert ist. Im Zeitalter einer neuen Akzeptanz der Atomenergie sind diese Überlegungen besonders aktuell.

Gefährdung durch Biotechnologie

In einem vierten Bereich, in Biologie und Medizin, sind *nicht kalkulierbare Risiken* mit verheerenden Folgen denkbar. Das Beispiel der transgenen Viren und Bakterien, das wir an den Anfang dieses Buches gesetzt haben, steht für diesen Typus von Gefahren. Die Folgen von biologisch-genetischen Veränderungen sind grundsätzlich nie bis ins Letzte voraussehbar und auch nicht kontrollierbar.

Zumindest prinzipiell und theoretisch muss man davon ausgehen, dass hier unabsehbare und unerträgliche Entwicklungen bzw. Folgen möglich sind. Die indische Ökonomin Vandana Shiva beschreibt zum Beispiel die Gefahr, dass transgene Pflanzen die menschliche Gesundheit bedrohen: «Viele transgene Pflanzen sind auf Widerstandsfähigkeit gegen virale Krankheiten manipuliert, das Gen, das das Hüllprotein des Virus produziert, wurde in die Pflanze eingebaut. Diese viralen Gene können unter Umständen zur Entstehung neuer Krankheiten führen. Neue rekombinante Viren könnten unkontrollierbare Epidemien auslösen.»[10]

Bedrohung der Lebensqualität

Grundsätzlich ist die Lebensqualität immer dann in Gefahr, wenn Menschen, ganze Völker und Gesellschaften in Verhältnissen leben müssen, welche im Widerspruch stehen zu den ethischen Werten und Normen unserer Kultur, wie wir sie im folgenden Kapitel über die Ethik beschreiben werden.[11] Weltweit und auch bezogen auf Europa ist die Lebensqualität durch die oben genannten Risiken, aber auch durch die Kluft zwischen arm und reich und die Schädigung der Umwelt in höchstem Maße gefährdet. Die weltweite Armut, der Hunger in der Welt, die Kindersterblichkeit, die Diskriminierung der Frauen, die erbärmlichen Wohnverhältnisse, die schlechten hygienischen Verhältnisse, der prekäre Gesundheitszustand, der fehlende Zugang zu Wasser, der Mangel an Bildung, die fehlende soziale Sicherheit sind alles Hinweise auf eine eigentliche Lebensqualitätskatastrophe weltweit. Wir finden diese Gefährdung der Lebensqualität eben auch, vielleicht weniger extrem in Schwellenländern und Industriestaaten. Millionen von Menschen sind auch dort betroffen von Arbeitslosigkeit, Armut, mangelnder sozialer Sicherheit, schlechter Gesundheit sowie ungenügender Bildung. Das heißt, es ist auch in entwickelten Gesellschaften so, dass unzählige Menschen, deren Zahl ansteigt, in einem zermürbenden täglichen Lebenskampf stehen, der die Bezeichnung Lebensqualität nicht verdient.

Ebenso dramatisch ist die Gefährdung der Lebensqualität durch die zunehmende Zerstörung der Lebensgrundlagen. Diese letztere ist ja vor allem ein Problem für die Überlebensfähigkeit überhaupt. Die Übernutzung der natürlichen Lebensgrundlagen gefährdet die Grundlagen der Lebensqualität: Gesundheit, gute Luft, reines Wasser, gesunde Nahrung, Ruhe, Schönheit der Landschaft, all dieses wird zum Mangel. Neben diesen zentralen Bereichen der Gefährdung sind weitere negative Entwicklungen zu benennen. Die mangelnde Sicherheit, die Gefährdung sozialer Sicherheit, z. B. für Kranke, Alte, Behinderte, Arbeitslose; die mangelnde Mitsprachemöglichkeit, vor allem in Hinblick auf die Mechanismen der Globalisierung; der Verlust an Sinn und Schönheit.

Verelendung als Bedrohung eines menschenwürdigen Lebens

842 000 000 Menschen auf der Welt leiden an *Hunger*. Das hat nicht mit zu geringen Ernten oder dem Mangel an Lebensmitteln zu tun, sondern mit Armut, fehlender Kaufkraft und mangelndem Zugang zu Grund und Boden. Armut bedeutet nicht immer ein Mangel an Lebensqualität. Wenn es aber zu einer Verelendung kommt, redet man von einer Schwächung des Menschen in allen Lebensbereichen. Krankheiten, Mangelerscheinungen, Geburtsschäden, Süchte, fehlende Bildung und Arbeit, fehlender Zugang zu Krediten und Landwirtschaftsland und vieles mehr führen zu einem Leben ohne Perspektive und ohne Lebensqualität. Unter-

ernährung und Hunger sind dabei am schlimmsten. Das betrifft vor allem Indien, China, den Pazifik, Afrika und in kleinerem Ausmaß auch Lateinamerika. Gleichzeitig ist auffallend, dass der Verlust an Lebensqualität nicht nur ein Problem der Entwicklungs- und Schwellenländer ist, sondern auch in den Industrieländern zunimmt. Verelendung und mangelnde Lebensqualität können zu sozialer Desintegration, Gewalt und gesellschaftlicher Destabilisierung führen.

Bedrohung der Lebensqualität durch Umweltzerstörung

Wir haben bereits oben bei den Gefährdungen der Lebensgrundlagen auf die *ökologischen Risiken* hingewiesen. Es ist klar, dass alle diese Risiken auch die Lebensqualität der Menschen gefährden. In der Regel sind arme Menschen von Umweltverschmutzungen am härtesten getroffen, denn ihnen fehlen die Ressourcen, um auszuweichen. Umweltgefährdungen bedrohen aber auch die Lebensqualität reicher Menschen. Lärm, zerstörte Naturräume, schleichende Vergiftungen von Luft, Böden und Lebensmitteln können die Lebensqualität massiv beeinträchtigen. Umweltbelastungen können Allergien, Unfruchtbarkeit und psychische Nöte hervorrufen, denn die vielen einzelnen Umweltbelastungen können in ihrer Kombination problematisch werden.

Bedrohung der Arbeitswelt durch wirtschaftliche Globalisierung

Die zunehmend globalisierte Wirtschaft führt zu härteren Konkurrenzsituationen, was sowohl für die Erwerbstätigen wie für die Nichterwerbstätigen zu einer Gefährdung der Lebensqualität führt. Die Erwerbstätigen leiden unter Lohndumping, Ausbeutung, Angst vor Arbeitslosigkeit und unter Stress. Es gibt auch immer mehr Menschen, die als working poor vollzeitlich arbeiten und nicht genug zum Leben haben. Für Nichterwerbstätige ist die Existenz gefährdet und der Druck auf die Psyche belastend. Insgesamt macht die moderne Wirtschaft eine harte *Selektion* zwischen den gesunden und leistungsfähigen und den schwächeren Menschen. Und dies nicht nur lokal, sondern global.

Bedrohungen im Agrarbereich durch wirtschaftliche Globalisierung

Der freie Handel wird in der Regel als positive Entwicklung betrachtet. Ohne die positiven Effekte auszublenden, wollen wir auch auf die problematischen Seiten für den Agrarbereich hinweisen. Neben den ökologischen Risiken entstehen auch große humanitäre Krisen. Weltweit sind die meisten Bäuerinnen und Bauern außerhalb des globalen Wirtschaftskreislaufes tätig und betreiben Subsistenzwirtschaft. Sie produzieren in erster Linie für sich selbst und nicht für den Markt. Diese etwa drei Milliarden Kleinbauern sind nicht reich, aber sie können weitgehend selbstbestimmt leben und ihre Lebensmittel selber anbauen. Zudem ist ihre Produktionsweise ökologisch unproblematisch. Öffnet man die Märkte für Landwirtschaftsprodukte noch mehr, so sind diese Bauern und Bäuerinnen nicht mehr konkurrenzfähig und werden von der Intensivlandwirtschaft verdrängt. Die Intensivlandwirtschaft ist also nicht nur ökologisch problematisch, sondern auch sozial. Wo sollen diese fast drei Milliarden Menschen arbeiten, wenn die Lebensmittel nach der Logik des Freihandels weltweit nur noch in großflächigen *Monokulturen* angebaut werden? Sie fliehen in die Slums der Millionenstädte oder müssen sich als Plantagenarbeiter verdingen. Die Globalisierung des Handels mit Agrarprodukten ist für Vandana Shiva gleichbedeutend mit «Völkermord».[12] «Der Logik des Freihandels darf nicht mehr gefolgt werden, wenn das Leben von Menschen und Tieren auf dem Spiel steht.»[13] Auf jeden Fall verstärkt diese Entwicklung die verheerenden Umweltprobleme und bedeutet eine unerträgliche Zunahme der Verelendung und des Gewaltpotenzials.

Zusammengefasst: Sowohl für die Sicherstellung der Lebensqualität wie für das Vermeiden von verheerenden Katastrophen sind ethische Entscheidungen, Handlungen, Maßnahmen und Strategien notwendig. Nur wenn wir Menschen bereit sind, aus dem Schatz der Lebensweisheit, welche sich in den ethischen Normen und Werten niedergeschlagen hat, zu lernen, können wir die gegenwärtige und die drohende Krise abwenden. Nur mit einer ethischen Orientierung können wir ein menschenwürdiges Überleben und eine Lebensqualität für alle sicherstellen. Wie wir gesehen haben, stehen bei den Gefährdungen des Überlebens und der Lebensqualität ethische Grundprinzipien zur Debatte, insbesondere diejenigen, welche sich mit dem anderen und mit den dem Menschen gesetzten Grenzen befassen. Die wichtigsten Probleme der Menschen sind geistig-ethischer Natur. Sie können nicht allein und nicht in erster Linie mit technischen oder ökonomischen Mitteln gelöst werden. Diese Grundthese ist im folgenden Kapitel zu entfalten.

Die Zukunft ist ethisch – oder gar nicht. Unsere Grundthese

Welche Fragen sind zu klären?

Wenn unsere Analyse stimmt, dann braucht die menschliche Gesellschaft dringend eine Klärung von Fragen, denen sie sich mehr und mehr verweigert: nämlich den ethischen Fragen. Dass unsere Analyse stimmt, lässt sich leicht anhand des sogenannten Kopenhagen-Konsensus von 2004 erkennen: «Renommierte Ökonomen befassten sich in Kopenhagen mit der Frage: Welches sind die Schlüsselprobleme der Menschheit heute? Nach ihnen bestehen die elf Schlüsselprobleme der Menschheit im folgenden: Klimawandel; übertragbare Krankheiten; Konflikte; Verbreitung von Waffen; Zugang zu Bildung; finanzielle Instabilität; Spielregeln des Regierens und Korruption; Mangelernährung und Hunger; Migration; Hygiene und Zugang zu sauberem Wasser; Subventionen und Handelshemmnisse.»[14] Alle diese Probleme sind entweder primär oder sekundär ethische Probleme, d. h. sie setzen Entscheidungen und Urteile voraus, welche sich an ethischen Werten und Normen orientieren müssen.

Die Lösung dieser Schlüsselprobleme setzt eine Reihe von Klärungen voraus, welche nur aus ethischen Überlegungen gewonnen werden können. Natürlich braucht es zur Lösung auch den technologischen und ökonomischen Mitteleinsatz, aber wie und wo diese Mittel einzusetzen sind und in welche Richtung sie gesteuert werden sollen, lässt sich nur ethisch verifizieren.

➤ **Wir brauchen eine intellektuelle und geistige Klärung des Verhältnisses des Menschen zur Natur. Dieses Verhältnis ist in dramatischer Weise gestört. Einerseits verstoßen wir gegen Gesetze der Natur, die eine Voraussetzung für das menschliche Leben darstellen. Andererseits nehmen wir natürliche Vorgänge als Paradigma für gesellschaftliches Handeln, z. B. dann, wenn sich ökonomische Theorien an biologistischen Mustern[15] orientieren. Zu** klären ist die Frage, wann der Mensch sich gegen die Natur und wann er sich wie die Natur verhalten soll. Es gibt den begründeten Verdacht, dass wir in Hinblick auf diese Unterscheidung meistens falsch entscheiden.[16]

➤ Zu klären ist die Frage nach der Gestaltung einer der Natur angepassten, nachhaltigen und gerechten Lebensform der Menschen, z. B. in Hinblick auf Arbeit, Wohnen, Ernährung, Kleidung und Reisen.

➤ Zu klären ist die Frage der Steuerung der Wirtschaft. Welche Steuerungskonzepte sollen wir entwickeln in einer globalen Konkurrenzgesellschaft, in der das Verhältnis von Politik und Wirtschaft weitgehend asymmetrisch geworden ist? Zu klären ist die Frage, welche Güter und Institutionen dem freien Markt und welche der öffentlichen Hand überlassen werden sollen.

➤ Zu klären ist die Frage der Verteilung, insbesondere die Frage, wieviel Gleichheit und wieviel Ungleichheit eine Welt braucht, wenn wir ein gesellschaftlich erwünschtes Sozialprodukt und eine gerechte Sozialpolitik anstreben.

➤ Zu klären ist die Frage nach der Steuerung und Kontrollierbarkeit von technologischen Möglichkeiten.

➤ Zu klären ist die Frage, wie wir in einer multikulturellen Weltgesellschaft konfliktfrei zusammenleben können.

➤ Zu klären ist die Frage nach der Minimierung von Gewalt und diejenige nach dem Umgang mit dem Bösen.

➤ Zu klären ist die Frage nach der Gestaltung menschlicher Beziehungen im Zeitalter der Erosion von Traditionen und eines zunehmenden Pluralismus von Beziehungsformen.

➤ Zu klären ist die Frage nach dem Sinn von Mensch und Gesellschaft.

Die Klärung dieser Fragen ist nicht das Thema des Wissens, sondern der Weisheit und der Ethik.

Diese Liste von Fragen macht deutlich, dass angesichts der heutigen Situation eine Vielfalt von grundsätzlichen Herausforderungen besteht, welche in erster Linie aus der Sicht der Ethik zu behandeln sind. Im Verlauf dieses Buches werden wir eine Reihe dieser Fragen behandeln. Wir haben uns, wie bereits erwähnt, bewusst beschränkt auf eine Reihe von Problembereichen, welche aus unserer Sicht vordringlich sind, nämlich: Umwelt, Wirtschaft, Landwirtschaft und Arbeit. Wir sind uns bewusst, dass es neben diesen genannten Problembereichen noch einige andere gibt, die ebenfalls einer ethischen Klärung bedürfen.

Was heißt nun ethische Klärung? Wir verstehen Ethik als eine Lebensweisheit unserer Kultur, die uns hilft und uns dazu befähigt, eine Lebensform anzustreben und zu gestalten, welche wir mit dem Begriff der Menschlichkeit beschreiben. Ethik steht im Dienst einer menschlichen Lebensform. Dabei geht es um drei wichtige Dimensionen der Menschlichkeit:

➤   **Das gute Leben und die Sinnerfahrung des einzelnen Menschen.**

➤   **Eine menschliche, am Wohl aller orientierte, gerechte Gestaltung der Beziehung, d. h. eine gerechte Gesellschaft.**

➤   **Die Einsicht in die dem Menschen gegebenen Grenzen.** In einer Welt mit grenzenlosen Gewaltpotenzialen, riesigen technischen und wissenschaftlichen Möglichkeiten müssen wir uns selber Grenzen setzen, wenn wir die größten Gefahren vermeiden wollen.

Gutes Leben, mitmenschliche Gesellschaft, Vermeidung von Gefahren, das alles kann der Mensch nicht allein und nicht nur über technische oder ökonomische Strategien erreichen. Diese Zielsetzung setzt voraus, dass der Mensch Entscheidungen fällt, die jenseits technologischer, ökonomischer oder alltäglicher Logik und Sachzwänge einer anderen Logik folgen, eben der ethischen Logik der Lebensweisheit. Dabei setzen wir voraus, dass diese Lebensweisheit in erster Linie Sache der gelebten Wirklichkeit im Alltag ist und nicht eine akademische Disziplin oder ein Elitewissen darstellt. Diese Lebensweisheit beginnt im Alltag bei der Erziehung unserer Kinder in den Familien, Krippen, Schulen und in der Freizeit. Hier wird der emotionale Boden geschaffen, damit junge Menschen verantwortungsvoll mit anderen und der Natur umgehen lernen.

Wenn wir unseren Blick zurück zu den eben genannten Schlüsselproblemen der Menschheit lenken, dann wird nun klar, dass auch diese weder über technologische noch über ökonomische Strategien gelöst werden können. Oder anders gesagt: Diese Probleme wären technisch oder ökonomisch lösbar, aber faktisch geschieht das nicht. Warum? Weil das Problem nicht im Bereich der technologischen oder ökonomischen Logik liegt, sondern im Bereich von Entscheidungen einer ganz anderen Qualität, eben der ethischen. So ist der Sieg über den Hunger technisch und ökonomisch überhaupt kein Problem. Wir behaupten kühn, dass der Hunger weltweit technisch-logistisch innerhalb eines Jahres beseitigt werden könnte. Aber die Nichtlösung des Hungerproblems verweist auf ein Problem jenseits der techno-ökonomischen Logik, nämlich auf das Problem der Verteilung. Voraussetzung für die Lösung so mancher Menschheitsfrage ist die Orientierung an Gerechtigkeit, an Menschenwürde, an Partizipation usw. Bei den meisten der genannten Probleme geht es primär oder sekundär darum, dass eine Orientierung an der Lebensweisheit der Kultur geschieht. Wird diese Orientierung ausgeblendet, dann besteht die Gefahr, dass das Wohl der Menschen und die Menschlichkeit verfehlt werden und die Menschen zwangsläufig in schwerwiegende Gefahren geraten.

Gründe für die Dringlichkeit ethischer Klärungen

Es gehört wohl schon sehr lange zu den Bedingungen des Menschseins, dass das Leben und Zusammenleben den Menschen vor geistig-ethische Entscheidungsfragen stellen. Es ging immer schon um Verteilungsfragen, um die Lösung von Konflikten, um Respekt und Schutz des Lebens. Die Dringlichkeit der ethischen Klärung und Orientierung hat sich in der letzten Zeit dramatisch erhöht. Einige der folgenden Punkte haben wir bereits angesprochen, der Vollständigkeit halber werden sie teilweise nochmals aufgegriffen. Eine ethische Klärung ist aus folgenden Gründen dringend geboten:[17]

> ➤ *Verschwinden verantwortlicher Subjekte:* In einer Gesellschaft, welche hohe Arbeitsteilung kennt, komplex ist und über große Distanzen hinweg handelt, verschwinden mehr und mehr die verantwortlichen Subjekte. Damit entsteht die Gefahr einer interesseorientierten und risikovollen Entwicklung. Es ist die Auf-

gabe der Ethik, die Verantwortlichkeit und Steuerbarkeit zurückzugewinnen.

➤ *Globale Ausmaße der Folgen:* Die Folgen und Gefahren heutiger Systeme und Entwicklungen nehmen immer stärker globale Dimensionen an. Als Beispiel kann man die Veränderung der klimatischen Verhältnisse nennen. Auch hier entfallen die Kontrollen über die Verursacher. Diese können kaum von den Betroffenen zur Rechenschaft gezogen werden. Die katastrophale Veränderung des Klimas wird zum ethischen Niemandsland.

➤ *Verringerung der Steuerbarkeit:* Eine Verstärkung der Nichtsteuerbarkeit der Systeme geschieht durch den Umstand, dass Großsysteme ununterscheidbar ineinander verwoben sind. Dies gilt in erster Linie für die Systeme Wirtschaft und Technik. Beide Systeme entwickeln Eigengesetzlichkeiten und diese werden noch durch den Umstand verstärkt, dass sie sich gegenseitig beeinflussen und hochschaukeln. Auch hier geht es um die Rückgewinnung einer Steuerung, welche sich an den menschlichen Zielen orientiert.

➤ *Zwangsläufigkeit der Handlungen:* Die moderne Gesellschaft bzw. Technik zeichnet sich aus durch eine Zwangsläufigkeit und Eigengesetzlichkeit, beispielsweise müssen Investitionen nach ökonomischen Gesetzen rentabel sein. Als Beispiel kann man sich Investitionen im Energiebereich vorstellen. Eine Umstellung von Atomtechnologie auf Sonnenenergie lässt sich nicht so schnell vornehmen, wie das in Hinblick auf eine ethische Überzeugung notwendig wäre. Umso mehr muss die ethische Orientierung möglichst frühzeitig und energisch einsetzen. Vorsorge muss anstelle von Nachsorge kommen.

➤ *Potenzierung der Mittel:* In der heutigen Gesellschaft werden ungleich größere, ja gigantische Mittel mit gewaltigen Wirkungen eingesetzt. Als Beispiel kann man den Gifteinsatz in großflächigen Landwirtschaftsbetrieben nennen. Diese Wirkungen rufen nach kritischer Analyse aus ethischer Sicht.

➤ *Miniaturisierung von Zerstörungsmitteln:* Es gibt aber auch sozusagen eine gegenläufige Entwicklung zum Gigantismus in der Technologie: Die Miniaturisierung von Zerstörungsmitteln. Zu-

nehmend werden kleine Gruppen in die Lage versetzt, mit mini-
aturisierten Waffen gewaltige Schäden anzurichten. Die Ethik
wirft die Frage auf, wie eine Gesellschaft geistig und sozial ver-
fasst sein muss, um mit solchen Gefahren umzugehen.

➤ *Ambivalenz der Wirkungen:* Ein weiterer Grund für den gestiege-
nen Bedarf an Ethik ist die verbreitete Selbstverständlichkeit von
zivilisatorischen Vorteilen. Solche Vorteile, z. B. neue gentechno-
logische und medizinische Strategien oder neue Verkehrssysteme,
machen blind für die damit eingehandelten Gefahren. Ethik ist
hier als kritische Instanz gefordert.

➤ *Zunahme der Risikotoleranz:* Ein ähnliches Problem stellt die Ge-
wöhnung an potentiell gefährliche Entwicklungen dar. Da die
Entwicklung in kleinen Schritten vor sich geht, wird die Dramatik verschleiert und die Wahrnehmung von Gefahren erschwert.
Auch hier ist Ethik als kritische Instanz gefragt.

➤ *Gefährdungen für zukünftige Generationen:* Die heutige Entwicklung von Gesellschaft und Technologie bewirkt langfristige Folgen, zum Teil mit schwerwiegenden Risiken und Gefährdungen
für zukünftige Generationen. Es ist Aufgabe der Ethik, die Interessen zukünftiger Generationen in heutige Entscheidungen einzubringen.

➤ *Technologien erzeugen neue ethische Fragen:* Es ist unbestreitbar,
dass sich durch die moderne Entwicklung neue ethische Fragen
stellen, welche sich so bisher nicht gestellt haben. Dies gilt beispielsweise für Bereiche der Gentechnologie und Nanotechnolo-
gie. Dies gilt ebenso in Hinblick auf demografische Veränderungen wie auf die massive Erhöhung der Lebenserwartungen. Die
Ethik muss sich diesen neuen Fragen stellen.

➤ *Verlust an normativen Vermittlungsinstanzen:* Eine Analyse der
Gesellschaft, insbesondere in der westlichen Welt, stellt eine Abnahme der Bedeutung von Vermittlungsinstanzen der Ethik fest.
Beispielsweise wurden früher ethische Standards und ethische
Verhaltensweisen fraglos und sozusagen unbewusst von Institutionen wie Schule, Familie, Kirchen, Parteien und auch Unternehmen vermittelt.

➤ *Zunehmende Macht der Mächtigen:* Unter den Bedingungen einer immer schwächeren Steuerung der Gesellschaft werden technologische und ökonomische Strategien immer stärker von den Mächtigen und von finanzkräftigen Teilen der Gesellschaft bestimmt. Vermutlich wäre der Sieg über den Hunger oder Zugang zu sauberem Wasser für alle ungleich wichtiger als der Aufbau der heutigen Kommunikationsgesellschaft. Ein anderes Beispiel für die egoistischen Interessen der Wohlhabenden ist der hohe Stellenwert der Bekämpfung von Zivilisationskrankheiten wie etwa Alzheimer bei gleichzeitiger Zurückhaltung bei der Finanzierung von Lösungen vitaler Probleme verarmter Massen.

➤ *Fehlen einer politischen und ethischen Legitimation:* Insgesamt ist in Hinblick auf die ökonomische und technologische Entwicklung das Fehlen einer politischen und ethischen Legitimation zu beklagen. Es ist unglaublich, dass im Zeitalter der Demokratie die gewaltigsten Umwälzungen und Veränderungen durch die wirtschaftliche Globalisierung letztlich ohne demokratische, politische und ethische Legitimation erfolgen konnten.

➤ *Zunahme von multikulturellen Konflikten:* Die Welt erlebt heute immer mehr multikulturelle Konflikte. In der multikulturellen Gesellschaft prallen unterschiedliche Wertvorstellungen aufeinander. Letztlich bleibt nichts anderes übrig, als dass sich die Menschen auf die Umsetzung einer minimalen Weltethik einigen. Diese minimale Weltethik muss ein friedliches Zusammenleben der verschiedenen Kulturen ermöglichen und darf auf keinen Fall hinter die Erkenntnisse der ethischen Vernunft bzw. der Aufklärung zurückfallen.

➤ *Fundamentalismus als Reaktion auf die Modernisierung:* Konflikte ergeben sich auch durch den weltweiten religiösen und politischen Fundamentalismus. Zwar kann man die Entwicklung zum Fundamentalismus als eine Reaktion auf den Modernisierungsprozess verstehen. Im Fundamentalismus kommt zum Ausdruck, dass große Teile der Menschheit durch den Modernisierungsprozess zu Verlierern gemacht werden. Ethik muss sich hier einmischen.

➤ *Relativierung von Wertpositionen:* Es gibt noch eine andere Folge der multikulturellen Gesellschaft: die Relativierung von Wertpositionen bzw. die Beliebigkeit. Das multikulturelle Wertangebot hat auch eine Tendenz zur Relativierung von Werten. Deshalb ist es notwendig, dass Ethik in Bezug auf Werte und Normen eine klare Position einnimmt.

Das Fazit ist eindeutig: Die zentralen sozialen Anliegen, welche die Lebensqualität ausmachen, sowie die Erhaltung der Überlebensfähigkeit setzen grundlegende ethische und geistige Überlegungen voraus. Lebensqualität und Überlebensfähigkeit sind nicht nur und nicht in erster Linie Themen der Ökonomie und Technologie, sondern letztlich des Geistes.

Die Zukunft ist geistig – oder gar nicht

Wir radikalisieren unsere These und behaupten, dass die Zukunft geistig ist oder gar nicht. Wenn wir bis hierher einen Mangel an Ausrichtung auf ethische Werte und Normen beklagt haben, so möchten wir in diesem Abschnitt die Diskussion auf eine andere Ebene verlagern. Welches sind die tieferen Gründe, weshalb wir uns so schwer tun? Der Titel spricht es an: Die mangelnde geistige Ausrichtung könnte die Zukunftsfähigkeit gefährden.

Wir haben es bereits angedeutet: In der Entwicklung der Menschheit läuft etwas falsch. Dies könnte mit dem Stellenwert und der Bedeutung der Materie zu tun haben. Wir gehen von der Vermutung aus, dass die Gefährdung der Zukunft mit der technischen Naturbeherrschung durch den Menschen zu tun hat. Materie, Materialismus und Naturbeherrschung verstärken einen Prozess, an dessen Ende die Zerstörung der Lebensgrundlagen stehen könnte.

Verfallenheit an die Materie

Wenn die «Seinsverfallenheit des Menschen» (Martin Heidegger, 1889–1976) mit der Verfallenheit an die Materie – in welcher Form auch immer – zu tun haben sollte, dann eröffnet die geistige Dimension einen Ausweg aus der Krise. Intuitiv spricht vieles für die These, dass die Zukunft in der Dimension des Geistigen, nicht in der Dimension des Materiellen gestaltet und erhalten werden soll. Was bedeutet aber «Geist»? Kaum ein anderer Begriff ist so vieldeutig und unbestimmt wie der des Geistes. Immerhin lassen sich aus der Begriffsgeschichte einige Interpretationen und Definitionen dieses Begriffes festmachen, die für unseren Zusammenhang von Interesse sein könnten:

➤   Geist ist ein Prozess des Denkens

➤   Geist zeichnet sich durch Überraschungsfähigkeit, z. B. durch Einfälle, Visionen, kreative Utopien, aus

➤ Geist ist ein Gegenbegriff zu den Verhältnissen, wie sie sind (status quo) und zur materiellen Welt

➤ Geist ist die eigentliche Befreiung vom status quo

Aufgrund dieses begrifflichen Angebots verdichtet sich die Vermutung: Im Begriff des Geistes könnte ein starker Hinweis auf mögliche Auswege aus der Krise bereitstehen. Dies wollen wir am Beispiel der ökologischen Krise darstellen. Was ist die ökologische Krise?[18] Dieser Frage werden wir noch mehrfach begegnen. Hier nur soviel: Im Kern besteht das ökologische Problem in der Tatsache, dass der Mensch mit technologischen Mitteln die Natur so rasch und tief greifend umgestaltet, dass er selbst unter den Folgen dieses Eingriffes zu leiden beginnt. Wenn wir nun fragen, wie der Mensch das bewerkstelligt, dann kann man behaupten: Durch seinen geistlosen Umgang mit der Materie. Durch seine patriarchale Überheblichkeit der Naturbeherrschung. Durch seinen zwanghaften Wunsch, alles im Griff zu haben und, wenn es ihm nützt, zu manipulieren. Das ökologische Problem ist letztlich ein Problem des menschlichen Umgangs mit der Materie, ja ein Problem des menschlichen Umgangs mit Stoffen. Und obwohl uns Menschen dieses Problem bewusst ist, befasst sich die Wissenschaft noch weitgehend mit der Frage, wie wir diese Eingriffe verstärken können. Dieser Umstand hängt mit verschiedenen Faktoren zusammen. Einerseits mit dem modernen Verständnis von Wissenschaft und Wahrheit, andererseits mit den ökonomischen Zwängen, in denen die Wissenschaft steht. Was ist denn problematisch an der Wissenschaft?

Radikalität des Geistes

Da ist zunächst das halbierte, dualistische, nicht-radikale, nicht-ganzheitliche Denken. Das Wahrheitsideal der westlichen Wissenschaft konzentriert sich auf die Frage: Wie funktioniert es? Wir blenden zu rasch die Frage aus: Was ist es eigentlich? Die These sei gewagt, dass sich die menschliche Erkenntnis, nicht zuletzt im Bereich der Naturwissenschaften, zu wenig radikal an der regulativen Idee der Wahrheit orientiert hat. Wären wir einem Wahrheitsideal verpflichtet, das immer auch den kommunikativ-mitmenschlichen, mitgeschöpflichen, emotional-intuitiven und ganzheitlichen Aspekt beachten würde, dann entfiele die zerstörerische Kraft des halbierten Denkens. Nur in diesem ganzheitlichen Ansatz ist das Korrektiv mitenthalten, welches vor einseitiger Engführung des Denkens bewahrt. Dazu kommt die pragmatisch-utilitaristische Präferenz[19] von ökonomischen Zwängen. Diese einseitige Konzentration bzw. Fokussierung des Denkens ist nicht Ausfluss des Denkens selbst, sondern ist sozusagen außengesteuert. Diese Außensteuerung ist meist utilitaristisch am Gedanken des Nutzens orientiert: Wir denken das, von dem wir vermuten, dass es uns bzw. einer Interessengruppe kurzfristig und kurzsichtig nützt. Das bezeichnen wir als pragmatisch-utilitaristische Verkürzung des Denkens. Mit dem Sachzwangargument wird behauptet, dass die Sache zu halbiertem Denken zwinge. Natürlich macht auch der utilitaristische Aspekt Sinn. Aber er darf sich nicht anmaßen, sich an der Wahrheit zu orientieren. Die Orientierung an der zweckfreien unpragmatischen Wahrheit muss dem pragmatischen Nutzen vorausgehen.

In Anlehnung an den Religionspädagogen Georg Picht (1913–1982) kann man das Problem, um das es uns hier geht, durch die folgende radikale Frage erhellen: Kann eine Wissenschaft, welche die Grundlagen der zukünftigen Weltgestaltung, aber auch die Grundlagen der zukünftigen Wissenschaft zerstört, wahr sein? Diese Frage gipfelt in der Vermutung, dass etwas mit den geistigen Grundlagen der Wissenschaft nicht in Ordnung sein könnte. Wir vermuten, dass sich mit unserer Interpretation des Begriffs «Geist» eine neue Perspektive für die Wissenschaft ergibt.

Bindung an das Verfügbare

Eine radikale theologische Interpretation des Geistes, die sich beim Theologen Rudolf Bultmann (1884–1976) im Anschluss an den Philosophen Martin Heidegger findet, liest sich wie eine Antwort auf die Destruktivität der modernen Wissenschaft. Die zentrale theologische These lautet: Dass der Mensch in seiner Bindung an das Verfügbare, die Natur, die Materie und an das Vergängliche einen Prozess auslöst, der die Macht über den Menschen übernimmt. Die Verfügung des Menschen über die Natur wird zur schicksalshaften Verfügung der Natur über den Menschen. Dies ist mehr als eine symbolische Deutung der Sachzwänge, in die sich der Mensch heute begeben hat. Die vermeintliche Naturbeherrschung des Menschen wird zur faktischen Verfügung und Herrschaft der Natur über den Menschen. Für Martin Heidegger stellt sich der Sachzwang als Folge des technischen Humanismus dar. Das Wesen der Technik liegt in dem irrationalen Glauben, der Mensch sei fähig zur Beherrschung der Natur. Dabei muss man verstehen, dass letztlich auch das menschliche Subjekt zu einer Funktion des expandierenden Prozesses technischer Naturbeherrschung wird. Sowohl bei Heidegger wie bei Bultmann ist der entscheidende Punkt der: Der Mensch übt Macht aus, unterwirft sich die Materie und wird so selbst der Macht der Materie unterworfen. Der Ausweg, den Bultmann im biblischen Verständnis des Geistes, speziell bei Paulus, findet, ist das ‹pneuma›, der Geist. Der von Gott gegebene Geist, der den Menschen aus der verhängnisvollen Einbindung in Sachzwänge herauslöst, erschließt ihm die Zukunft. Die zentrale Aussage lautet: Der Geist Gottes ist das Geschenk der Freiheit. Gotteserfahrung heißt Geisterfahrung und damit Freiheit von den Sachzwängen und Freiheit zum Leben. «Und wie sich die Macht der ‹Materie› darin erweist, dass sie den Menschen an das Vergängliche, im Grunde immer schon Vergangene bindet, an den Tod, so die Macht des ‹pneuma› darin, dass sie dem Glaubenden die Freiheit gibt, die Zukunft erschließt, das Unvergängliche, das Leben. Die Freiheit ist ja nichts anderes als das Offenstehen für die echte Zukunft, das Sich-bestimmenlassen durch die Zukunft. So lässt sich ‹pneuma› als die Macht der Zukünftigkeit bezeichnen.»[20] Dass die Realität der Gotteserfahrung von den Sachzwängen und letztlich von der Macht der Sünde freimacht, ist theologisch einleuchtend. Wir hoffen, dass sich Menschen ohne religiösen Hintergrund von dieser Perspektive intellektuell angesprochen fühlen und sich überwältigen lassen: Dieser Überwältigungsprozess, dieses Geschenk einer neuen Perspektive, ist eine säkulare Form der Geist- und Gotteserfahrung.

Radikalität des Denkens

Eine andere Perspektive eröffnet die Bestimmung der Realität des Geistes durch das Denken. Damit geraten wir in die Nähe des Philosophen Georg Wilhelm Friedrich Hegel (1770–1831). Das Denken ist die Realität des Geistes. Was aber ist Denken? Zunächst: Denken kann ich nicht allein,

Denken ist von vornherein eine humane, eine dialogische, eine soziale Angelegenheit. So wie kein Mensch ohne andere Menschen die Sprache erlernt, so gibt es kein Denken ohne andere Menschen. Denken heißt, seine Gedanken vor das kritische Forum anderer Denkender zu bringen. Es gibt im Denken eine quasi objektive Dimension, eine tiefe Sachlichkeit, die dadurch entsteht, dass im Denken Interessen, Macht und Bosheit ausgeschlossen sind. Denken ist das sich Einlassen auf eine radikale Sachlichkeit jenseits von Interessen, jenseits von falschen Rücksichten und Opportunitäten. Denken ist mitmenschlich, Denken ist intersubjektiv und objektiv, d. h., im radikalen Denken verschwinden Macht und Interessen.

Im radikalen Denken geht es ganz um die Sache und um die Wahrheit. Denken lässt sich nicht technologisch und ökonomisch instrumentalisieren. Wenn nun das Denken die Realität des Geistes ist, dann muss es diesem Geist gelingen, Klarheit in die heutigen Probleme einzubringen. Es ist zu erwarten, dass das radikale Denken, eben der Geist, Auswege aus der Krise bereitstellen kann. Dies soll anhand eines Begriffes konkretisiert werden, der in der ökologischen Diskussion eine große Rolle spielt: «Nachhaltigkeit».

Der semantische Gehalt dieses Begriffes zielt auf die Permanenzfähigkeit der Lebensgrundlagen. Wenn wir nun die These aufstellen, dass die Permanenzfähigkeit nur über das Einhalten geschlossener Stoffkreisläufe längerfristig gesichert ist, dann kann Nachhaltigkeit[21] letztlich nur als radikale regulative Idee der geschlossenen Stoffkreisläufe gedacht werden. Dann wird aber ein zentrales Dogma heutiger Nachhaltigkeitsstrategien obsolet. Das magische Dreieck der Nachhaltigkeit: Ökologie, Ökonomie, Gesellschaft ist denkerisch ein unmögliches Konstrukt, weil es verschleiert, dass die ökologische Nachhaltigkeit eine absolute Größe ist und sich prinzipiell nicht mit ökonomischen und gesellschaftlichen Anliegen pragmatisch optimieren lässt. Nach wie vor weigert sich die politische, zum Großteil auch die wissenschaftliche, natürlich ganz besonders die wirtschaftliche Gemeinde, die Radikalität von Nachhaltigkeit zu denken.

Denken als Realität des Geistes heißt, die Radikalität einer notwendigen Idee auszuhalten. In Anlehnung an den berühmten Satz von René Descartes (1596–1650) behaupten wir: cogito, ergo erimus (Ich denke, darum werden wir sein).

Ekstase des Geistes

Noch eine weitere Facette des Geistverständnisses ist voller Produktivkraft für unseren Zusammenhang. «‹Geist› ist, so gesehen, *ekstatischer* Natur: er setzt aus dem jeweils Gewohnten, Fixierten, Begrenzten, Be- und Gefangenseins, so und so Bestimmtseins heraus, befreit von diesen, treibt das, was eingeschlossen, in sich verhaust, in sich beendet, also endlich ist, über sich hinaus.»[22]

Geist ist also die Fähigkeit des Heraustretens (der Ekstase) aus dem Gewohnten, aus dem Eingeschlossenen. Geist ist Freiheit. Die Perspektive des Geistes macht das utopische Denken erst möglich. Nur der Geist kann den Ort denken, den es nicht gibt. Der Geist kann denkend aus dem Gefängnis der Sachzwänge und Gewohnheiten heraustreten.

Fazit

Wenn wir auf die soeben behandelten Dimensionen des Geistes zurückblicken: Das «pneuma» bei Bultmann, das «radikale Denken» als Realität des Geistes bei Hegel und der Geist als das «ekstatische Heraustreten», dann lassen sich einige höchst kreative Anstöße für unser Problem erkennen:

➤ Der Geist ist radikal und deckt schonungslos auf, was aufzudecken ist.

➤ Der Geist macht frei und lässt sich nicht instrumentalisieren.

➤ Der Geist eröffnet eine klare Perspektive als Ausweg aus der Krise und Ausweg aus den Abhängigkeiten von Sachzwängen.

➤ Der Geist macht frei für die Idee der Utopie.

Bereits nach dem ersten Kapitel möchten wir anhand eines Beispiels den Versuch machen, die grundsätzlichen Gedanken zu konkretisieren.

Exkurs:

Europa als geistige Großmacht – Versuch einer ersten Konkretisierung

Im Rückblick auf die Argumentationen in der Einleitung zu diesem Buch bleibt die Wahrnehmung, dass sich die Grundthese von Abschnitt zu Abschnitt erhärtet: Die Zukunft ist ethisch – oder gar nicht. Wir können nach den Ausführungen über den Geist diese These noch verstärken und sagen: Die Zukunft ist geistig – oder gar nicht. Aus unserer Analyse heraus verstärkt sich der Eindruck immer mehr, dass die eigentlichen Probleme nur in ethisch-geistigen Kategorien zu lösen sind. Die materiellen Probleme sind gelöst, nicht aber die ethisch-geistigen.

Natürlich ist eine solche Aussage eine Provokation für Menschen, die nach wie vor in materieller Not leben. Aber sofort muss man unterstreichen, dass eben auch die Behebung dieser materiellen Not maßgebend über ethisch-geistige Strategien zu schaffen ist.

Die Aussage, wonach die materiellen Probleme gelöst seien, kontrastiert natürlich auch mit den materialistischen Strategien, die nach wie vor die Welt beherrschen. So hat man zunächst Mühe, sich einen bedeutenden sozialen Träger für Konzepte und Strategien jenseits des technologischen und ökonomischen Materialismus vorzustellen.

Die ganze Welt blickt wie gebannt auf ein Land wie China, das eine gewaltige Materialschlacht inszeniert, bei der die übrige Welt begierig assistiert.[23] Am ehesten noch ist vorstellbar, dass ein Kontinent wie Europa etwas früher als andere bemerken könnte, dass diese Materialschlacht höchst problematisch und gefahrvoll ist, aus den Gründen, die wir oben ausgeführt haben. Die Europäer haben das technologisch-ökonomische Paradigma maßgebend entwickelt und können heute zuschauen, wie es von der ganzen Welt nachgeahmt wird. Die Europäer sind wohl am nächsten an der Erkenntnis, dass da etwas vollkommen schief gehen kann. Wir nehmen heute wahr, dass wir, wenn wir in dieser Materialschlacht mithalten wollen, verlieren werden. Dies aus dem schlichten Grund, dass die anderen die problematischen Konsumgüter viel billiger herstellen. Allein bei dieser Erkenntnis müsste den Europäern dämmern, dass sie bald als die doppelten Verlierer dastehen könnten. Sie erleiden die negativen Folgen, z. B. der Klimaerwärmung oder des Terrors, so wie die anderen, aber sie haben nicht mehr hinreichend Anteil an den Früchten dieser – aus unserer Sicht ohnehin verfehlten – Strategie.

Warum sollte diese Dämmerung nicht zur Erkenntnis führen, dass ein Kontinent, der schon einmal ein Zivilisationsmodell entwickelt hat, auf das sich alle begierig stürzten und stürzen, dass ein solcher Kontinent die Kraft und die Weitsicht aufbringen kann, nochmals an einem Zivilisationsmodell zu arbeiten, das dann aber die wirklichen, eben die ethisch-geistigen Probleme löst? Warum sollten wir Europäer eine solche Perspektive nicht intensiv diskutieren? Deswegen, weil wir auf dem traditionellen – aber eben letztlich destruktiven – Weg nicht mehr konkurrenzfähig sind. Warum sollte ein Kontinent, der immerhin die Aufklärung hervorgebracht und die Menschenrechte entwickelt hat, nicht die Kraft und Weisheit haben, die Idee der Aufklärung weiterzuführen? Ziel ist eine Zivilisation, welche in Hinblick auf ihren Entwicklungsstand die Chance zur Lösung der ethisch-geistigen Probleme nutzt. Grundpfeiler einer solchen neuen aufgeklärten Zivilisation müssen sein:

➤   Eine Technologie, welche hinsichtlich Stoffkreisläufen, Prozessen und Materialentwicklung vollständig nachhaltig funktioniert.

➤   Eine neue Form der ethischen Marktsteuerung in der globalisierten Welt. Gesellschaftliche wertvolle Leistungen müssen belohnt, nachteilige Wirkungen bestraft und öffentliche Güter geschützt werden.

➤   Eine neue, an Menschenrechten und Gewaltminimierung orientierte politische Kultur, auch im Sinne eines Beitrags zu einem neuen Völkerrecht.

> ➤ Eine ethisch-geistig akzeptable Lösung des Verhältnisses von Gleichheit und Ungleichheit.
>
> ➤ Eine neue Ausrichtung auf Sinnstiftung und Sinnerfahrung.

Warum sollte Europa nicht mit einem solchen Programm, mit einer an solchen Zielen orientierten Zivilisation in den globalen Wettbewerb eintreten, statt noch lange zuzuschauen, wie es im Wettbewerb der alten Zivilisation mehr und mehr zurückfällt? Warum sollte Europa nicht die Kraft haben, einer solchen Vision Gestalt zu geben? Analog dem Marshallplan sollten wir die vielen kreativen Kräfte unserer Gesellschaft auf diese Vision ausrichten. Damit entsteht nicht nur eine positive Dynamik, sondern auch wirtschaftlich könnten wir gegenüber anderen einen Vorsprung erreichen. Es könnte dann sein, dass Europa in einigen Jahrzehnten schon dort ist, wo die anderen auch hinmüssen, wenn sie überleben wollen.

II
Ethik als Lebensweisheit

Ethik und Moral

«Die Zukunft ist ethisch – oder gar nicht». Diese These lässt sich in allen möglichen Steigerungsstufen variieren, von der unerträglichen Beeinträchtigung der Lebensqualität bis zur totalen Zerstörung des Lebens. Diese These müssen wir argumentativ aufarbeiten und begründen. Das wollen wir in diesem Kapitel tun, indem wir gleichzeitig erläutern, was wir unter Ethik verstehen. Der Begriff Ethik geht auf das griechische Wort ‹ethos› zurück und meinte ursprünglich den gewohnten Ort, die Wohnung, den Stall, das Haus, in dem man wohnt und seine Gewohnheiten entwickelt. Gewohnheiten und Bräuche helfen das alltägliche Zusammenleben zu regeln. Ethik als philosophische Disziplin findet sich zum ersten Mal bei Aristoteles (384–324 v. Chr.). Das Verständnis von Ethik hat er, nicht zuletzt unter dem Einfluss von Sokrates (470–399 v. Chr.), weiterentwickelt. Der zentrale Punkt dieser Entwicklung war der Übergang von einer Vorstellung der Ethik als Gewohnheit zu einer kritischen Reflexion in den Kategorien gut/böse und richtig/falsch. Ethik ist also das Nachdenken über gutes Leben und Zusammenleben.

Hier gleich noch einige Überlegungen zum Standort der beiden Autoren dieses Buches. Wir gehen davon aus, dass der Gehalt von Ethik aus einer kulturspezifischen Lebensweisheit besteht. Die ethischen Grundsätze sind das Konzentrat von auf langer Erfahrung beruhender Lebensweisheit. In unserer Kultur finden wir diese Lebensweisheit in zwei Traditionsströmen, die sich dann verbunden haben: In der jüdisch-christlichen und in der antik-philosophischen Tradition bis hin zur Aufklärung. Wir fühlen uns frei, uns an den lebensweisheitlichen Aussagen beider Traditionen bzw. ihrer Verbindung zu orientieren, und zwar über weite Strecken durchaus eklektisch: Einmal argumentieren wir ethisch-philosophisch, dann wieder christlich-theologisch. Das Wichtige dabei ist, dass wir überzeugt sind, in diesem lebensweisheitlichen Angebot unserer Kultur entscheidende Hinweise zu finden für die geistige Bewältigung der Fragestellungen dieses Buches.

Werte und Normen

Die abendländisch-europäische Kultur ist der Hintergrund unserer Normen und Werte. Wenn wir von europäischer Ethik schreiben, so meinen wir, dass wir unsere Werte und Normen vorwiegend aus dieser Tradition beziehen. Mit europäisch meinen wir aber nicht eine lokale Gruppenmoral, sondern dass dieser Fundus uns Werte liefert, die wir mit hoher Plausibilität als universal gültig ansehen.[1] *Normen* sind ethische Grundsätze, welche sich formal an der Vorstellung von Regeln orientieren. *Werte* sind ethische Zielsetzungen, welche sich formal an der Vorstellung eines Konzeptes des ethisch Wünschenswerten orientieren. Allerdings ist formal gesehen die Unterscheidung zwischen Normen und Werten nicht immer einfach. Unter diesen Voraussetzungen macht es trotzdem Sinn, den Grundbestand der europäischen Ethik in einer doppelten Reihe auszudrücken. Die wichtigsten Normen sind:

➤ **Ehrfurcht vor dem Leben**

➤ **Ehrfurcht vor dem in langer Zeit Entstandenen**

➤ **Vermeidung von Leid und Schaden**

➤ **Bewahrung der Lebensgrundlagen**

➤ **Verantwortung für das Gemeinwohl**

➤ **Gleiches gleich behandeln**

➤ **Faire Verteilung**

➤ **Ausgleich unverschuldeter Ungleichheiten**

➤ **Leistungsbereitschaft**

➤ **Hilfe in der Not**

➤ **Solidarität**

➤ **Partizipation**

Die wichtigsten Werte sind:

➤ **Gerechtigkeit**

➤ **Leben**

➤ **Menschenwürde**

➤ Würde der Kreatur

➤ Freiheit

➤ Nachhaltigkeit

➤ Vertrauen

➤ Vergebung

➤ Friede

➤ Sinn

Dieses ethische System der Werte und Normen kann man in folgende drei Ebenen gliedern:

➤ **Die Ebene des gelingenden und glückenden Lebens –**
Gutes Leben

➤ **Die Ebene des fairen und gerechten Umgangs mit anderen –**
Gerechtes Zusammenleben

➤ **Die Ebene des verantwortlichen Umgangs mit Grenzen –**
Verantwortliches Handeln

Gutes Leben

Das gute und gelingende Leben hat die Philosophen bereits in der Antike beschäftigt. Damals war ein gutes Leben selbstverständlich auch ein ethisch korrektes Leben. Heute hat sich dieser Zusammenhang weitgehend gelöst. Viele handeln ethisch verwerflich und empfinden ihr Leben als ein gutes Leben. Gutes Leben wird heute als individuelles oder gruppenspezifisches Wohlergehen verstanden, welches auf Kosten anderer geht. Gutes Leben im ethischen Sinn bedeutet aber ein gutes Leben für alle. Für die Definition des guten Lebens gibt es verschiedene Ansätze. Wir gehen von der Theorie des Aristoteles aus, welche das gute Leben an das Wesen des Menschen knüpft. Ein Mensch hat dann ein gutes Leben, wenn er die Ziele, welche zu seinem Wesen gehören, anstreben kann. In dieser Tradition hat Martha C. Nussbaum (*1947) den Fähigkeiten-Ansatz entworfen.[2] Ein gutes Leben ist dann gegeben, wenn wir die Möglichkeit haben, unsere wesensmäßigen Fähigkeiten leben zu können. Wenn Fähigkeiten beschrieben sind, so ist damit gemeint, dass die Gesellschaft so angelegt sein muss, dass Menschen diese Fähigkeiten leben können. Ein gutes Leben zu führen, bedeutet also nach Nussbaum, dass eine Gesellschaft so eingerichtet sein muss, dass alle Menschen die Möglichkeit bekommen, diese Fähigkeiten zu leben. Was die einzelnen Individuen daraus machen, ist dann ihnen überlassen.

Die Ethik als erfahrungsgeschichtliche Lebensweisheit hat mit dem guten Leben zu tun. Ein zentrales Moment des guten und gelingenden Lebens ist die Sinnerfahrung. Sinn erfahren wir, wenn wir wissen, wofür wir leben und wenn wir die Richtung unseres Lebens selbst bestimmen können. Sinn ist der Mehrwert, der über die einfache Bedürfnisbefriedigung, die Banalität und das Gewöhnliche hinausweist. Sinn ist das notwendige Etwas des glückenden Lebens, ja sogar des Überlebens: Erfahrungen in Extremsituationen, z. B. in Vernichtungslagern oder Foltersituationen, haben gezeigt, dass die Überlebensfähigkeit eine Sinnwahrnehmung voraussetzt.

Der argentinische Friedensnobelpreisträger Adolfo Perez Esquivel (*1931) wurde in den 1980er Jahren wegen seines Engagements für die Menschenrechte fünfzehn Monate gefangengehalten und gefoltert. Auf dem Weg zur Entgegennahme des Friedensnobelpreises in Oslo wurde er gefragt, wie er auf die erlebte Gewalt gewaltlos reagieren konnte: «Wenn Du im Gefängnis bist um der Gerechtigkeit willen, um der Befreiung deiner Brüder willen, wenn sie Dich foltern und zu einer Nummer, zu einem Nichts machen wollen, dann gibt es nur zwei Möglichkeiten, um zu überleben. Entweder Du gibst dem Hass und der Gewalt, die man Dir antut, in Deinem Herzen Raum und der Hass wird zu Deiner Stärke. Du überlebst aus der Hoffnung auf die Vernichtung Deines Gegners; aus der Erwartung seines Todes. Und so tötest Du zweimal, ihn und Dich selbst. Oder Du öffnest Dein Herz so weit der Liebe, dass diese auch den Folterknecht mit einschließt; und dann schenkst Du zweimal Leben, Deinem Feind und Dir selbst.»[3]

Die Folter war erniedrigend, entwürdigend und sinnlos und doch hat Esquivel sich geweigert, sich dem Hass hinzugeben. Die Liebe, die er gegenüber dem Folterknecht entwickelt hat, hat ihm geholfen, Sinn und Würde zu behalten. Sinn bedeutet also eine innere Stimmigkeit, ein Gleichgewicht mit sich selbst, ein positives, aufbauendes Gefühl von Vertrauen und Geborgenheit und der Erfahrung des Benötigtwerdens. Sinn bedeutet zudem die Fähigkeit zur Orientierung und Problembewältigung, zur Minimierung der Zwänge und die Fähigkeit zum Verzicht zugunsten dessen, was eigentlich gut ist für mich.

Viktor E. Frankl (1905–1997) wurde im zweiten Weltkrieg in ein KZ verschleppt und hat sich gerade da Gedanken über den Sinn des Lebens gemacht. «Was hier Not tut, ist die Wendung in der ganzen Fragestellung nach dem Sinn des Lebens: Wir müssen lernen und die verzweifelten Menschen lehren, dass es eigentlich nie und nimmer darauf ankommt, was wir vom Leben noch zu erwarten haben, vielmehr lediglich darauf: was das Leben von uns erwartet! (…) Leben heißt letztlich eben nichts anderes als: Verantwortung tragen für die rechte Beantwortung der Lebensfragen, für die Erfüllung der Aufgaben, die jedem Einzelnen das Leben stellt, für die Erfüllung der Forderung der Stunde.»[4] Dass wir uns als die Befragten betrachten und fragen, was das Leben von uns erwartet, nennt Frankl eine kopernikanische Wende. Es gibt kaum Menschen, von denen nichts erwartet wird, die keine Lebensaufgabe haben. Diese Sinnorientierung in Extremsituationen, aber auch im unspektakulären Alltag, zeigt uns Wege zu einem guten und gelingenden Leben.

Gerechtes Zusammenleben

Auf der zweiten Ebene der Bedeutung der Ethik haben wir den fairen Umgang mit dem anderen genannt. Als Menschen sind wir immer in die Gemeinschaft eingeordnet und haben die Aufgabe, den Umgang mit anderen fair und gerecht zu gestalten. Hier ist der Ort von Gerechtigkeits-, aber auch von Solidaritäts- und Ausgleichstheorien. Ethik geht über individuelle Interessen, über Ich und Du hinaus. Es ist kein Zufall, dass die Mehrheit der Normen und Werte, die wir eben aufgezählt haben, die ethische Regelung des Verhältnisses der Menschen untereinander betrifft. Eine Darstellung und Vertiefung der Gerechtigkeitstheorien findet sich im Kapitel ‹Wirtschaft›.

Verantwortliches Handeln

Die Notwendigkeit, dass der Mensch Grenzen und Begrenzungen seines Handelns erkennen und verantwortlich durchsetzen muss, hängt mit anthropologischen Gegebenheiten zusammen. Es sind insbesondere zwei Momente, in denen sich der Mensch von anderen Lebewesen unterscheidet: Er ist kraft seines Gehirns, seiner Sprach- und Denkfähigkeit in der Lage, Technologien zu entwickeln, welche ihn befähigen, die Welt tief greifend umzugestalten. Und er ist zweitens nicht wie andere Lebewesen vollständig biologisch-genetisch in seinem Handeln programmiert, sondern er ist in der Lage, alternative Handlungsstrategien zu entwerfen und zu realisieren. Hier interessiert zunächst der erste Punkt: Die Fähigkeit zur technologischen Entwicklung. Mit dieser Fähigkeit verschafft sich der Mensch Eingriffs- und Veränderungsmöglichkeiten, die seine körperlichen Kräfte weit übersteigen und die wohl auch seine Emotionalität, seine Reflexionsfähigkeit und Wahrnehmung immer wieder vor neue Probleme stellen.

Der Mensch kann mit Technologien Grenzen in einem Maß überschreiten, das alles andere in der Welt weit übertrifft. So kann er geografische, saisonale, klimatische, körperliche, biologische, genetische Grenzen u. a. überschreiten. Dabei muss er sich die Frage stellen, ob mit dem Überschreiten solcher Grenzen inakzeptable Risiken eingehandelt werden. Seine biologische Ausstattung hilft ihm selten, solche Grenzen zu erkennen. Er muss selbst kraft seiner reflexiven Fähigkeiten, im Anschluss an menschheitsgeschichtliche Erfahrungen, eben im Rückgriff auf die kulturelle, philosophische und auch religiöse Lebensweisheit der Ethik, solche Grenzen erkennen, deuten und mit ihnen verantwortungsvoll umgehen. Verantwortlicher Umgang mit Grenzen hat bereits in der griechischen Philosophie und Ethik eine zentrale Stellung eingenommen. Der Begriff des Maßes und der Mäßigung (mesiotes) war sowohl für Platon (427–347 v. Chr.) wie für Aristoteles eine zentrale Tugend.

Der Gedanke der Grenzen kommt auch in literarischen Zusammenhängen immer wieder vor, so z. B. bereits in der Odyssee von Homer (ca. 750–650 v. Chr.). Der Mensch soll die Grenzen respektieren und sich mäßigen. Er soll sich seinem Wesen gemäß verhalten und sich weder als Gott noch als Tier benehmen. Der Mensch soll sich bewusst werden, was ihm gebührt. Die Menschen haben immer von diesen Grenzen gewusst, welche in der Tradition mit dem Begriff des Tabus belegt waren. So sind bestimmte, für Menschen unzugängliche Bereiche tabuisiert worden. Der Umgang mit Grenzen ist also das menschheitsgeschichtliches Thema schlechthin. Es geht heute darum, solche dem Menschen gesetzte Grenzen neu wahrzunehmen und auszuhandeln. Anders ist die Zukunftsfähigkeit der Menschheit nicht denkbar.

Anthropologische Grundlagen der Ethik

Warum braucht der Mensch Ethik zum Leben und Überleben? Auf diese Frage gibt es eine anthropologische Antwort, die sich, in verschiedenen Variationen, bereits in der Philosophiegeschichte von Platon über Thomas von Aquin (1225–1274), Immanuel Kant (1724–1804) bis zu Johann Gottfried Herder (1744–1803) findet.

Die Antwort auf die Frage, warum der Mensch Ethik braucht, geht im Zentrum von der Wahrnehmung aus, dass der Mensch in seinem Handeln, im Unterschied zum Tier, nicht vollständig instinktgebunden ist. Der Mensch ist biologisch untersteuert, denn seine Triebe dirigieren sein Handeln nicht eindeutig. Dieses Steuerungs- und Orientierungsdefizit ist Denkern in unserer Kultur sehr früh aufgefallen. Der Mensch benötigt eine Orientierung, welche aus einer anderen Quelle als der Natur kommt. Eine frühe Antwort findet sich im griechischen Mythos, der in der Schrift ‹Protagoras› von Platon zu finden ist. Daraus entnehmen wir zusammenfassend einige Passagen: Im Zuge der Erschaffung sterblicher Wesen wurden zwei Götter, Prometheus und Epimetheus, vom Götterhimmel damit beauftragt, die erschaffenen Wesen mit Werkzeugen auszustatten. Waffen, Flügel, Häute und Hufe, Zähne und Krallen sind Beispiele für solche Instrumente, mit denen Lebewesen für den Lebenskampf fit gemacht werden sollten. Epimetheus, der speziell mit der Verteilung beauftragt war, war leider nicht gerade sehr intelligent und so hatte er alle verfügbaren Instrumente an die «unvernünftigen Tiere» vergeben. Zusammen mit Prometheus entdeckte er dann den Menschen, der «nackt, unbeschuht, unbedeckt, unbewaffnet»[5] geblieben war. Was tat Prometheus in dieser Lage? Er übergab den bisher nicht berücksichtigten Menschen die Fähigkeit zur Technik und das Feuer. Doch das war für das Leben und Zusammenleben nicht hinreichend, ja gefährlich. Zeus selbst erkannte die drohende Katastrophe und beauftragte den Hermes, «den Menschen Scham und Recht zu bringen».[6]

Damit verfügten die Menschen über die Möglichkeit ethischer Orientierung und waren so in der Lage, Leben und Zusammenleben friedlich zu gestalten. Scham, also die Wahrnehmung von recht und unrecht, von gut und böse, und Rechtsempfinden waren die entscheidenden Voraussetzungen dafür, dass die Menschen in der Polis, der Stadtgemeinschaft, ein geordnetes Zusammenleben aufbauen konnten.

Der Theologe und Philosoph Johann Gottfried Herder greift die Vorstellung, dass der Mensch nicht wie ein instinktgebundenes Tier determiniert ist, wieder auf und entwickelt sie weiter. Sein Grundgedanke ist der folgende: Das Tier ist durch Instinkte determiniert. Der Mensch ist nicht in diese Determination eingebunden und zeichnet sich durch Freiheit, Besonnenheit, Vernunft und Verstand aus. Er definiert den Menschen als *Mängelwesen*. «Das neugeborene Kind äußert weder Vorstellungen noch Triebe durch Töne, wie doch jedes Tier in seiner Art; bloß unter Tiere gestellt, ist's also das verwaiseste Kind der Natur. Nackt und bloß, schwach und dürftig, schüchtern und unbewaffnet: und was die Summe seines Elends ausmacht, aller Leiterinnen des Lebens beraubt.»[7]

«Als nacktes, instinktloses Tier betrachtet, ist der Mensch das elendeste der Wesen.» (…) Aber: «Das instinktlose, elende Geschöpf, das so verlassen aus den Händen der Natur kam, war auch vom ersten Augenblick an das freitätige, vernünftige Geschöpf, das sich selbst helfen sollte und nicht anders, als konnte.»[8] Freiheit, Vernunft, Humanität, das sind die Begriffe, mit denen Herder die dem Menschen gegebene und zu bewundernde Fähigkeit der ethischen Orientierung ausdrückt. «Ich wünschte, dass ich in das Wort *Humanität* alles fassen könnte, was ich bisher über des Menschen edle Bildung zur Vernunft und Freiheit, zu feinern Sinnen und Trieben, zur zartesten und stärksten Gesundheit, zur Erfüllung und Beherrschung der Erde gesagt habe.»[9]

Später wird das anthropologische Prädikat *Mängelwesen* vom Ethiker Max Scheler (1874–1928), vom Sozialwissenschaftler Arnold Gehlen (1904–1976) und vom Biologen Adolf Portmann (1897–1982) aufgenommen und weitergeführt. Gehlen spricht von einer *Entwicklungshemmung*, Portmann von einer *Frühgeburt*. Gehlen bringt die Sache auf den Punkt, indem er die Kompensation der artspezifischen Mängel zur Grundaufgabe des Menschen erklärt. Diese Kompensation erfolgt auf der kulturellen Ebene. Da der Alltag des Menschen biologisch nicht determiniert ist, da wir zwischen verschiedenen Handlungen wählen können und müssen, brauchen wir Orientierung. Damit diese nicht immer wieder neu erfunden und ausdiskutiert werden muss, haben sich ethische Normen und

Werte in der Kultur gefestigt. Wir können auf eine lange Tradition einer Kultur ethischer Normen zurückgreifen. Orientierung für uns Menschen erfolgt also auf der Ebene der Kultur, nicht der Natur. Zwar ist der Mensch auch ein Naturwesen. Aber sollte er sich in seinem Handeln allein oder weitgehend auf die Gesetze der Natur berufen, wird er gerade das Entscheidende und Unterscheidende des Menschseins verfehlen. Man kann jedes menschliche Handeln als eine Entscheidung sehen, ob wir mit der Natur oder gegen die Natur handeln wollen. Für die Erhaltung der ökologischen Lebensgrundlagen ist es überlebensnotwendig, die Natur als Vorbild zu nehmen. Wenn es aber beispielsweise um den Schutz von schwachen und behinderten Menschen geht, müssen wir uns gegen das Natürliche stellen. Der Schutz des Schwachen, mit Ausnahme des jungen Schwachen, d. h. der Nachkommen, ist keine Strategie der Natur. Menschsein heißt in seiner tiefsten Dimension aber gerade Schutz des Schwachen. Der Verzicht auf den Schutz des Schwachen ist der Verzicht auf das Menschsein selbst, auf seine ureigenste Identität.

Menschliche Kultur zeichnet sich gerade dadurch aus, dass wir dieses Schwache schützen, dass wir alte Menschen nicht umbringen, obwohl sie für die Gesellschaft angeblich keinen sichtbaren Nutzen mehr bringen. «Natur» oder «natürlich» bietet für sich also noch keine normative Orientierung. Wir müssen in gewissen Bereichen «zurück zur Natur» und in anderen Bereichen uns gegen die Prinzipien der Natur wenden, denn die Natur kann grausam sein und kann individuelle Interessen denen der Gesamtheit unterordnen. Die Berufung auf die Natur allein reicht nicht für eine ethische Legitimation. Diese Erkenntnis wird in der Ethik unter der Thematik «naturalistischer Fehlschluss» breit abgehandelt.

Im Begriff der *Menschenwürde* haben die Menschen ein Gegenkonzept entwickelt, in welchem jede einzelne Person unabhängig von Geschlecht, Rasse, Religion, Alter oder Gesundheitszustand unantastbar ist. Ein solches Konzept gibt es in der Natur nicht. Wie wir uns entscheiden, für oder gegen die Natur, können wir nicht der Natur selbst überlassen, sondern diese Entscheidung ist eine kulturelle und geistige Leistung, ein Element einer erlernten Kultur oder eben der Ethik. Menschlichkeit als Respekt vor der Würde aller Menschen ist also nicht naturgegeben und auch nicht erblich. Das bedeutet, dass Menschlichkeit immer wieder neu erarbeitet und kulturell verankert werden muss.

Status, Geltung und Begründung der Ethik

Weiter oben haben wir im Zusammenhang mit der Begriffsgeschichte der Ethik die wichtigsten Werte und Normen genannt. In der Tat kann man den eigentlichen Inhalt ethischer Aussagen in Form von Werten und Normen ausdrücken. Welchen Geltungsanspruch haben diese Werte und Normen? Was sind sie und woher kommen sie?

Wir verstehen sie als Fazit oder *Produkt einer langen menschheitsgeschichtlichen Erfahrung* unseres Kulturkreises. Diese Werte sind entstanden im lebensgeschichtlichen Auf und Ab menschlicher Erfahrung. Sie sind entstanden im Wechselbad von Freude und Leid, Wohlbefinden und Sorge, Erfolg und Misserfolg, Sicherheit und Angst durch Generationen hindurch. Diese Werte sind ein Stück Lebensweisheit unserer Kultur. Sie finden sich in den Sedimenten der Kultur, z. B. im Recht, in der Literatur, in Religionen und Traditionen. Der Anspruch dieser Lebensweisheit ist klar: Mit diesen Werten kann das Leben individuell und gesellschaftlich gelingen. Sie sind die in langer Erfahrung erhärtete weisheitliche Orientierung für ein gutes Leben.

Dass diese Werte einen *Geltungsanspruch* transportieren, ist umso erstaunlicher, als die Erfahrungsgeschichte ja keineswegs eine ethische Erfolgsgeschichte darstellt: In Freude mischt sich Leid, in Friede mischt sich Gewalt, in Recht mischt sich Unrecht. Und trotzdem kommt es uns nicht in den Sinn, zu sagen: Das Leben ist ein Auf und Ab von Freude und Leid, von Lust und Last, von Recht und Unrecht, also lasst uns dieses Auf und Ab als Norm und Orientierungslinie anerkennen. Nein, wir halten hinter dem Auf und Ab des Lebens an einer Geltung und Verständlichkeit der genannten ethischen Werte fest, auch wenn sie im wirklichen Leben tausendfach falsifiziert wurden und werden. Ja noch mehr: Wir selbst sind Teil dieses Geltungsanspruchs geworden. Diese Werte sind durch den Prozess der Sozialisierung Teil unserer selbst, unserer Identität geworden. Der Geltungsanspruch dieser Werte ist in uns selbst und wenn wir uns diesem Anspruch entziehen wollen, dann bauen wir eine manchmal abstruse Argumentation auf, z. B.: Partizipation ist schon gut, aber ineffizient; Gerechtigkeit ist schon richtig, aber eigentlich nicht definierbar. Selbst Rassisten bemühen sich, für ihren Rassismus «gute» Gründe zu finden. Sie sagen nicht einfach: Ich bin ein Rassist, fertig. Ein historisches Beispiel dafür ist die Begründung des Unterschieds im Zugang zu Bildung in früheren Zeiten der USA. Die Bevorzugung der Weißen wurde mit dem niedrigeren Intelligenzquotienten der Schwarzen begründet, was natürlich Unsinn ist.

Der Status bzw. der Geltungsanspruch unserer Werte als Lebensweisheit begründet sich aus der Erfahrungsgeschichte unserer Kultur. Es gibt vielfältige Ansätze der Begründung dieses Geltungsanspruches. So haben dazu religiöse und philosophische Entwicklungen in unserem Kulturkreis maßgeblich beigetragen. Für viele Menschen ergibt sich die *Verbindlichkeit dieser Werte* aus ihrer Ableitung von theologischen und religiösen Überzeugungen. So gilt für viele Christen der Schutz des Lebens, weil Gott als Herr und Geber des Lebens verstanden wird.

Aber die Verbindlichkeit ergibt sich auch aus dem Zusammenhang der europäischen Vernunftgeschichte. Die *Idee der praktischen Vernunft* besteht seit Sokrates darin, dass das ethisch Richtige dem Menschen in seiner Vernunft erschließbar ist, sofern er vernünftig nach Grundsätzen suchen will, die für alle Menschen in einem Diskurs anerkennungswürdig sind. Die praktische Vernunft hat also die Fähigkeit, das Gute und Richtige als denknotwendig aufzuzeigen, immer vorausgesetzt, dass ein Mensch gutwillig nach vernünftigen, d. h. die Ansprüche anderer berücksichtigenden Argumenten sucht. Das bedeutet, dass der Mensch bestimmte Fähigkeiten hat, die ihm erlauben, das Richtige und Gute, das Ethische, zu erkennen:

> ➤ Die Fähigkeit der Menschen zumindest eines Kulturkreises, gleichlaufende emotionale Reaktionen zu haben und diese sprachlich als solche zum Ausdruck zu bringen. Solche gleichlaufenden Reaktionen sind die Voraussetzung des kategorischen Imperativs.[10]

> ➤ Die Fähigkeit bei der Frage nach dem Richtigen von den eigenen Interessen und Trieben gedanklich Abstand zu nehmen und sich in sein Gegenüber hineinzuversetzen.

> ➤ Die Fähigkeit zu einer kommunikativen Verständigung der Menschen untereinander, aber nicht bloß im Sinne eines demokratischen Aushandelns, sondern aufgrund der Fähigkeit, die An-

sprüche anderer zu bedenken und so einen idealen Konsenszustand oder -prozess zu denken.

➤ Die Fähigkeit, das Gute in der Form allgemeiner und verallgemeinerbarer Prinzipien, welche in sich gültig sind, zu formulieren.

➤ Die Fähigkeit zur ethisch evidenten Argumentation in einer Weise, welche argumentativ nicht zu widerlegen ist.

➤ Die Fähigkeit der freien und autonomen Einsicht in universalisierbare Gesetze.

➤ Die Fähigkeit, autonom einen Ordnungs- und Rechtszustand zu denken, dem jeder seine Zustimmung geben könnte.

Diese Fähigkeiten der praktischen Vernunft verstehen wir ebenfalls als Produkt der menschheitsgeschichtlichen Erfahrungsgeschichte. Ein Hinweis darauf könnten Theorien sein, welche besagen, dass es sowohl in der Menschheitsgeschichte wie in der individuellen Entwicklungsgeschichte einen Stufenprozess gibt, der eigentlich in der Fähigkeit zur vernünftigen ethischen Entscheidung mündet.

Ohne uns auf solche Theorien abzustützen, gehen wir aber davon aus, dass die Menschen in unserem Kulturkreis in einem Entwicklungsstadium angelangt sind, auf dem sie sich der Verbindlichkeit und dem Geltungsanspruch dieser Werte nicht entziehen können, wenn sie mit gutem Willen nach guten Argumenten für Grundsätze eines guten Lebens suchen. Diese Feststellung der Verbindlichkeit jenseits vieler aktueller Erfahrungen ist darum so wichtig, weil sie ein Hinweis sein könnte auf die Unverzichtbarkeit der Ethik im menschlichen und gesellschaftlichen Leben, also auf die These, die für dieses Buch zentral ist.

Freiheit und Bindung

Die moderne Geschichte ist eine Geschichte der Befreiung des Menschen von ethischen Bindungen. So wichtig und wertvoll diese Entwicklung auch war, sie hat zu einem Missverständnis der Moderne geführt: Viele Menschen glauben, Freiheit ohne Bindungen und Verpflichtungen haben zu können. Die Idee der Freiheit und die Idee der Autonomie, wie sie im christlichen Glauben vorbereitet und in der Aufklärung zur Vollendung gebracht worden sind, sind auch aus ethischer Sicht von hoher Bedeutung. Hinter diesen Ideen steht ebenfalls die Befreiung des Menschen von Abhängigkeiten, Unterdrückungen und Zwängen, welche staatliche und religiöse Autoritäten ausgeübt hatten. Der entscheidende Punkt ist aber, dass im aufklärerischen Gedanken der *Freiheit als Autonomie* die Autonomie des anderen dazugehört. Der Begriff Autonomie bedeutet im griechischen Wortsinn und im Sinne Kants, sich selber ein Gesetz zu geben. Mit Gesetz sind nicht schriftliche Gesetzestexte gemeint, sondern die freigewählte Ausrichtung auf die Idee des Guten und Richtigen. Diese Selbstgesetzgebung im Sinne der Autonomie ist eine Leistung der Vernunft, welche das Vermögen hat, gleichzeitig mit meinen Ansprüchen die Ansprüche anderer mitzubedenken. Ich wähle in Freiheit Regeln, an die ich mich binden will. Autonomie bedeutet zwar Freiheit, aber nicht im Sinne des Egoismus oder einer subjektivistischen Willkür, sondern als die gedachte Übereinstimmung mit einer *prinzipiellen Mitmenschlichkeit* und Humanität.

Zu diesem Begriff der Autonomie gehört die Idee, dass ich mir in freier Übereinstimmung mit dem Gesetz selber bindende Ordnungen geben kann. «Der Mensch ist nur dort Mensch, wo er autonom ist. Der in Übereinstimmung mit einem Gesetz stehende Mensch, das er sich selbst gegeben hat, ist der autonome, der humane Mensch. Autonomie bedeutet dann in der Tat formale Selbstbestimmung.»[11] Noch etwas anders formuliert es Wilhelm Schmid (*1953): «Diese Autonomie ist nicht identisch mit jener Selbstbestimmung im Sinn von Selbstbefreiung und Emanzipation, mit der sie lange identifiziert worden ist; sie ist vielmehr Autonomie im wirklichen Sinne, nämlich Selbstgesetzgebung, wie das Subjekt sie auf der Basis relativer Aufgeklärtheit vornehmen kann, um etwa seine Haltung und sein Verhalten im Umgang mit den Strukturen, die sein Leben bestimmen, festzulegen. Keineswegs reduziert sich diese Haltung auf den Versuch zur Befreiung von jeglicher Struktur, denn strukturelle Zusammenhänge können der Lebensgestaltung nicht etwa nur hinderlich, sondern auch förderlich sein; wo sie fehlen, kann es darum gehen, die Zusammenhänge erst zu schaffen, in denen es sich leben lässt.»[12]

Diese Verknüpfung von Freiheit und Bindung ist bereits im christlichen Freiheitsbegriff angelegt. So heißt es bei Paulus: «Für die Freiheit hat uns Christus frei gemacht.»[13] Und es heißt weiter: «Denn ihr seid zur Freiheit berufen, ihr Brüder.»[14] Diese Formulierungen des Paulus machen klar, dass es sich bei dieser Freiheit nicht um eine egoistische und willkürliche Freiheit handeln kann, sondern dass Freiheit letztlich als ein Geschenk Gottes zu verstehen ist. Das heißt doch, dass sich der Mensch in seiner Freiheit an Gott gebunden weiß, der ihm diese Freiheit schenkt. Paulus schiebt dann gleich eine Mahnung nach: «Allein, lasst die Freiheit nicht zu einer Handhabe des Fleisches werden, sondern seid einander dienstbar in der Liebe.»[15] Im paulinischen Verständnis sind also Freiheit und Dienst aufeinander bezogen. Martin Luther hat diese Dialektik in unnachahmlicher Weise auf den Punkt gebracht: «Ein Christenmensch ist ein freier Herr über alle Dinge und niemandem untertan. Ein Christenmensch ist ein dienstbarer Knecht aller Dinge und jedermann untertan.»[16]

Freiheit ohne Bindung und Bindung ohne Freiheit führt unweigerlich zu Willkür, Zwangssituationen, Ausbeutung und Unterdrückung. *Freiheit ohne Bindung* ist das Ende von Freiheit. *Freiheit mit Bindung* ist die Bedingung von Lebensqualität. Das Drama der modernen menschlichen Entwicklung besteht nun darin, dass die Menschen die Höhenlage des Begriffs der Freiheit bzw. die Verknüpfung von Freiheit und Bindung nicht akzeptieren wollen. Die moderne Freiheits- und Emanzipationsgeschichte ist Zeugnis der Befreiung von vielen Zwängen, aber es ist auch eine Geschichte des Verlustes der Idee der Bindung, des Dienstes und der Verantwortung als integralem Bestandteil der Freiheit. Weitgehend aufgegeben wird das Verständnis der Autonomie als Selbstgesetzgebung. Die Freiheit wird immer mehr verstanden als Befreiung von Bindungen und als Idee der egozentrischen Handlungsfreiheit. Es entwickelt sich eine Art Individualisierung, Utilitarisierung,[17] Hedonisierung und Banalisierung der Freiheit. Ich mache in aller Freiheit, was mir kurzfristig nützt und was mir Spaß macht, ohne Rücksicht, ohne Grenzen und ohne Bindungen. Was das konkret bedeutet, soll im Folgenden an drei ausgewählten «Freiheitsbewegungen» der letzten Jahrzehnte gezeigt werden.

Das erste Beispiel betrifft die sogenannte *Achtundsechziger Bewegung*. Im Zentrum dieser Bewegung steht die Befreiung von Autoritäten. Zentrale Begriffe sind Autonomie, Freiheit, Emanzipation, Befreiung von Autoritäten, von Traditionen, von Machtstrukturen und von struktureller Gewalt. Natürlich sind diese Befreiungen aus ethischer Sicht positiv zu würdigen, aber gleichzeitig ist zu beklagen, dass vermutlich das Kind mit dem Bade ausgeschüttet wurde, indem beispielsweise die Bedeutung von Bindungen, von Traditionen, Institutionen, Ordnungen, Grenzen und Regelungen vollständig unterschätzt wurde.

Das zweite Beispiel betrifft den sogenannten *Turbo-Kapitalismus* seit den 1990er Jahren. Hier geht es um die Freiheit für den Markt, die freie Wirtschaft, den Abbau von Regulierungen und Bindungen sowie den Abbau von Ausgleichsleistungen für die Schwachen. Es entwickelte sich eine maßlose und grenzenlose Freiheit der Wirtschaft mit zerstörerischen Folgen für die Umwelt, die Arbeitswelt und sozialen Beziehungen. Der zentrale Punkt war dabei die Aufgabe der Idee, dass auch die Wirtschaft ethisch geordnet und ethisch eingebunden werden muss. Eine Idee, die der Begründer der liberalen Marktwirtschaft, Adam Smith (1723–1790), prominent vertreten hat. Neben der «unsichtbaren Hand», welche den Markt steuert, war es für Smith selbstverständlich, dass jeder Beteiligte einen «unparteiischen Beobachter in der Brust» hat. Dieses Gewissen des Einzelnen garantiert Bindung und Verbindlichkeiten.

Die dritte Bewegung könnte man die *postmoderne Entwicklung der Gesellschaft* nennen. Im Grunde genommen geht es dabei um die Aufgabe der Idee der einen Wahrheit zugunsten pluraler Auffassungen von gut und richtig. Es entwickelt sich eine gewisse Beliebigkeit. Frei ist was beliebt. Unterschätzt wird in dieser Bewegung die Bedeutung der regulativen Idee der Wahrheit für das menschliche Zusammenleben.

Im Rückblick auf diese drei konkreten Beispiele, aber auch auf die moderne Befreiungsgeschichte überhaupt, muss man eine Reihe von *schwerwiegenden Defiziten* feststellen. Allen voran ist da der Verlust der Balance zwischen Freiheit und Bindung, Freiheit und Dienst, Freiheit und Verantwortung, Freiheit und ihren Grenzen, Freiheit und Ordnung zu nennen. Weiter liegt ein zentrales Defizit in der maßlosen Unterschätzung der

Bedeutung von Ordnungen und Institutionen, im Turbokapitalismus beispielsweise die Unterschätzung der Bedeutung von Recht und Staat. Ein weiteres Defizit ist die Sorglosigkeit gegenüber dem Bösen, der Gewalt und Zerstörungspotenzialen aller Art. Zudem besteht ein grundlegendes Defizit in der Missachtung ökologischer, technischer und kultureller Grenzen.

Das Fazit dieser Überlegungen heißt: Der moderne Mensch hat das Gleichgewicht von Freiheit und Bindung gestört. Er missachtet die Verbindlichkeit selbstgewählter moralischer Normen. Seine Autonomie wird zur Beliebigkeit: Ich tue das, was mir beliebt. Mit dem Verlust dieser Bindung, so unsere These, ist aber bereits der Samen für eine tiefe Gefährdung des guten Lebens gelegt: Der Mensch kann ohne ethische Bindung an die oben genannten Werte nicht sinnvoll leben und überleben. Wir werden diese These weiter unten vertiefen.

Ethik in der multikulturellen Gesellschaft

Man mag uns die Frage stellen, ob es nicht antiquiert sei, in einer multikulturellen Gesellschaft am unbedingten Geltungsanspruch von Werten und Normen festzuhalten, die doch eigentlich kulturspezifisch und nicht universal sind. Sind wir mit unseren Vorstellungen nicht bei einer Form des kulturellen Imperialismus gelandet?

Die von uns genannten Werte und Normen sind Voraussetzungen für eine gelingende Weltgemeinschaft, an denen keine Konzeption vorbeikommt. Ist so ein interkultureller Dialog überhaupt möglich? Zuerst muss nochmals unterstrichen werden, dass wir von einer grundsätzlichen Bedeutung der genannten Normen und Werte für alle Menschen, für die Lebensqualität und das Zusammenleben aller Menschen ausgehen. Das heißt aber nicht, dass eine Kultur, hier die westliche, diese Werte mit Gewalt durchsetzen soll. Vielmehr soll ein interkultureller Dialog zuerst so verlaufen, dass beide Seiten sich gegenseitig die Bedeutung ihrer Werte erklären und sich gegenseitig kritisch befragen. Das Ziel dieses Dialogs muss aber stets das Bemühen um Werte und Normen sein, welche Voraussetzungen für eine menschliche, soziale und überlebensfähige Weltgesellschaft sind, auch wenn es sich dabei zunächst nur um die elementarsten ethischen Werte, sozusagen um einen Minimalstandard für eine Weltgesellschaft handeln kann. Im Licht dieser Zielsetzung soll der Dialog offen und kontrovers geführt werden, wobei einseitige Erfahrungen positiv gewürdigt werden sollen.

Die zentralen europäischen Werte, z. B. die Menschenrechte gelten als nicht verhandelbar. Sie sind das beste Produkt der europäischen Geschichte, bedeutsamer als andere zivilisatorische und technische Leistungen. Man kann sich hier die zynische Frage nicht verkneifen: Warum soll in der Welt, welche alle Pathologien der europäisch-westlichen Entwicklungen als erstrebenswert ansieht und nachahmt, ausgerechnet das beste ethisch-geistige Produkt nicht exportfähig sein?

Bedeutung der Ethik für Mensch und Gesellschaft. Zwei zentrale Tugenden

Wir haben weiter oben bereits einige Ausführungen über die wichtigsten ethischen Grundsätze unserer Kultur und deren Status gemacht. Im Folgenden geht es um eine vertiefende Beschreibung der Ethik und ihre Bedeutung für Mensch und Gesellschaft. Wir stellen zwei zentrale ethische Begriffe dar: Respekt und Verantwortung. Diesen Begriffen kommt aus folgenden Gründen eine besondere Bedeutung zu: Beide Begriffe sind allgemein gehalten. Sie sind aber für nachgeordnete ethische Normen und Werte, wie z. B. Gerechtigkeit, Menschenwürde und Ehrfurcht vor dem Leben von großer Wichtigkeit. Trotz der fehlenden inhaltlichen Konkretisierungen transportieren beiden Begriffe einen hohen ethischen Geltungsanspruch: Sie sind Ausdruck einer Forderung, einer Vorschrift, einer Beurteilung und geben in einer kategorisch ultimativen Weise Orientierung.

Beide Begriffe drücken verinnerlichte menschliche Haltungen aus und können deshalb als Tugenden bezeichnet werden. In der Tat betrachten wir diese beiden Tugenden als zentrale Elemente einer ethisch orientierten Lebens- und Überlebenskultur. Der Begriff der Tugend mag auf den ersten Blick auf Ablehnung stoßen. Tugend ist aber seit Platon und Aristoteles ein Grundbegriff der Ethik und meint die verinnerlichte Fähigkeit, in konkreten Alltagssituationen ethisch zu handeln. Es bedeutet, dass wir unseren Charakter so ausbilden, dass wir unser Verhalten aus innerem Antrieb an Gerechtigkeit, Menschenwürde und Ehrfurcht vor dem Leben ausrichten. Solche Tugenden als innere Haltungen sind für autonome Entscheidungen wichtig.

Respekt

Der Begriff Respekt bedeutet im Lateinischen (respectus) zurückblicken. Wörtlich kann man es mit Rücksicht beschreiben. Es gibt eine Reihe von Begriffen, die sich in der Nähe befinden, z. B. Achtung, Ehrfurcht, Würdigung, Anerkennung, Anstand, Ehrerbietung, Wertschätzung, Toleranz, würdevoller Umgang und Selbstachtung. Zum Respekt gehört, dass wir andere nicht erniedrigen, nicht kränken und nicht verletzen, sondern ihnen gegenüber achtsam sind, auf sie Rücksicht nehmen und sie fördern. Wer Respekt hat, begegnet darüber hinaus anderen Überzeugungen mit Achtung.

Der Begriff Respekt geht also davon aus, dass der Mensch nicht nur in Hinblick auf seine körperlichen Bedürfnisse, sondern auch hinsichtlich geistig-seelischer Anliegen zu achten ist. Der Mensch ist eben nicht nur ein *animal naturale*, sondern auch eine *animal symbolicum*, ein symbolisches Lebewesen. Dass das so ist, zeigt sich z. B. im Zusammenhang der Folter, welche nicht nur körperliche, sondern auch seelische Verletzungen und Erniedrigungen bewirkt. Der Begriff der Erniedrigung transportiert diese geistig-seelische Dimension des animal symbolicum Mensch.

Die Dimension des Respekts hat in der Menschheitsgeschichte immer eine hohe Bedeutung gehabt, insbesondere in frühen und noch nicht industriell entwickelten Gesellschaften. Respekt meint, dass den Menschen ein Raum zugesprochen wird, den andere nicht betreten dürfen. Nicht nur der physische Körper, sondern auch die psychischen Räume des Menschen sind geschützt und zu respektieren. Die Vorstellung des ‹Tabu› gehört in diesen Zusammenhang. Der Begriff tabu stammt aus dem Polynesischen und heißt «‹das besonders Gemerkte› oder ‹zu Merkende›, häufig einfach gleichbedeutend mit ‹verboten›. (...) tabu wird sowohl zur Kennzeichnung religiöser wie auch rechtlicher und wirtschaftlicher Ansprüche und Tatbestände verwendet.»[18] Tabus sind meist strenge, verinnerlichte und unbewusst befolgte Verbote.

Der Begriff Respekt erhält eine neue Begründung im modernen Subjektivismus, in welchem die Autonomie des Einzelnen von großer Bedeutung ist. Die Reformation im sechzehnten Jahrhundert hat die *Mündigkeit aller Menschen* betont und damit das moderne Paradigma vorbereitet. Ebenso René Descartes (1596–1650) mit seinem Satz «cogito ergo sum» (ich denke also bin ich). Besondere Bedeutung erlangte der Begriff Respekt im Zusammenhang mit der Menschenrechtsdiskussion in der Aufklärung des achtzehnten Jahrhunderts. Der Philosoph Immanuel Kant zeigt jene Dimensionen des Menschen auf, die ihren Wert ausmachen und die deshalb respektiert werden müssen:

«1. Die Fähigkeit, sich Ziele zu setzen, und das heißt, den Dingen Wert zu verleihen.

2. Die Fähigkeit, sich selbst Gesetze zu geben.

3. Die Fähigkeit zur Selbstvervollkommnung, das heißt, sich der Vollkommenheit immer mehr annähern zu können.

4. Die Fähigkeit, moralisch zu handeln.

5. Ein vernünftiges Wesen zu sein.

6. Das einzige Geschöpf zu sein, das die Naturkausalität transzendieren kann.»[19]

Was heißt es nun konkret, Menschen mit Respekt zu begegnen?

➤ Andere Menschen nicht zu erniedrigen, nicht zu unterdrücken, nicht zu stören, nicht zu beleidigen, nicht zu schädigen.

➤ Anderen Menschen Wertschätzung, Anerkennung und Würdigung entgegenzubringen.

➤ Andere Menschen menschenwürdig leben zu lassen, d. h., die Verwirklichung ihres Menschseins nicht zu stören.

➤ Die Bereitschaft, anderen Menschen zu helfen, Fähigkeiten und Potenziale zu entwickeln, welche ihnen ein autonomes Leben ermöglichen.

➤ Andere Menschen als autonome Personen und als ethisch selbstbestimmende Autoren ihres Lebens zu respektieren.

➤ Achtung der Würde des anderen als moralisch selbstbestimmtes Wesen, dem man in der Auseinandersetzung gute Gründe schuldet.

➤ Fremde Interessen in gleicher Weise wie die eigenen zu berücksichtigen. Respekt heißt, jeden Menschen gleich zu behandeln.

➤ Respekt heißt, anderen Menschen mit Einfühlung und Empathie zu begegnen und sie so zu behandeln, wie man selbst von ihnen behandelt werden möchte (Goldene Regel[20]).

➤ Andere Menschen als moralisch-rechtlich gleiche und gleichberechtigte Mitglieder der Gesellschaft zu behandeln.

> Geben, was jemandem in der jeweiligen Situation zusteht.

> Achtungsbezeugung, Höflichkeit und Anstand.

> Achtung vor einer anderen Meinung, ohne diese zu übernehmen.

> Respekt heißt auch Selbstachtung und verlangt nach Widerstand, insbesondere in Situationen, in denen andere mit unbegründeten Ansprüchen mir gegenüber auftreten.

Der Respekt ist eine zentrale menschliche Tugend, eine ethisch-geistige Haltung, welche für eine menschenwürdige und überlebensfähige Gestaltung der gegenwärtigen und zukünftigen Gesellschaft eine notwendige Voraussetzung darstellt. Respekt ist die Voraussetzung für das Erreichen von Zielen, wie wir sie eingangs genannt hatten: Verantwortbare Lebensqualität und Überlebensfähigkeit des gesellschaftlichen Systems. So wie wir dies hier ausgeführt haben, ist Respekt eine individuelle Kategorie. Wir sind aber überzeugt, dass Respekt sich auch in Institutionen und Strukturen zeigen muss. Institutionen und Organisationen müssen so gestaltet sein, dass Menschen respektvoll handeln können und behandelt werden.

Verantwortung

Von ähnlicher Bedeutung für das Erreichen der genannten Ziele ist der Begriff der Verantwortung. Verantwortung als ein wenig konkreter normativer Begriff hat einen starken Geltungs- und Verpflichtungsanspruch. Verantwortung ist eine zentrale Tugend und ein bedeutsamer Ausdruck einer ethisch-geistigen Haltung. Der Begriff Verantworten stammt ursprünglich aus dem rechtlichen Bereich: Eine Sache verantworten bedeutet, für eine Sache vor Gericht einstehen und dem Gericht Rede und Antwort stehen. Es geht darum, dass man sich vor Gericht für seine Taten verantworten muss.

Im christlichen Bereich wurde der Begriff der Verantwortung für die Rechtfertigung des Menschen vor dem Richterstuhl Gottes im Jüngsten Gericht gebraucht. Von diesem Gebrauch stammt vermutlich die Übertragung des Begriffs auf das Gebiet der Ethik, die so nur im Christentum vorkommt: Aus der Erwartung, dass der Mensch sich im Jüngsten Gericht für alle seine Taten und sein Denken verantworten müsse, konnte die Vorstellung entstehen, das Leben müsse als Ganzes verantwortet werden. Anstelle des weltlichen Gerichtes ist hier Gott die Instanz, welcher man Rede und Antwort stehen muss. Diese Verantwortung vor Gott wurde in der Neuzeit durch Aufklärung und Säkularisierung zur Verantwortung vor sich selbst und vor seinem Gewissen. Verantwortung wird als eine notwendige Folge der menschlichen *Willensfreiheit* und der darin gründenden *Zurechnungsfähigkeit* gesehen. Verantwortung bedeutet das Einstehen für Taten und deren Folgen. Verantwortung meint, dass ich mich in einem konkreten Fall für zuständig erachte. Ich kann nicht weglaufen, nicht wegsehen oder schweigen, sondern ich stehe zu dem, wofür ich zuständig bin. Verantwortlich fühle ich mich darum, weil ich eine Instanz spüre, die mir mitteilt, dass ich zuständig sei. Diese Instanz ist Teil des Geheimnisses meiner Sozialisation: Wenn ich diese Instanz, etwa das Gewissen, spüre, wahrnehme, respektiere, dann fühle ich mich verantwortlich.

Reicht es aber, wenn man sich am Gewissen und an der Gesinnung ausrichtet? Dieses Problem wird seit Max Weber (1864–1920) anhand des Gegensatzpaares von Gesinnungsethik und Verantwortungsethik diskutiert. Für den Gesinnungsethiker geht es allein um die Gesinnung als solche und zwar unabhängig von den Konsequenzen einer entsprechenden Handlung. Für den Verantwortungsethiker geht es darum, dass er sich als zuständig sieht für die Folgen seiner Handlung. Verantwortungsethiker gehen davon aus, dass Menschen zuständig sind für Folgen von Handlungen, die sie veranlasst haben und überblicken können. Heute muss man betonen, dass es auch eine Frage der Gesinnung ist, dass wir für die Folgen unserer Handlungen die Verantwortung übernehmen.

Der Begriff Verantwortung findet sich in verschiedenen Redewendungen der Umgangssprache und drückt den Gedanken der Vorsorge aus. Man spricht von «Verantwortung übernehmen», «Verantwortung tragen», «verantwortlich handeln» oder «zur Verantwortung gezogen werden». In diesen Redewendungen zeigt sich, dass der Begriff Verantwortung durch einen zweifachen Bezug bestimmt ist:

➤   Man übernimmt oder trägt Verantwortung für andere Menschen
    oder für eine Sache.

➤   Man wird zur Verantwortung gezogen von einer Instanz, vor der
    man verantwortlich ist, und man wird von dieser Instanz zur Ver-
    antwortung gezogen hinsichtlich einer Person oder einer Sache,
    für die man verantwortlich ist.

Im Begriff Verantwortung liegt also eine doppelte Bezugnahme. Der
Mensch ist verantwortlich, weil zwischen ihm, seiner Tat und ihren Folgen
ein kausaler Zusammenhang besteht. In der Gegenwart stehen wir vor neuen Herausforderungen. Menschen können mit Hilfe von Technologien und Ökonomie immense Wir-
kungen erzeugen. Zum ersten Mal haben die Folgen von technischem
Handeln globale Auswirkungen in Raum und Zeit. Kein Flecken der Erde
ist frei von menschlichen Spuren in Form von Abfällen, Schadstoffen oder
Klimaveränderungen. Man spricht deshalb auch von Fernethik. Der dahin-
terliegende Machtzuwachs ist offensichtlich und ist mit einer zunehmenden Komplexität und Verknüpfung der Wirkungen verbunden. Es
gab noch nie eine Zeit, in der so viel Wissen verfügbar war und in der
gleichzeitig so viel *Nichtwissen über die Zukunft* bestand. Was die Zukunft
bringen wird, ist unklar und immer weniger vorauszusagen. Tiefe und
Häufigkeit anthropogener Einflüsse, Komplexität der Systeme, Veränderungen in der Lufthülle der Erde usw. sind also Faktoren, welche Aussagen
über die Folgen von Handlungen immer schwieriger werden lassen.

Nun könnten wir behaupten, damit entfalle eine wichtige Voraussetzung für die Zurechnung und Zuschreibung von Verantwortung: Wenn
wir nicht wissen können, was die Folgen unserer Handlungen sein werden,
dann können wir auch nicht dafür verantwortlich gemacht werden. Aber
Nichtwissen kann uns nicht entlasten. Zum Problem des Nichtwissens
kommt hinzu, dass in einer komplexen, arbeitsteiligen Welt die verantwortlichen Subjekte verschwinden. Wer ist etwa für die Klimaveränderung verantwortlich? Es ist also nicht mehr einfach, die Verantwortlich-
keiten zu bestimmen.

Paradoxerweise verschwinden die verantwortlichen Subjekte zunehmend in einer Zeit, in welcher eben diese Übernahme von Verantwor-

tung über die Zukunftsfähigkeit entscheiden wird. Es gibt verschiedene Lösung in dieser Ausweglosigkeit.

Man könnte für eine Renaissance der grundliberalen Postulate ‹laisser aller›, ‹laisser faire›, ‹laisser passer› einstehen. Eine andere Möglichkeit wäre das Nicht-Handeln, ein Moratorium. Doch können wir keinen dieser beiden Lösungsansätze angesichts der Probleme und Herausforderungen unserer Zeit ernsthaft in Erwägung ziehen.

Da kein verantwortliches Subjekt als Verursacher etwa für Elektrosmog oder Klimaveränderung zu identifizieren ist, stellt sich die Frage, wer denn zuständig sei. Keine Einzelhandlung hat die Probleme verursacht. Erst in der quantitativen Häufung entsteht die Problematik. Was hat aber ein Einzelner damit zu tun?

Nach dem Religionsphilosophen Georg Picht (1913–1982)[21] meint Verantwortung nicht nur Verantwortung des Menschen als moralisches Subjekt für sein Handeln, sondern man ist auch für Menschen und Sachen verantwortlich, mit denen man nicht direkt zu tun hat. Denn nach Picht geht die Frage nach der Verantwortung für ein Geschehen nicht nur vom Menschen und seinen moralischen Entscheidungen aus, sondern vom Geschehen selbst. Auch wenn wir nicht für die Klimaveränderung verantwortlich sind, muss ich dafür Verantwortung übernehmen. Und zwar muss ich die Verantwortung dafür übernehmen, weil es die Dramatik der Situation erfordert. Wir können uns nicht aus der Verantwortung ziehen mit dem Verweis, dass andere nichts tun. Wir sind in der gegebenen Situation verantwortlich, unabhängig davon was andere Menschen tun. Damit ist aber noch nicht geklärt, wie wir mit dem Nichtwissen über die Zukunft umgehen sollen.

Wir müssen die Anerkennung unseres Nichtwissens, der Kontingenz[22] und der Begrenztheit unseres Handelns sowie die mögliche *Kontraproduktivität unseres technischen Vermögens* in die ethische Reflexion einbeziehen. Verantwortung übernehmen ist in dieser Situation des Nichtwissens immer ein Wagnis und ein Risiko. Wir können heute für etwas einstehen, das sich morgen als falsch erweist. Wir müssen eingestehen, dass in komplexen Systemen Fehler immer möglich sind. Verantwortung übernehmen bedeutet also, dass wir nur Projekten und Technologien zustimmen, welche fehlerfreundlich[23] sind. Das bedeutet, dass Fehler, auch wenn sie sehr unwahrscheinlich sind, nicht zu irreversiblen Schäden und

Katastrophen führen dürfen. Anders gesagt, bei Fehlern müssen Neuanfänge noch möglich sein. Fehlerfreundlichkeit ist die säkulare Bezeichnung für Gnade, welche nach Fehlern mit Hilfe von Versöhnung und Vergebung Neuanfänge ermöglicht. Analog ist in der Wirtschaft der Konkurs ein Angebot, damit Unternehmer nach einem Versagen neu starten können.

Wir sind immer noch bei den Lösungsansätzen. Der Philosoph Hans Jonas (1903–1993) entwirft eine Ethik, in welcher er die technologische und ökologische Krise unserer Zivilisation unter dem Leitmotiv der Verantwortung behandelt. Jonas bezieht sich auf den kategorischen Imperativ von Kant und fordert: «Schließe in deine gegenwärtige Wahl die zukünftige Integrität des Menschen als Mit-Gegenstand deines Wollens ein.»[24] Handlungsleitend soll die «*Heuristik der Furcht*»[25] sein. Das bedeutet, «dass der Unheilsprophezeiung mehr Gehör zu geben ist als der Heilsprophezeiung».[26]

Wir schließen die Überlegungen zur Verantwortung mit einer kurzen Beschreibung seiner Grundfigur ab:

➤ **Ich muss einen notwendigen Zusammenhang zwischen mir und meinem Handeln bzw. den Folgen meines Handelns herstellen.** Es gehört zur Verantwortung, dass ich mich als in einem solchen Verweisungszusammenhang stehend erkenne.

➤ **Ich muss akzeptieren, dass eine Instanz mich verantwortlich macht.** Es ist eine Instanz, die ich allgemein akzeptiere, die in Geltung steht und die auf meine Verantwortung hindeutet. Als Instanzen gelten mein Gewissen und mein Verantwortungsbewusstsein.

Respekt und Verantwortung sind zwei Begriffe, welche grundlegende menschliche Tugenden, eine ethisch-geistige Haltung, ausdrücken, ohne die es dem Menschen nicht gelingen kann, eine menschenwürdige Gesellschaft heute und in Zukunft herzustellen. Respekt und Verantwortung sind Interpretationshilfen für das Aufweisen der Bedeutung und die Anwendung grundlegender ethischer Werte und Normen. Sie sind einerseits der Interpretations- und Verständnishorizont für deren Auslegung. Sie sind der Geist, in dem diese Werte und Normen angewendet werden sollen. Anderseits ist die ethische Verpflichtung von Respekt und Verantwortung nur über die inhaltliche Bestimmung der genannten Normen und Werte erschließbar.

Hinter uns liegt die Beschreibung des Wesens und der Bedeutung der Ethik. Die Ethik, so die Grundthese dieses Buches, ist von zentraler Bedeutung für die Ziele, um die es uns vordringlich geht: *Verantwortbare Lebensqualität und Überlebensfähigkeit des gesellschaftlichen Systems.*

III
Umwelt

Das ökologische Problem

Die Zukunft ist ethisch – oder gar nicht. Im Zusammenhang mit dem, was wir das ökologische Problem nennen, kommt dieser These eine besondere Bedeutung zu. Denn die Art und Weise, wie wir Menschen mit den Lebensgrundlagen umgehen, kann zur Folge haben, dass das Leben auf diesem Planeten für immer unerträglich wird. Die Natur kann sich auf die starken menschlichen Eingriffe einstellen. Uns Menschen können diese Eingriffe das Leben unerträglich machen. Wir gehen nicht von der Vorstellung eines plötzlichen ökologischen Kollapses aus. Vielmehr muss man, wenn keine neuen Weichenstellungen erfolgen, mit einem längeren Verelendungsprozess rechnen. Und eben eine solche Weichenstellung wäre eine neue ethische Ausrichtung des menschlichen Handelns. Nur so können wir zukunftsfähig sein.

Zunächst versuchen wir einfach zu beschreiben, was geschehen ist. Wir beobachten eine immer tiefer greifende, schnellere und umfangreichere Nutzung der natürlichen Ressourcen durch den Menschen. Diese Nutzung geschieht in Form von immer rascheren *massiven Eingriffen in das natürliche System*. Solche Eingriffe sind etwa die Verbrennung fossiler Brennstoffe, der Abbau und die dispersive Anordnung von Stoffen wie z. B. Metalle, die Versiegelung der Böden, die Übernutzung der Wasserquellen, die Zerstörung der Artenvielfalt usw. Alle diese Eingriffe haben meistens eine doppelte Konsequenz. Auf der einen Seite werden natürliche Ressourcen definitiv zerstört bzw. immer knapper. Viel dramatischer ist aber die zweite Konsequenz: Durch die Folgen dieser Eingriffe verändert sich die relative Stabilität der natürlichen Entwicklung auf dem Planeten Erde. Sicher kennt die Natur keine absolute Stabilität. Aber es besteht eine relative Stabilität, d. h. Naturprozesse verändern sich langsam und dadurch sind sie halbwegs berechenbar und voraussagbar. Diese relative Stabilität ist die entscheidende Voraussetzung dafür, dass der Mensch sich auf dieser Erde in einer mehr oder weniger berechenbaren Weise auf einen längeren Zeithorizont einrichten kann. Dies gilt z. B. für die Landwirtschaft, den Tourismus, das Wohnen und die Mobilität.

Durch die massiven, tief greifenden und sehr raschen Eingriffe des Menschen in den Naturhaushalt wird diese relative Stabilität der natürlichen Entwicklung in Frage gestellt. Die Zukunft wird immer weniger berechenbar und die Anpassungsfähigkeit der Menschen strapaziert. Die klimatische Entwicklung wird beispielsweise unberechenbar. Der Meeresspiegel steigt in kurzer Zeit ungewöhnlich rasch an, es erfolgt eine bisher nicht gekannte Versteppung weiter Landstriche und die Vegetationszonen verschieben sich.

Diese und ähnliche Entwicklungen sind die Folge der menschlichen Eingriffe im heutigen Tempo und in der heutigen Tiefenstruktur. Wenn wir fragen, wie eine solche Veränderung möglich wird, dann gibt es eine Kernantwort: Durch die vom Menschen stark beeinflusste Veränderung der stofflichen Zusammensetzung der Lufthülle verändern sich sowohl die Einstrahlung der Sonne bzw. die Abstrahlung der Erde, speziell der Ozeane. Der Umgang des Menschen mit Abfällen ist eigentlich derselbe Vorgang und hat dieselbe Wirkung. Abfallproduktion heißt doch, Umwandlung und dispersive, unkontrollierte Anordnung von Stoffen mit den soeben genannten Veränderungen. Durch diese letztlich chemischen Veränderungsvorgänge in Folge der zivilisatorischen Eingriffe des Menschen gerät nun die für den Menschen so wesentliche relative Stabilität der natürlichen Entwicklung ins Wanken. Ähnliche Einflüsse gehen auch von der Zerstörung der Artenvielfalt aus.

Ökologische Probleme auf einen Blick

«Atmosphäre

Das Weltklima hat sich in den letzten hundert Jahren um 0,6 bis 0,7 Grad Celsius erwärmt. Szenarien gehen, je nach Art der Entwicklung, von einer Zunahme der globalen Mitteltemperatur zwischen 1,4 und 5,8 Grad Celsius bis zur Jahrhundertwende aus. Der Temperaturanstieg in der nördlichen Hemisphäre war im zwanzigsten Jahrhundert größer als jemals zuvor in tausend Jahren; die 1990er Jahre waren wahrscheinlich die wärmste Dekade des Millenniums. Zwar ist die Mitteltemperatur natürlichen Schwankungen unterworfen; aber es gibt starke Belege dafür, dass der überwiegende Teil der globalen Erwärmung in den letzten fünfzig Jahren durch menschliche Aktivitäten verursacht wurde.

Feuchtgebiete

Feuchtgebiete sind äußerst bedeutsam für den Erhalt der biologischen Vielfalt und den Wasserhaushalt. Seit 1990 gingen über die Hälfte der weltweiten Feuchtgebiete verloren.

Biologische Vielfalt

Biologische Vielfalt ist nicht nur wichtig aufgrund des Eigenwertes der jeweiligen Art; sie ist zugleich eine Grundvoraussetzung für die Stabilität der Ökosysteme, von denen auch der Mensch abhängt. Doch sowohl im Meer wie auf dem Land hat auf der ganzen Welt der Artenverlust stark zugenommen; die Erde befindet sich gegenwärtig in der sechsten großen Aussterbensperiode ihrer Geschichte – die erste allerdings, die von einer biologischen Spezies verursacht wurde, dem *homo sapiens*. Ursachen hierfür sind Vernichtung und ökologische Beeinträchtigung von Lebensräumen, Übernutzung und Verschmutzung von Ökosystemen, Einschleppung von Arten, die andere verdrängen, sowie die globale Erwärmung.

Boden und Land

Schätzungsweise 50% der globalen Landfläche sind durch direkten menschlichen Einfluss verändert worden, mit bedeutsamen Konsequenzen für Artenvielfalt, Bodenstruktur, Nährstoffkreislauf, Biologie und Klima. Man schätzt, dass 23% der nützlichen Landfläche eine so weitgehende Verschlechterung ihrer Qualität erfahren haben, dass ihre Produktivität zurückgeht. Ein wichtiger Faktor ist die Bodenerosion; von ihr sind aufgrund menschlicher Aktivitäten weltweit 15% des Bodens – eine Fläche größer als USA und Mexiko zusammen – betroffen.

Wasser

Mehr als die Hälfte des zugänglichen Süßwassers wird für menschliche Zwecke genutzt, 70% davon für die Landwirtschaft, meistens zur Bewässerung. Riesige unterirdische Süßwasservorkommen, die sich im Laufe der Jahrtausende im Erdreich gebildet haben, werden dabei abgebaut. In den Vereinigten Staaten wird zum Beispiel das Ogallala Aquifer für die Bewässerung von Getreidefeldern derart übernutzt, dass in den nächsten zwanzig Jahren schätzungsweise 40% der bewässerten Flächen brach fallen können. Ähnliche Situationen existieren in Nigeria und im Nahen Osten.

Wälder

Die Waldfläche hat sich während der Menschheitsgeschichte von 6 Mrd. Hektar auf 3,9 Mrd. Hektar reduziert. In neunundzwanzig Ländern gingen seit dem sechzehnten Jahrhundert mehr als 90% des Waldes verloren. In den 1990er Jahren ging die Waldfläche weltweit um 4,2% zurück, hauptsächlich im Süden, wobei Aufforstung nicht berücksichtigt ist. Neben der Entwaldung spielt noch das Waldsterben eine Rolle. In den europäischen Wäldern waren 2001 ein Fünftel der untersuchten Baumkronen mittelstark oder stark geschädigt.

Fischgründe
Die Übernutzung zahlreicher Fischbestände gefährdet das ökologische Gleichgewicht der küstennahen Ökosysteme und Ozeane.
Nach Angaben der FAO sind derzeit mehr als ein Viertel aller Fischbestände erschöpft oder von Erschöpfung durch Überfischung
bedroht. Weitere 50% werden am biologischen Limit befischt.
Der weltweite Gesamtfischbestand hat sich nach Schätzungen
zwischen Anfang der 1970er und Ende der 1990er Jahre nahezu
halbiert.»[1]

Mit dem *Verlust der relativen Stabilität* geht nun, wie bereits erwähnt, die
Berechenbarkeit der natürlichen Entwicklung verloren. Damit wird dem
Menschen die notwendige Grundlage für eine positive gesellschaftliche
und ökonomische Entwicklung entzogen: Schwerwiegende klimatische,
ökonomische, soziale und demografische Krisen sind die Folge. Das ökologische Problem erzeugt also eine Krise der Lebensqualität in ökonomischer und sozialer Hinsicht.

Das ökologische Problem wird noch durch die Tatsache verschärft,
dass komplexe Systeme wie das Klima oder Böden nicht linear-kausal,
sondern zirkulär-kausal funktionieren. Sie unterscheiden sich radikal von
linearen Systemen. Komplexe Systeme können auf Eingriffe und schnelle
Veränderungen sprunghaft reagieren und sind deshalb mit herkömmlichen Denkmodellen und wissenschaftlichen Methoden kaum zu berech-
nen. Das könnte dazu führen, dass sich die Probleme mit dem Klima oder
den Böden in kurzer Zeit dramatisch verschärfen. Es ist selbstverständlich,
dass man den Umgang mit komplexen Systemen anders gestalten muss als
den Umgang mit linearen Systemen. In komplexen Systemen bekommt
das Nichtwissen eine noch größere Bedeutung und das Rechnen mit den
schlechtest möglichen Folgen muss handlungsleitend sein. Da die negativen Folgen globale Ausmaße in Raum und Zeit annehmen, sind Experi-
mente ethisch nicht zulässig. Ein von der Swiss Re schon 1994 genanntes
Beispiel gibt den nötigen Anschauungsunterricht:

«Eine mögliche Auswirkung der globalen Klimaveränderung könnte sein, dass Millionenstädte im Prinzip ebenso aufgegeben werden müssten, wie in der Historie immer wieder menschliche Siedlungen aufgegeben
wurden. Niemand weiß, wie dies zu bewerkstelligen wäre.»[2]

Das ökologische Problem ist also nicht eine punktuelle Katastrophe, es ist vielmehr eine vielschichtige, schwerwiegende Krise der menschlichen Entwicklung, der menschlichen Lebensform und Zivilisation. Betroffen sind vor allem die armen Menschen im Norden und im Süden. Ihnen fehlt das Geld, um auszuweichen und sich vor den Umweltbedrohungen zu schützen. So können die reichen Menschen bei einem Ansteigen der Meeresspiegel aus Küstengegenden wegziehen, Armen fehlen diese Handlungsspielräume. Unter ihnen sind die Frauen und Kinder zusätzlich belastet, denn sie sind in vielen Kulturen gegenüber ihren männlichen Zeitgenossen nochmals schlechter gestellt. Reiche können also die Krise noch länger hinauszögern. Ja, viele werden in Krisensituationen ihre Macht und Privilegien dazu einsetzen, knappe Ressourcen für sich zu sichern.

Bei all diesen Krisen wird höchstwahrscheinlich die wachsende Instabilität, z. B. des Klimas, mit der Zeit mehr oder weniger alle Menschen schwerwiegend tangieren. Es ist sogar denkbar, dass im Verlauf solcher Entwicklungen *syndromartige Konflikte und Konstellationen* entstehen, welche das Leben radikal in Frage stellen.

Im Gefolge von Umweltschäden wie Versteppung, Wassermangel, Klimaveränderung, Naturkatastrophen können z. B. soziale, demografische und militärische Konfliktsituationen entstehen, welche sich auf dem Hintergrund bereits bestehender Konflikte und der technologischen Zerstörungspotenziale zu Überlebenskrisen aufschaukeln können. Es ist also zu befürchten, dass es in Zukunft vermehrt gewaltsame Konflikte um Ressourcen geben wird. Nicht nur die Lebensqualität, sondern das Überleben selbst ist gefährdet. Die gegenwärtig propagierte Globalisierung der Wirtschaft mit einem weltweiten globalisierten Freihandel wird diesen Prozess beschleunigen. Eine so eingerichtete globale Welt gefährdet die relative Stabilität des ökologischen Systems und somit die Grundlagen menschlichen Lebens und Überlebens, aber auch des Wirtschaftens. Damit sind ethische Fragestellungen angesagt. Bevor wir darauf eingehen, soll die Frage erörtert werden, wie man sich erklären kann, dass die Menschheitsgeschichte einen solchen Verlauf nimmt.

Geschichte der Befreiung von der Natur

Dass es soweit gekommen ist, hat mit einem *Prozess der Entfesselung* zu tun. Diesen Prozess könnte man mit einer exponentiellen Kurve beschreiben. Obwohl es auch im Altertum bereits lokale Umweltzerstörungen gab, z. B. die Abholzung des Apennins durch die Römer für die Schifffahrt, wurde die Natur Jahrtausende über weitgehend respektiert, und die Eingriffe waren mit wenigen Ausnahmen gering. Mit der Industrialisierung wurde die technische Verfügungsmacht des Menschen über die Natur immer größer. Gleichzeitig verschwand das Bewusstsein, von der Natur abhängig zu sein. Im historischen Rückblick muss man sagen: Bis um das Jahr 1800 haben die Menschen ihre Lebensgrundlagen weitgehend respektvoll behandelt.

Die längste uns bekannte Periode der Menschheit war die *Steinzeit*. Über diese Zeit gibt es viele Spekulationen. Eine Vorstellung hat viel Plausibilität für sich: Die Menschen der Steinzeit waren genügsam; es gab eine Stabilität der Entwicklung. Die Menschen haben zwei bis vier Stunden täglich für die Sicherstellung der Ernährung gearbeitet. Dabei haben sie noch keine aktive Landwirtschaft betrieben, sondern die Früchte verwendet, welche die Natur ihnen schenkte. Dabei haben sie stets darauf geachtet, nur etwa die Hälfte der vorgefundenen Nahrung zu beanspruchen. Die andere Hälfte ließen sie liegen, denn sie hatten Angst vor einer hundertprozentigen Nutzung der Natur, die im Katastrophenfall keinen Spielraum mehr offen ließ. Die Menschen konsumierten die Früchte der Natur, aber sie ließen sich sozusagen auf die Bedingungen der natürlichen Produktion ein. Frühere Epochen waren sicher auch geprägt von einer Angst vor dem Wirtschafts- wie vor dem Bevölkerungswachstum, weil sie davon ausgingen, dass diese beiden Größen, wenn man sie zuließ, eine unheimliche Dynamik entfalten und sich gegenseitig hochschaukeln würden. Man kann natürlich bei all diesen Verhaltensweisen keine strategischen Konzeptionen voraussetzen, vielmehr ist anzunehmen, dass dieses Verhalten über Instinkte, Gefühle und Traditionen gesteuert wurde.

Und doch! Vor etwa zehntausend Jahren kamen die Menschen auf die Idee, eine aktive Bearbeitung des Bodens im Sinne der Landwirtschaft zu betreiben, wohl mit der Absicht, mehr aus dem Boden herauszuholen und für Katastrophenzeiten Vorräte anlegen zu können. So einleuchtend diese *landwirtschaftliche Revolution* auch ist, sie ist der Anfang der aktiven Umgestaltung der Welt durch den Menschen mit technologischen Mitteln. Dabei waren wohl immer zwei Motive leitend: Die Menschen wollten mehr, d. h. einen höheren Nutzen, und sie wollten einen leichteren Zugang zu diesem Nutzen. Die Menschen haben begonnen, die Welt nach ihren Vorstellungen zu gestalten, ohne an die Folgen zu denken. Insbesondere der Trend auf *mehr, schneller* und *bequemer* hat sich seit dieser landwirtschaftlichen Revolution verstärkt und in den letzten zweihundert Jahren zugenommen: Die Menschen wollen subito und ohne große Anstrengung Zugang zu Gütern und Dienstleistungen. Dafür brauchen sie viel Energie und technische Umwandlung von Stoffen. Und dieser Trend wird immer hektischer. Er hängt auch mit der Entwicklung des Zeitgefühls zusammen: Zwar konnten die Menschen früher nur auf eine relativ beschränkte Lebenserwartung hoffen, dafür hatten sie dann noch die Ewigkeit vor sich. Die heutige Generation, die zwar älter wird, aber keine Ewigkeit mehr kennt, muss notgedrungen in der kurzen Lebenszeit möglichst viel erreichen!

Wir sehen, dass wir es hier mit der Frage der Verhaltenssteuerung zu tun haben. Die modernen Menschen steuern direkt und ohne Behinderungen den maximalen Nutzen an. Dabei nehmen wir die negativen Folgen nicht wahr und werden auch nicht an der Verfolgung dieser Ziele gehindert. Kulturelle, religiöse oder traditionelle Muster haben kaum mehr Einfluss auf unser Verhalten. Das war früher anders. Man mag sich an das Tabu oder an die Vorstellung heiliger Orte oder Bäume erinnern. Solche Vorstellungen konnten Schutz vor ungehinderter Nutzung bedeuten. Eine ähnliche Funktion kam traditionellen Werthaltungen zu. Heute gilt das Überschreiten von traditionell bestimmten Grenzen und Tabus als Befreiung und Emanzipation, ja als Fortschritt. Viele Zwänge konnten so abgelegt werden, wobei wir uns neue Nöte und Zwänge einhandeln.

Man kann die Geschichte Europas und des Westens als eine Geschichte der Befreiung zugunsten einer ungehinderten *Orientierung am kurzfristigen Nutzen* verstehen. Es ist eine Geschichte, welche gleichgültig gegenüber Schäden an der Natur und an kulturellen Traditionen ist. Unserer Kultur fehlt weitgehend das Sensorium, welches uns helfen kann, die

langfristigen ökologischen und sozialen Folgen unseres Handelns wahrzunehmen und Orientierung an ethischen Normen umzusetzen.

Die wirtschaftliche Globalisierung fördert diese Entwicklung schon
durch den Umstand, dass es kaum mehr Instanzen gibt, welche im Marktgeschehen ethische Regeln wirksam durchsetzen können. Dieses Defizit
an Steuerungsmöglichkeiten sehen wir in einem direkten Zusammenhang
mit der Loslösung des Menschen von der Natur. Dadurch wurden erst die
Kräfte für die maßlose Ausbeutung der Natur frei.

Theologische Überlegungen zum ökologischen Problem

Das im ersten Abschnitt beschriebene ökologische Problem ist die Folge dieser Befreiungsgeschichte und es ist höchste Zeit, dass sich die Menschen grundsätzlich mit ihrem Verhalten gegenüber der Natur auseinandersetzen. In der christlichen Tradition, welche maßgeblich an der Entwicklung des europäischen Naturverhaltens beteiligt war, gibt es verschiedene, zum Teil sich widersprechende Ansätze. Dass der Mensch sich die Erde untertan machen soll[3], mag wirkungsgeschichtlich stark vom Christentum mitbestimmt sein. Die Bibel sieht dies allerdings weitgehend anders. Immer wieder wird die Vorstellung erkennbar, dass der Mensch die Natur, wie übrigens das ganze Leben, als Geschenk Gottes verstehen soll. Der Mensch soll sich nicht sorgen, denn Gott ist es, der für ihn sorgt. In der Bergpredigt kommt das in einem schönen Text zum Ausdruck:

«Sorgt euch nicht um euer Leben, was ihr essen oder was ihr trinken sollt, noch um euren Körper, was ihr anziehen sollt! Ist nicht das Leben mehr als Speise und der Körper mehr als die Kleidung? Seht die Vögel des Himmels an! Sie säen nicht und ernten nicht und sammeln nicht in Scheunen, und euer himmlischer Vater ernährt sie doch.»[4]

In dieser biblischen Perspektive haben wir eine radikale Antithese zur tätigen Bearbeitung der Natur vor uns. Natürlich kann man die Radikalität dieser Antithese nicht einfach in die Praxis umsetzen. Aber diese Bibelverse können auch interpretiert werden als Anleitung zu einer Haltung, welche das Tätigsein des Menschen und eben auch sein Eingreifen in die Natur nicht maximiert, sondern stets den *Gedanken der Beschenktheit* beibehält. Mit einem Geschenk geht man sorgfältig und respektvoll um. Dieser biblische Gedanke trifft heute auf eine problematische Seite des tätigen Menschen.

Ein radikaler Ausdruck dieser Erfahrung ist die Theorie des amerikanischen Mathematikers und Ökonomen Nicholas Georgescu-Roegen (1906–1994), der die These vertrat, dass der wirtschaftlich tätige Mensch in Wahrheit die Lebensgrundlagen der Menschen zerstört. Durch den Verbrauch von Energie und die tätige Bearbeitung der Natur bzw. der Materie durch den Menschen nimmt Entropie zu. Die *Zunahme der Entropie*

wird als Abnahme der Nutzbarkeit bezeichnet. Die Entropie ist also ein
Maß für die Nicht-mehr-Nutzbarkeit von Energie oder Materie. Jede Bearbeitung der Materie durch den Menschen erhöht also die Entropie und
vermindert deren Wert. Die Perspektive der durch den Menschen bearbei-
teten Materie ist die Zerstörung der Materie. Man könnte auch sagen: Im
Unterschied zu den ökonomischen Theorien von Karl Marx (1818–1883)
und Adam Smith (1723–1790), wonach die Arbeit einen Mehrwert schafft,
bewirkt die menschliche Arbeit in Wahrheit einen Minderwert. Allerdings in einer langfristigen Perspektive.

Übernimmt man diese radikale Sicht, dann gelangt man zu dem
Schluss, dass die eigentliche lebensfördernde Haltung des Menschen die
des ruhenden und nicht die des tätigen Menschen ist. Natürlich kann man
sagen: Diese Radikalität ist jenseits jeder Realität. Aber wir wissen auch,
dass die heutige Wirtschaftsform mit ihren Eingriffen in die Natur ebenfalls jenseits der Realität der Zukunft ist. Wir wissen, dass es so nicht wei-
tergehen kann. Wir wissen, dass wir nach einem neuen Verhältnis zwischen dem passiv sich beschenken lassenden und dem tätigen Menschen
suchen müssen. Damit eröffnet sich die Perspektive eines neuen Geistes
im Umgang des Menschen mit der Natur. Nur wenn wir den Menschen
zugleich als empfangenden und tätigen verstehen, werden wir die Zukunftsfähigkeit bewahren können.

Kehren wir nochmals zu den biblischen Gedanken zurück. Das Verständnis des Lebens als Geschenk kann ein wichtiger Beitrag zur Orientierung im Umgang mit der Natur sein. Menschen sollen sich als Beschenkte
in Bezug auf das eigene Leben und die Lebensgrundlagen wahrnehmen.
Betrachtet man das Leben als Geschenk, so folgt daraus ein sorgsamer und
respektvoller Umgang mit sich, mit anderen und der Natur. Zudem hat
diese Idee auch eine antiökonomische Spitze, denn Geschenke werden aus
dem ökonomischen Kalkül und den rationalen Nutzenüberlegungen aus-
genommen.

Über Geschenke freut man sich und genießt sie. In der biblischen
Wocheneinteilung beginnt die Woche mit dem Sabbat. Am Anfang steht
gerade nicht die Tat, sondern die Ruhe und Besinnung. Oder modern gesagt: Am Anfang steht die Freizeit, die geschenkte Zeit. Die Erfahrung,
dass das Leben ein Geschenk ist, braucht aus unserer Sicht keine religiöse
Überzeugung, sondern ist mit alltäglichen Wahrnehmungen kompatibel.

Als Kinder sind wir ohne Eigenleistung geboren worden. Menschen können beispielsweise Pflanzen nicht wachsen machen oder die Sonne scheint ohne Frage, was wir als Gegenleistung bieten. Sieht man die Natur und unsere Lebensgrundlagen als Geschenke an, so können wir ihre *Schönheit jenseits von ökonomischen Verwertungsinteressen* sehen und uns daran freuen. Durch solche Wahrnehmung verändert sich unser Verhältnis zur Natur und wir können uns dankbar als Teil von ihr sehen. Die geschenkte Existenz ist der Gegenbegriff zum Mensch als Ausbeuter, welcher in die ökologische Krise geführt hat.

Ethische Überlegungen zum ökologischen Problem

Unsere Analyse macht eines klar: Das Handeln des Menschen wirft insbesondere hinsichtlich der Lebensqualität und Überlebensfähigkeit eine ganze Reihe ethischer Fragen auf. Grundlegende ethische Werte und Normen sind tangiert, etwa die Ehrfurcht vor dem Leben, das Vermeiden von Leid und Schaden, die gerechte Verteilung, die Mitsprache, die Würde des Menschen und auch die Verantwortung für die Wohlfahrt aller. Wenn wir die ethischen Werte und Normen als Konzentrat der Lebensweisheit unserer Kultur verstehen, dann wird deutlich, dass das menschliche Handeln immer mehr die Verbindung zu dieser Weisheit verliert. Dies gilt zunächst in Hinblick auf die Lebenschance der heutigen Generationen. Der Widerspruch zu den weisheitlichen Normen unserer Kultur wird evident, wenn wir an Menschen denken, die direkt und konkret vom ökologischen Problem betroffen sind.

Wie bereits erwähnt, sind arme und wenig privilegierte Menschen stärker betroffen und ihre Lebensqualität wird durch Einwirkungen von Menschen auf die natürlichen Systeme massiv eingeschränkt. Es sind dies beispielsweise Menschen, die sich auf der Flucht befinden, weil die Klimaveränderung die natürliche Basis für die Landwirtschaft zerstört hat. Oder es sind asthmatische Kinder, welche durch die schlechte Qualität der Luft gesundheitlich beeinträchtigt sind oder Kleinbäuerinnen und Kleinbauern, die durch Klimakatastrophen Hungersnöte erleiden. Es sind die Betroffenen von Unwetterkatastrophen, verursacht durch kurzfristige, vom Menschen beeinflusste klimatische Veränderungen. Es sind Krebskranke, die durch die Zerstörung der Ozonschicht in besonderer Weise betroffen sind.

Selbstverständlich muss von Fall zu Fall gezeigt werden, dass ein Zusammenhang zwischen den Einwirkungen des Menschen und den inakzeptablen Folgen besteht. Besonders stoßend sind die negativen Folgen für die Betroffenen dann, wenn diese weder von den Vorteilen der modernen Zivilisation profitieren können, noch wesentlich an der Entstehung der negativen Folgen ursächlich beteiligt sind. Dies gilt in der Regel für die armen Menschen im Norden und im Süden, welche unter prekären Umständen leben müssen. Frauen, Kinder und Kranke sind ganz besonders betroffen. Millionen, wenn nicht Milliarden Menschen sind den negativen Folgen des ökologischen Problems ausgeliefert.

Als eine in besonderer Weise betroffene Gruppe können auch die *zukünftigen Generationen* gelten. Zunächst leuchtet es sofort ein, dass wir nicht ohne Widerspruch ein eigenes gutes Leben anstreben und gleichzeitig sagen können, die Lebensqualität zukünftiger Generationen sei uns egal. Wir sind ethisch verpflichtet, deren Möglichkeiten für eine mit der unsrigen vergleichbare Lebensqualität nicht zu beeinträchtigen. Gegen dieses Argument hat man schon eingewendet, dass es uns egal sein könne, wenn zukünftige Generationen keine guten Lebensgrundlagen bzw. überhaupt keine mehr vorfinden. Dieses Argument verfängt darum nicht, weil es keine exakte Trennlinie zwischen den lebenden und den zukünftigen Generationen geben kann: Der Übergang ist fließend, es gibt keinen Moment, in dem es nur die heute lebende oder nur die zukünftige Generation gibt. Es gibt also auch keinen zeitlichen Fixpunkt, an dem man die Geschichte der Menschheit anhalten könnte.

Auch ein weiteres Argument verfängt nicht. Man hat gesagt, dass, wenn die Menschheit beschließen sollte, sie wolle der Lebenszeit der Spezies Mensch ein Ende bereiten, es keinen Grund gäbe, dagegen zu sein. Hiergegen wäre einzuwenden: Einmal gibt es den Knopf nicht, auf den man drücken kann, um ein plötzliches Ende der Spezies Mensch herbeizuführen, das heißt, es gibt gar kein praktizierbares Mittel, einen solchen Beschluss auszuführen. Zudem wäre über ein solches Thema höchstens ein Mehrheitsentscheid zu erwarten, niemals eine Einstimmigkeit, die schon aus praktischen Gründen unmöglich ist. In solchen Fragen ist es aber ethisch nicht begründbar, mit Mehrheitsentscheiden zu operieren. Das alles heißt doch, dass die zukünftigen Generationen nicht derart durch vom Menschen induzierte Veränderungen der Lebensbedingungen zu Betroffenen gemacht werden dürfen, dass ihre Lebensqualität eingeschränkt wird bzw. sie gar keine Lebensgrundlagen mehr vorfinden werden.

Die Zerstörung der Lebensgrundlagen widerspricht dem Recht auf Mitsprache von Millionen von Menschen, was ihr eigenes Schicksal betrifft. Ökologische Schäden sind sozusagen ungefragte Schädigungen anderer und deshalb zutiefst unethisch. Haben wir denn die Dritte Welt jemals gefragt, ob sie zur Abfallgrube der westlichen Zivilisation werden will? Haben die zukünftigen Generationen ihre Zustimmung gegeben, sich mit unserem Atommüll herumzuschlagen? Haben sie Ja gesagt zum globalen Experiment mit dem Klima?

Das ökologische Problem besteht aus ethischer Sicht darin, dass bestimmte Folgen der vom Menschen verursachten Einwirkungen auf die Natur nicht akzeptabel und nicht erträglich sind. Alle sind betroffen – am meisten die Armen – mit vielleicht wenigen Ausnahmen wie reiche alte Menschen in der westlichen Welt, Zyniker und potenzielle Selbstmörder. Pointiert könnte man resümieren: Wir verkraften die Folgen der vom Menschen herbeigeführten sehr raschen Veränderungen der ökologischen Verhältnisse nicht, weder sozial noch kulturell.

Wir müssen bei alledem bedenken, dass wir Menschen das Aussterben der menschlichen Gattung, selbst wenn wir alle dieses Aussterben wollten, nur schrecklich gestalten können. Es gibt keine Möglichkeit der Aufgabe der menschlichen Lebensmöglichkeiten, es sei denn eine qual- und leidvolle. Wir haben, wie Hans Jonas (1903–1993) einmal gesagt hat, eine «Pflicht zum Dasein». Es besteht also auch von diesen Überlegungen her ein Recht auf Leben für die zukünftigen Generationen. Dieses Recht lässt sich allerdings grundsätzlich wie folgt begründen: Wer heute gerne lebt und sein Leben pflegt, wer eine ganze Zivilisation aufbaut, kann nicht zugleich sagen, es sei belanglos, ob zukünftige Generationen auch leben könnten. Solange wir also ein Recht auf Leben beanspruchen, kommt zukünftigen Generationen dieses Recht auch zu.

Grundsätze für die Sicherung der Lebensqualität und die Erhaltung der Lebensgrundlagen

Nach den analytischen und ethischen Überlegungen lassen wir nun Grundsätze für die Lösung der bisher identifizierten Probleme folgen. Wir haben gesehen, dass durch diese Probleme die Lebensqualität und Überlebensfähigkeit dramatisch gefährdet sind. Von daher ergeben sich zwei grundsätzliche Oberziele:

➤ Sicherung der Lebensqualität
➤ Sicherung der Lebensgrundlagen

Bei der Formulierung dieser Oberziele auf dem Hintergrund unserer These, dass Lebensqualität wie Überlebensfähigkeit in gleicher Weise bedroht sind, wird sofort klar, dass diese Ziele mit gesellschaftlich-sozialen und ökonomischen Zielen vermittelt werden müssen. Im Folgenden werden auch ökonomische und gesellschaftliche Ziele, Grundsätze und Regeln beschrieben, weil alle drei Bereiche voneinander abhängen. Man kann von der folgenden Liste wichtiger Ziele ausgehen:

➤ Die Erhaltung der Lebensgrundlagen
➤ Das Anstreben der mit unseren Chancen vergleichbaren Chance zukünftiger Generationen in Hinblick auf die Wahl einer attraktiven Lebensform
➤ Die Minimierung von Großrisiken, insbesondere mit Blick auf Atomenergie, Gentechnologie, Umweltgifte und Terror
➤ Eine funktionierende, effiziente Wirtschaft
➤ Eine ethisch angemessene soziale Gerechtigkeit in Hinblick auf die Verteilung
➤ Eine Stärkung lokaler Kulturen zur Förderung von Identität und dem Erhalt von lokalem Wissen

➤ Eine lokale und globale Kultur der Partizipation in Hinblick auf
   eine Stärkung von Demokratie, individueller Verantwortung und
   Persönlichkeitsbildung

Mit der Formulierung solcher Ziele sind wir mitten in der Diskussion
über die Nachhaltigkeit gelandet. Mit diesem Begriff verbindet sich ja seit
geraumer Zeit der Versuch, die ökologische Dimension mit der ökonomischen und gesellschaftlichen zu kombinieren. Die einzige Möglichkeit, diese Ziele zu verfolgen, liegt im *Konzept der Nachhaltigkeit*, wie wir es sogleich formulieren werden. Seit dem Umweltgipfel von Rio 1992 hat
dieses Prinzip eine weltweite Bedeutung erlangt. Der Begriff der Nachhaltigkeit entstand in der deutschen Waldwirtschaft in der Mitte des achtzehnten Jahrhunderts, als man auf die drohende Abholzung ganzer Landstriche reagieren musste. Nachhaltig meint in der Ursprungsbedeutung,
dass man nur so viele Bäume fällt wie wieder welche nachwachsen.

Der sprachliche Grundgedanke des Begriffs Nachhaltigkeit ist der
der Dauerhaftigkeit. Zunächst meinte der Begriff also die langfristige Sicherung der natürlichen Lebensgrundlagen. Es hat sich aber gezeigt, dass
die langfristige Sicherung der Lebensgrundlagen nicht in einem luftleeren
Raum möglich ist, sondern dass vielmehr die Idee der langfristigen Sicherung auch auf den ökonomischen und gesellschaftlichen Bereich aus-
gedehnt werden muss. Dies deshalb, weil eine notwendige Interdependenz
zwischen den drei Bereichen Ökologie, Ökonomie und Gesellschaft besteht. Man kann diese Interdependenz auch als eine gegenseitige Abhängigkeit der drei Bereiche verstehen. Diese Erkenntnisse haben zu einem
Weltmodell geführt, welches ein Gleichgewicht zwischen den drei Bereichen ausdrückt.

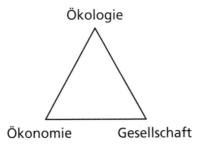

Die Zielvorstellung für die Nachhaltigkeit kann man beschreiben als die umfassende Optimierung der Dauerhaftigkeit eines menschenwürdigen Lebens. Oder als die Optimierung der Erhaltung der natürlichen Lebensgrundlagen mit einer funktionierenden Wirtschaft und einer menschenwürdigen Gesellschaft. Weil eben im Konzept der Nachhaltigkeit immer mindestens die drei genannten Bereiche mitgedacht werden müssen, muss man den Prozess der Nachhaltigkeit als Optimierungsprozess verstehen. Allerdings darf dabei nie vergessen werden, dass dem Aspekt der Ökologie logisch eine Priorität zukommt, weil es ohne natürliche Lebensgrundlagen weder eine funktionierende Wirtschaft noch eine menschenwürdige Gesellschaft geben kann. Das Postulat der Nachhaltigkeit geht aber von der oben bereits beschriebenen Wahrnehmung aus, dass es ohne tief greifende und kurzfristige Eingriffe des Menschen eine relative Stabilität in der natürlichen Entwicklung gibt, welche den Menschen über Tausende von Jahren günstige Lebensbedingungen garantiert hat. Das bedeutete, dass die Handlungsspielräume und Anpassungschancen erhalten blieben. Genau dies wird mit der Verletzung des Nachhaltigkeitsprinzips gefährdet.

Die Grundidee der Nachhaltigkeit ist unsere Prämisse, von der wir für die weiteren Überlegungen ausgehen:

> Nachhaltig im umfassenden ethischen Sinn heißt eine Lebens-, Gesellschafts- und Wirtschaftsform, welche unter den Bedingungen der ökologischen Grenzen, der ökonomischen Knappheit und der gesellschaftlichen Geltung der Menschenrechte das Leben so gestaltet, dass zukünftigen Generationen langfristig die Chance erhalten bleibt, in einer uns vergleichbaren Weise nach Erfüllung des Lebens zu streben, indem sie ihre Anpassungsfähigkeit, Handlungsfähigkeit und Verantwortungsfähigkeit behalten.[5]

Ausgehend von dieser Definition der Nachhaltigkeit geht es nun darum, den Sinngehalt der drei Aspekte Ökologie, Ökonomie, Gesellschaft etwas konkreter herauszuarbeiten. Wenn wir dies in Form von normativen Grundsätzen und operativen Regeln versuchen, dann lassen wir uns von der Frage leiten: Was sind unter den drei Aspekten je die spezifischen Leistungen und Anforderungen, wenn wir das Ziel einer überlebensfähigen

Gesellschaft vor Augen haben? Es spricht für sich, dass die operativen Regeln der ökologischen Nachhaltigkeit jeweils für die zwei anderen Bereiche auch gelten und deshalb nicht nochmals erwähnt werden.

Ökologische Nachhaltigkeit

Die Ökologie sucht nach Regeln, welche für den Umgang des Menschen mit den natürlichen Lebensgrundlagen gelten. Diesen Regeln kommt ein grundsätzlicher Geltungsanspruch zu, weil die Erhaltung der Lebensgrundlagen Voraussetzung ist für alle anderen menschlichen und gesellschaftlichen Gestaltungsmöglichkeiten.

Normative Grundsätze:

➤ «Die Nutzungsrate sich erneuernder Ressourcen darf deren Regenerationsrate nicht überschreiten.

➤ Die Nutzungsrate sich erschöpfender Rohstoffe darf die Rate des Aufbaus sich regenerierender Rohstoffquellen nicht übersteigen.

➤ Die Rate der Schadstoffemissionen darf die Kapazität zur Schadstoffabsorption nicht übersteigen.»[6]

Operative Regeln:

➤ Orientierung an der Idee der geschlossenen Stoffkreisläufe.

➤ Ausschließlicher Gebrauch von dezentraler Sonnenenergie.

➤ Gebrauch, aber nicht Zerstörung von Ressourcen.

➤ Schutz der Biodiversität.

➤ Vermeidung von Abfällen, welche nicht mehr rezyklierbar sind.

➤ So handeln, dass bei einem möglichen Eintritt von Fehlern keine unerträglichen und irreversiblen Folgen in Kauf genommen werden müssen (Prinzip der Fehlerfreundlichkeit).

Ökonomische Nachhaltigkeit

Die Aufgabe der Ökonomie besteht in der Überwindung der Knappheit sowie der Deckung der Bedürfnisse in effizienter Art und Weise. Diese genuine Leistung der Ökonomie, die ökonomische Rationalität, kann unter ethischen Aspekten nicht isoliert gesehen werden. Die Ansprüche grundsätzlich aller Menschen und die Erhaltung der Lebensgrundlagen sind unter ethischen Aspekten Rahmenbedingungen für eine nachhaltig konzipierte Ökonomie, denen sie so weit Rechnung tragen muss, wie es ihre Leistungsfähigkeit als Ökonomie erlaubt.

Normative Grundsätze:

➤ Die Wirtschaft hat eine unverzichtbare Dienstfunktion für die Gesellschaft.

➤ Eine Wirtschaftsweise ist nachhaltig, wenn es langfristig möglich ist, mit wirtschaftlichen Tätigkeiten die existenziell knappen Güter und Dienstleistungen für alle Menschen in naturverträglicher Weise zu decken.

➤ Eine Wirtschaftsweise ist nachhaltig, wenn sie die Überwindung der Knappheit, die Deckung der Bedürfnisse und ihre Effizienz so gestaltet, dass sie den ethisch begründeten ökologischen und gesellschaftlichen Geltungsansprüchen entsprechen.

➤ Ökonomische Rationalität bzw. der Markt sind deshalb mit zentralen gesellschaftlichen Anforderungen zu vermitteln: Der Markt braucht einen gesellschaftlich-ethisch-sozialen Ordnungsrahmen oder noch elementarer: Der Markt braucht Ethik.

Operative Regeln:

➤ Im Hinblick auf die optimale Leistung der Wirtschaft ist anhand von ethischen Grundsätzen zu entscheiden, welche wirtschaftlichen Aufgaben stärker über den gesellschaftlich-politischen Ordnungsrahmen und welche über den Markt zu steuern sind.

➤ Dort wo die Marktfähigkeit nicht gegeben ist, z. B. bei ökologischen und sozialen Fragen, ist die gesellschaftlich-soziale Steue-

rung zu verstärken. Von Bedeutung sind in diesem Zusammenhang neue Formen der institutionellen Zusammenarbeit von
staatlichen Organen und privaten Unternehmen.

➤ Wenn existenziell notwendige Bedürfnisse nur durch öffentliche
Güter[7] gedeckt werden können, sind diese zu schützen.

➤ Die Privatisierung von existenziell notwendigen öffentlichen Gütern ist nur soweit zulässig, wie der freie und erschwingliche Zugang für alle möglich ist.

➤ Grundsätzlich soll die Bedeutung der normativen, geistig-moralischen Dimension (der Marktwert der Ethik) gesteigert werden.
Dies wird dann erreicht, wenn möglichst viele Stakeholder bzw.
Anspruchsgruppen ethisch orientierte Leistungen des Marktes
verlangen oder honorieren.

➤ Markt- und Leistungsanreize sind nötig, sie sollen aber ökologisch und sozial verträglich gestaltet werden. Prinzipiell gilt das
Verursacherprinzip, d. h. im Sinne der Kostenwahrheit sind die
externen Kosten in die Preise zu integrieren.

➤ Die Unternehmenskultur ist ebenfalls ökologisch-sozial verträglich zu gestalten.

➤ Konsumentinnen und Konsumenten, Anlegerinnen und Aktio-
näre sollen ihre demokratischen Rechte wahrnehmen können.

➤ Investitionen sollen unter Berücksichtigung ethischer, ökologischer und sozialer Kriterien erfolgen.

Gesellschaftliche Nachhaltigkeit

Die wichtigsten Leistungen unter dem Aspekt der Gesellschaft, immer in
ethischer Sicht, betreffen die Sicherung der Menschenrechte und der Demokratie, die allgemeine Wohlfahrt (z. B. Gesundheit), den sozialen Ausgleich und die Förderung von Bildung und Kultur. Diese sozialen Anliegen müssen unter dem Aspekt der Nachhaltigkeit mit ökologischen und
ökonomischen Ansprüchen vermittelt werden.

Normative Grundsätze:

➤ Eine nachhaltige Gesellschaft darf die Regeln der ökologischen und ökonomischen Nachhaltigkeit nicht verletzen.

➤ Die Menschenrechte und die Menschenwürde dürfen nicht verletzt werden.

➤ Eine nachhaltige Gesellschaft muss demokratisch sein.

➤ Die Gesellschaft ist verantwortlich für den Ausgleich unverschuldeter Ungleichheiten.

➤ Die Gesellschaft muss Bedingungen und Ressourcen bieten für die Förderung von Kultur und Bildung.

Operative Regeln:

➤ Menschenrechte sind über verfassungsrechtliche, gesetzliche und gerichtliche Strategien zu sichern.

➤ Eine nachhaltige Gesellschaft muss demokratisch sein, indem sie Partizipation, Subsidiarität und gewaltfreie Konfliktlösung fördert.

➤ Es sind Institutionen und Strukturen für die Realisierung von Gerechtigkeit und Ausgleich sowie für eine funktionierende Sozialpolitik zu schaffen.

➤ Die Entwicklungshilfe muss im Sinn der Hilfe zur Selbsthilfe massiv gesteigert werden.

➤ Die Gesellschaft soll in Hinblick auf Persönlichkeitsentwicklung, Bildung und Ausbildung Chancengleichheit herstellen.

➤ Der Respekt vor der religiösen, kulturellen und regionalen Vielfalt ist zu wahren.

Gesellschaftliche Nachhaltigkeit soll die immateriellen Grundlagen einer Gesellschaft langfristig erhalten. Sie soll also mithelfen, das gute Leben und Zusammenleben zu sichern. Gesellschaftliche Nachhaltigkeit bedeutet, dass Handlungs- und Verantwortungsfähigkeiten erhalten und gefördert werden. Dazu braucht es Partizipation, Bildung, weltweite Solidarität, Chancengleichheit, Gesundheit, Zugang zu Wissen, Demokratie, Menschenrechte und kulturelle Identität. Es liegt auf der Hand, dass diese Faktoren wichtig sind, denn sie prägen die Menschen und ihr gesellschaftliches Umfeld. Eine Gesellschaft, die z. B. in der Bildung spart, kann kurzfristig den Gewinn steigern, aber langfristig wirkt sich das fatal aus. Ebenso verliert eine Gesellschaft, welche keine Strategien zur gewaltfreien Lösung von Konflikten einübt, ihre Zukunftsfähigkeit.

Rückblickend auf die Überlegungen zur Nachhaltigkeit wird klar, dass mit diesem Konzept eine radikale Position ausgedrückt wird. Es muss nochmals betont werden, dass die ökologische Nachhaltigkeit prinzipiell Vorrang vor den anderen Bereichen hat, denn ohne ökologische Lebensgrundlagen kann keine Wirtschaft und auch keine Gesellschaft funktionieren. Die Gefahr des magischen Dreiecks der Nachhaltigkeit (Ökonomie – Ökologie – Gesellschaft) besteht darin, dass man Wirtschaftswachstum, soziale Wohlfahrt und Schutz der Umwelt harmonisch vereinbaren will. Gegen diese Illusion ist klarzustellen, dass es zwischen diesen Bereichen schwerwiegende Konflikte und Spannungen gibt und geben wird. Die drei Bereiche können nicht so schnell in Übereinstimmung gebracht werden.

Es ist ausgeschlossen, dass ein solches Konzept von heute auf morgen verwirklicht werden kann. Selbstverständlich muss man Abstriche an einem radikalen Maximalprogramm machen und Kompromisse eingehen. Zum Beispiel so, dass wir in Zeiten großer und verbreiteter Armut der Deckung des Bedarfs verarmter Schichten eine höhere Priorität einräumen als der Ökologie. Oder dass wir in Zeiten einer wirtschaftlichen tiefen Depression dem wirtschaftlichen Wachstum eine höhere Priorität zugestehen als der Erhaltung der Lebensgrundlagen. Solche Veränderungen der Prioritäten können notwendig sein. Aber eines muss strikt eingehalten werden: Die mittel- und längerfristige Priorität der ökologischen Perspektive.[8] Dies aus dem einfachen Grund, weil die ökologische Perspektive logisch allen anderen Perspektiven und Bedürfnissen vorgeordnet sein muss. Denn ohne ökologische Lebensgrundlagen gibt es keine funktionierende Wirtschaft und keine soziale Gerechtigkeit. Nach einem Exkurs werden wir anhand von konkreten Beispielen die Bedeutung dieser Regeln aufzeigen.

Exkurs:

Subsistenzwirtschaft und Nachhaltigkeit

In der Lebensweise der Subsistenzwirtschaft kommt die Grundstruktur der Nachhaltigkeit authentisch zu ihrem Ausdruck. Subsistenzwirtschaft ist eine lokale Form des Wirtschaftens, in welcher die Deckung der elementaren Bedürfnisse Vorrang hat vor dem Gelderwerb. Subsistenz bedeutet, aus sich selbst heraus zu leben. Es geht aber nicht um Autarkie und Selbstversorgung, sondern um lokale Netzwerke mit einem hohen Grad an Selbstbestimmung. Geld kann durchaus eine Rolle spielen, wird aber nicht zum Selbstzweck. Diese Wirtschaftsform war historisch in Europa bis ins Spätmittelalter vorherrschend. «Die traditionale Wirtschaft bleibt Subsistenzwirtschaft, also auf die Befriedigung der unmittelbaren Lebensbedürfnisse der lokalen Lebensgemeinschaft (Familie, Sippe, Dorf) ausgerichtet. Mehr zu produzieren und zu arbeiten als dafür notwendig war, wäre den Menschen damals als sinnlos vorgekommen.»[9] Wir haben es im Kapitel I bereits erwähnt, dass weltweit drei Milliarden Menschen immer noch subsistenzähnlich leben. Diese Menschen leben als Kleinbäuerinnen, Straßenverkäufer, Handwerkerinnen u. a. von minimalen Einkommen in lokalen Netzwerken. Aber auch viele Leistungen in Industrieländern haben Parallelen zur Subsistenzwirtschaft. So werden viele elementar wichtige Voraussetzungen für eine funktionierende Gesellschaft und Wirtschaft subsistenzähnlich erarbeitet. Wir denken da an die großen Leistungen der Haus- und Familienarbeit, an Freiwilligenarbeit in Vereinen, Parteien, NGOs und anderes. Im Bruttosozialprodukt und in offiziellen Statistiken erscheinen diese Leistungen selten, obwohl sie wertvoll sind und wesentlich zur Lebensqualität beitragen. Wenn wir hier Subsistenzwirtschaft erwähnen, so möchten wir uns nicht rückwärts wenden oder gar die Steinzeit herbeiwünschen. Wir möchten auch nichts verherrlichen, denn auch in der Subsistenzwirtschaft gibt es Not und Unterdrückung von Individuen. Trotzdem sehen wir viele Parallelen zum Konzept der Nachhaltigkeit und fragen uns deshalb, was wir daraus für die Lebensqualität und die Erhaltung der Lebensgrundlagen lernen können. Als regulative Leitideen können folgende Aspekte genannt werden:

➤ **Hoher Grad an Selbstbestimmung**

➤ **Entscheidungen werden dort gefällt, wo sie auch umgesetzt werden müssen**

➤ **Schutz und Pflege der lokalen Kultur**

➤ **Genügsamkeit**

➤ **Hohe Verbindlichkeit und Verantwortungsgefühle, weil ganze Prozesse von der Wiege bis zur Bahre überblickt werden und Menschen lokal verwurzelt sind.**

➤ **Wenig Dynamik und Tempo**

➤ **Weniger Eingriffstiefe in die Natur**

➤ **Relative große Autarkie und geschlossene Stoff- und Betriebskreisläufe**

➤ **Viel Handarbeit und viele Arbeitsplätze**

➤ **Wachstum und Rationalisierung mit Intensivierungen sind nicht systemimmanent**

➤ **Guter Schutz von öffentlichen Gütern, etwa Saatgut oder Biodiversität**

➤ **Das Lebensdienliche hat Vorrang vor dem Wirtschaftsdienlichen**

➤ **Kooperation ist wichtiger als Konkurrenz**

Praxisfelder einer ökologisch orientierten Zivilisationsform

Die Überlegungen zur Nachhaltigkeit haben eines deutlich gemacht: Es geht, wenn wir Lebensqualität und Überlebensfähigkeit sicherstellen wollen, um nichts weniger als um eine neue Zivilisation und Lebensform.

Wir befinden uns hier im Kapitel ‹Umwelt›. Deshalb geht es im folgenden Abschnitt um die wichtigsten Eckpunkte einer nachhaltigen Gesellschaft aus ökologischer Sicht. Da wir später die Kapitel ‹Wirtschaft›, ‹Landwirtschaft› und ‹Arbeit› folgen lassen, werden weitere Eckpunkte dazukommen. Was sind nun die wichtigsten Postulate in Hinblick auf einen konkreten Aufbau einer nachhaltigen Gesellschaft aus ökologischer Sicht? Auch in Hinblick auf die Bearbeitung dieser Frage orientieren wir uns an einer geistigen Haltung, die wir für das ganze Buch in Anspruch nehmen:

➤ **Eine Orientierung der Gesellschaft kann nur dann gelingen, wenn die Bedeutung der geistig-moralischen Dimension erkannt wird.**

➤ **Die eigentliche Ressource für die Gestaltung einer nachhaltigen Gesellschaft sind der Geist, die Kreativität, die Intelligenz. Wir brauchen eine geistig-kreative Erneuerung, einen intelligenten Umbau der Zivilisation.**

➤ **Die Versuche zu einer ökologischen Umgestaltung der Gesellschaft müssen aus der Ecke einer freudlos-moralisch-asketischen Haltung heraus; sie sollen getragen werden von einer neuen kreativ-innovativen Begeisterung. Es muss uns gelingen, eine neue Lebensfreude in Hinblick auf einen nachhaltigen Lebensstil zu erwecken.**

➤ **Es braucht auch die Lust auf Neues und Kreatives, die Lust, eine neue Herausforderung anzunehmen und so ein aufregendes und erfüllendes Leben unter neuen Bedingungen zu gestalten.**

Eine Voraussetzung für diesen Umbau ist eine tatkräftige, mutige Umsetzung in die Praxis. Mut zur Tat ist gefragt.

Biodiversität

Es ist unumstritten, dass die Biodiversität teilweise sehr stark zurückgegangen ist. Obwohl über die Zahlen gestritten wird, bezweifelt niemand die Tatsache dieser Reduktion. Mit Biodiversität sind drei Dimensionen angesprochen:

➤ Vielfalt der Lebensräume: lokale, regionale, globale Ökosysteme

➤ Artenvielfalt innerhalb der Lebensräume: alle dort lebenden Organismen: Tiere, Pflanzen, Mikroorganismen

➤ genetische Vielfalt innerhalb der Arten

Die Regenwälder sind weltweit eines der artenreichsten Ökosysteme, welches durch Brandrodung, Kahlschlag, Abholzung, nicht nachhaltige Formen der Waldnutzung und den Klimawandel gefährdet sind. Damit verlieren zahlreiche Arten ihren Lebensraum oder sind bereits ausgestorben.

Neben den Regenwäldern gehören die Weltmeere zum zweit-artenreichsten Ökosystem der Erde. Vor allem die Erwärmung des Wassers aufgrund des Treibhauseffektes macht den in den Meeren lebenden Arten zu schaffen. So sind viele Korallenriffe betroffen. Schlechte Wasserqualität (Überdüngung, Chemikalien und Schadstoffe) gefährdet zudem viele Arten.

An vielen Orten trägt unsachgemäßer Umgang mit der Natur zur Wüstenbildung bei. Treibhauseffekte, Abholzung, Bodenverdichtung, Raubbau und nicht nachhaltige Nutzung führen zu Wüstenbildungen. Mit dem fruchtbaren Land verlieren auch die dort lebenden Arten ihren Lebensraum. Bodenversiegelung durch Straßen und Bauten, aber auch die moderne Landwirtschaft, bewirken einen Verlust von Biodiversität.

Warum soll man aber die Biodiversität erhalten? Was ist genau das Problem? Arten sind im Laufe der Erdgeschichte schon immer ausgestorben und neue sind dazugekommen. Der Verlust von Biodiversität ist Teil des ökologischen Problems, denn er geschieht in hohem Tempo, ist irreversibel, verkleinert die Handlungsmöglichkeiten zukünftiger Menschen und lässt keine Zeit zur Anpassung. Zudem ist der *Verlust der Biodiversität* durch eine einzige Art, den homo sapiens, verursacht. Die Zerstörung der

Artenvielfalt ist unzulässig. Die Hauptgefahr beim Verlust der Biodiversität besteht in der Zerstörung der relativen Stabilität des Ökosystems.

Zur ethischen Begründung der Erhaltung der Biodiversität ist eine Reihe von Grundsätzen[10] zu beachten:

➤ **Die genetische Vielfalt ist Voraussetzung für das Überleben. Komplexe Systeme wie Ökosysteme sind nur in der Vielfalt relativ stabil.**

➤ **Artenvielfalt ist Teil der überlebenswichtigen natürlichen Strategien des «trial and error».**

➤ **Die Artenvielfalt soll nicht zerstört werden, weil die Folgen nicht absehbar und planbar sind.**

➤ **Die Artenvielfalt erhält für das Überleben potenziell unabdingbare Teile des Systems. Artenvielfalt ist eine Ressource, welche für Ernährung, Medizin und Technologie von großer Bedeutung sein kann.**

➤ **Wenn die Natur Arten aussterben lässt, sorgt sie für Ersatz. Der Mensch dagegen zerstört die Arten ersatzlos. Die Meinung, der Mensch könnte mit Gentechnologie die Verluste wettmachen, ist unwahrscheinlich und eine Selbstüberschätzung.**

➤ **Es kann nicht richtig sein, dass der Mensch ohne lebensnotwendigen Grund zerstört, was er nicht gemacht hat und nie wird machen können.**

➤ **Da genetische Ressourcen für das Überleben und die Lebensqualität wichtig sind, müssen sie unter den Menschen gerecht verteilt werden. Biodiversität ist ein überlebenswichtiges öffentliches Gut, welches entsprechend behandelt werden muss.**

➤ **Agrobiodiversität als kulturelle Form von Biodiversität ist ein Weltkulturerbe, und wir verdanken dies der geduldigen Kleinarbeit von vielen Bäuerinnen und Bauern. Diese Arten- und Sortenvielfalt muss erhalten werden und im Sinne von öffentlichen Gütern allen Menschen frei zugänglich sein.**

Es geht also um den Erhalt und die nachhaltige Nutzung der biologischen Vielfalt und um eine ausgewogene und gerechte Verteilung der Chancen, die sich aus der Nutzung der biologischen Vielfalt, insbesondere der genetischen Ressourcen, ergeben. Letztlich ist die Biodiversität das zentrale Element für die Erhaltung der für den Menschen notwendigen relativen Stabilität der natürlichen Entwicklung.

Energieverbrauch als Knackpunkt

Der weltweite Energieverbrauch ist möglicherweise die bedeutendste Quelle der Gefährdung der Lebensgrundlagen. Erstens ist Energieverbrauch bei den meisten Feldern der Umweltzerstörung indirekt oder direkt beteiligt, z. B. bei der Klimaerwärmung, dem Verlust der Biodiversität, bei der Landnutzung und Bodendegradation. Ohne massiven Energieverbrauch wären die menschlichen Eingriffe in die Natur nicht so rasant und nicht so tief greifend. Zweitens ist der Energieverbrauch, vor allem wegen der Verbrennung fossiler Brennstoffe, in vorderster Front beteiligt bei der Veränderung der stofflichen Zusammensetzung der Lufthülle der Erde, d. h. bei der Hauptursache der Klimaveränderung.

Das Verheerende bei der Energiefrage ist aber, dass trotz der sich durchsetzenden Einsicht in die Gefahren und trotz der theoretischen Einsicht in die Dramatik der Entwicklung nicht im Entferntesten eine Entschlossenheit zur Umkehr sichtbar wird. Wie in keinem anderen Sektor, so scheint es, rast die Menschheit mit ihrem Energieverbrauch in den Abgrund. Dabei ist die Ursache der Gefährdung klar zu bestimmen und übrigens kaum mehr strittig: Es ist, wie erwähnt, die Veränderung der chemischen Zusammensetzung der Lufthülle. Der weltweite Energieverbrauch verstößt massiv gegen den Grundsatz geschlossener Stoffkreisläufe. Wenn irgendwo, dann muss sich hier die ganze Welt, vor allem Politik, Wissenschaft und Wirtschaft, mit der Radikalität dieses Sachverhaltes auseinandersetzen.

Es ist unausweichlich, dass die Industriegesellschaften rasch und konsequent eine nachhaltige Energieversorgung konzipieren und anstreben. Neue Energieplanungsvorhaben müssen konsequent von der Idee der Nachhaltigkeit her entworfen werden. Zentral sind radikale Sparmaßnahmen, vor allem in energieintensiven Bereichen. Ohne Innovation neuer individueller, sozialer und ökonomischer Verhaltensweisen und Strukturen, ohne Ablösung bestehender durch energieeffiziente Technologien, ohne die Einführung von auf Regenerationsfähigkeit basierenden Produktions- und Konsumformen ist Nachhaltigkeit nicht realisierbar. Nachhaltigkeit ist damit auch ein Problem der Ressourcenverteilung zwischen den Generationen. Der notwendige institutionelle Wandel, die erforderlichen Wissens- und Strukturänderungen verlangen schon in der näheren Zukunft enorme Investitionen.

Der Aufbau einer nachhaltigen Energieversorgung ist vor allem aus sozialen und ökonomischen Gründen nur im Verlauf von mehreren Jahrzehnten realisierbar. Ein stufenweises Vorgehen ist unumgänglich. Für die Politik ergeben sich zwei Hauptaufgaben: Sie muss klare Signale geben, dass sie nachhaltige Lösungen begünstigt, und sie muss ein Konzept für den schrittweisen Übergang zu einer nachhaltigen Energieversorgung vorlegen. Um diesen Prozess auch in Gesellschaft und Wirtschaft zu beschleunigen, besteht politisch unmittelbarer Handlungsbedarf. Wie könnte eine nachhaltige Energieversorgung aussehen?

Wir behandeln zuerst die *Stromversorgung*:

➤ *Effizienzsteigerungen:* In allen Bereichen von der Stromproduktion zur Stromnutzung sind Verbesserungen der Effizienz von Geräten und Anlagen zu verwirklichen. Dafür braucht es Hilfsmittel, wie beispielsweise «Energielabel», welche den Konsumenten Informationen über den Verbrauch und die effizientesten Geräte liefern sowie über die zur Herstellung der Geräte verbrauchte «graue» Energie. Eine andere Art der Effizienzerhöhung ist alternative Energienutzung, wie beispielsweise die *Wärmekraftkoppelung.* Durch gleichzeitige Nutzung von Wärme und Strom via thermischer Anlagen wird Brennstoff besser und effizienter genutzt. Damit kann die Eigenverantwortung der Menschen gefördert werden, wenn sie die Möglichkeit haben, mit dezentralen Energiesystemen Strom *und* Wärme für sich selbst oder ihre Wohnsiedlung zu produzieren.

➤ *Förderung der erneuerbaren Energien:* Dazu zählen wir Photovol-
taik, Windkraftwerke, Biomasse und Geothermie. Es führt kein
Weg an der Notwendigkeit gewaltiger Investitionen in diesen Bereichen vorbei!

➤ *Wasserkraft:* Zur Erreichung einer nachhaltigen Stromversorgung
muss die erneuerbare Wasserkraft erhalten bleiben. Wegen des
bereits hohen Ausbaugrades verlangt eine nachhaltige Nutzung
von Wasserkraft vor allem Effizienzverbesserungen und Erweite-
rungen bestehender Wasserkraftwerke in beschränktem Maße.

➤ *Atomkraft:* Die Atomkraft ist relativ umweltfreundlich, da sie nur
eine minimale stoffliche Veränderung der Lufthülle bewirkt.
Aber sie zeichnet sich aus durch ein inakzeptables Gefahrenpo-
tenzial: Auch wenn die Eintrittswahrscheinlichkeit eines GAUs
gering ist, die Schadensgröße ist inakzeptabel und bei keiner
menschlichen Einrichtung kann ein Fehler vollständig ausgeschlossen werden. Der Aufbau einer Atomtechnologie setzt eine
einigermaßen geordnete Gesellschaftsform für lange Zeit voraus,
eine Perspektive, die gerade im Zeitalter des Terrorismus nicht
als selbstverständlich angesehen werden kann. Endlich ist die Gefahr direkter terroristischer Aktionen unter Verwendung der
Atomtechnologie nicht auszuschließen. Die Atomtechnologie ist
kein Ausweg aus der Krise, auch wenn der störungsfreie Normal-
betrieb wenig umweltbelastend ist.

➤ *Importstrom:* Das Ausweichen auf Import von Strom zu billigen
Preisen bei einer allgemeinen Strommarktliberalisierung ist eine
bloße Augenwischerei aus der Sicht der Umweltproblematik.

Nun zum Problem der *fossilen Brennstoffe:*

➤ Die technologischen Möglichkeiten von Fahrzeugen mit minimalem Energieverbrauch sind voll auszunützen. Autos mit mehr als
drei Liter Benzinverbrauch sind massiv zu besteuern.

➤ Die Wärmeproduktion muss radikal auf erneuerbare Energieträger umgelagert werden.

➤ Die Möglichkeiten der Wärmeisolationen sind voll auszuschöpfen.

➤ Endlich muss unsere zentrale Forderung unterstrichen werden: Energiepreise müssen kostendeckend gestaltet werden, und zwar so, dass die Gesamtheit der Gesellschafts- und Umweltkosten, z. B. der Klimaveränderung, einbezogen ist. Kostenwahrheit ist ein Schlüssel für eine nachhaltige Energieversorgung.

Allerdings, man kann die Dinge drehen wie man will: Es ist unvorstellbar, dass der Mensch die bisherigen Ansprüche in Hinblick auf den Energieverbrauch aufrechterhalten kann. Der Energieverbrauch des Menschen ist der sichtbare Ausdruck seiner Extrovertiertheit. Auf diese Weise ist eine nachhaltige Zivilisation nicht denkbar. Wir Menschen müssen unsere Abhängigkeit von der Materie verringern und den Weg zurück zu einer tieferen geistigen Fundierung unserer Zivilisation finden. Dies in den drei Schritten: Effizienzsteigerung, technische Innovation und neue Bescheidenheit.

Bionik – Technologien nach den Regeln der Natur

Es ist verständlich, dass unser Umgang mit Technologien entscheidend zu einer nachhaltigen Entwicklung beitragen muss. Unsere These lautet: Nur wenn es dem Menschen mittel- und langfristig gelingt, seine Produktionsweise im Wesentlichen unter strikter Einhaltung einiger Grundregeln der Natur zu gestalten, hat er eine Überlebenschance. Arbeiten mit geschlossenen Stoffkreisläufen, alleinige Nutzung von dezentraler Sonnenenergie und der Verzicht von «Abfallproduktion» im Sinne einer anderen Anordnung von Stoffen und Vermeiden von Ressourcenverschleiß kann hier genannt werden. Gelingt uns diese Neuorientierung nicht, tritt zuerst eine Periode schwerer sozialer und ökonomischer Krisen ein, z. B. im Gefolge von Klimakatastrophen, Terrorismus oder in Kriegen um Erdöl, Lebensmittel und Wasser. Später sind die menschlichen Lebensgrundlagen selbst in Frage gestellt. In unserem Zusammenhang interessiert nun in erster Linie der technische Aspekt dieser Problematik. Denn durch fehlgeleitetes technisches Handeln sind in der Tat schwere ökonomische Krisen als Bestandteil zukünftiger sozialer Krisen zu erwarten, z. B. im Gefolge der Weltwanderungen von Umweltflüchtlingen. Zu solchen Krisen wird auch die Arbeitslosigkeit gehören, schon deshalb, weil die ökologischen Grenzen des traditionellen Wirtschaftswachstums immer penetranter wirksam werden.

Den einzigen Ausweg bieten Technologien und technisches Handeln, welche sich soweit wie möglich an den genannten Grundregeln der Natur ausrichten. Eine zukunftsfähige Technologie besteht demnach strukturell in einer konsequenten Nachahmung der Natur. Es geht um die Erforschung und Nutzung der geradezu unglaublichen Möglichkeiten, die in der Natur selbst liegen. Man nennt eine Technologie, welche Nachahmung der Natur betreibt, Bionik. In den fünfziger Jahren des letzten Jahrhunderts hat man Bionik aus Effizienzgründen betrieben. Ein berühmtes Beispiel ist der Doppel-T-Balken aus Eisen. Mit kleinstem Materialaufwand erreicht man größtmögliche Tragkraft. Heute muss sie zudem aus ökologischen und sozialen Gründen betrieben werden.

Die Umstellung der menschlichen Lebens- und Produktionsweise entsprechend den Regeln der Natur ist ethisch gefordert, weil sich die Produktionsweisen und Strategien der Natur in dem Sinne bewährt haben, dass sie dauerhafte Lebensgrundlagen für Menschen und nichtmenschliche Lebewesen ermöglichten. Aber auch, weil keine Alternative für diese Zielsetzung in Sicht ist. Nur radikal verstandene Bionik entspricht den Anforderungen der Nachhaltigkeit und kann mithelfen, die Regenerationsfähigkeiten der Natur zu erhalten.

Sollen die Lebensgrundlagen und die Lebensqualität erhalten werden, bleibt also nur die Orientierung an den Regeln der Natur. Diese Neuorientierung ist keine nostalgische Rückkehr zu einem Vergangenheitsideal, sondern erfordert höchste menschliche Intelligenz, Erfindungsgabe, Phantasie und Kunstfertigkeit. Es braucht sowohl intensive Forschungsanstrengungen wie auch einen neuen Lebensstil. Wir sollten uns für diesen Kurswechsel entscheiden und die Wende zu den Grundregeln der Natur einleiten. Dies ist ein Plädoyer für einen progressiven Einstieg in eine neue Lebens- und Produktionsweise, bei dessen Beginn wir noch größere und kleinere Kompromisse machen müssen.

Die Umstellung auf diese neue Produktionsweise ist eine gigantische Herausforderung für Wissenschaft, Technik, Wirtschaft und Politik. Sie erfordert die Mobilisierung größter intellektueller, praktischer und moralischer Ressourcen. Sollte es sich herausstellen, dass wir noch nicht in der Lage sind, gewisse heutige Produktionsweisen und Tätigkeiten mit neuen Technologien in Einklang mit den Grundregeln der Natur zu bringen, dann muss kurzfristig oder definitiv darauf verzichtet werden. Nur eine Lebens- oder Produktionsweise, nur gesellschaftliche Ziele, welche mit den genannten Grundregeln der Natur kompatibel sind, sind ethisch gerechtfertigt. Im Moment ist z. B. nicht ersichtlich, ob und wie wir Technologien zur Fortbewegung schwerer Körper entsprechend der genannten Regeln schaffen können. Der Verzicht auf diesbezügliche Zivilisationsgüter liegt, zumindest temporär, nahe.

Mobilität

Angesichts der gigantischen Ausmaße und Ausdehnung der Mobilität verschlägt es auch dem Ethiker die Sprache. Die Mobilität ist so etwas wie der unheilbare Patient. Die unvorstellbare Intensität der weltweiten Mobilität verbietet es, sofort aus ethischer Sicht pragmatische Modelle anzubieten. Es braucht vielmehr eine geistig-moralische Auseinandersetzung mit dieser menschlichen Grundstruktur. Insbesondere mit dem Faktum, dass die Menschen viele zentrale zivilisatorische Ziele anstreben, ohne die Mobilität als – zumindest ökologisch – knappes Gut in Rechnung zu stellen: der Arbeitsweg, die Wohnlage, der Tourismus, die Naherholung, der Handel, der Einkauf, der Sport, all diese Tätigkeiten werden jenseits der Frage konzipiert, ob dies ökologisch überhaupt möglich ist.

Es stellt sich nun die Frage, ob es dem Menschen erlaubt ist, so zu verfahren. Es ist dies eine geistig-moralische Frage: Woher bezieht der Mensch die Legitimation, prinzipiell jederzeit jeden Punkt auf dem Planeten zu erreichen? Woher bezieht der Mensch die Legitimation, dass er als einziges Naturwesen derart in den Naturhaushalt eingreifen darf und weiter: Ist die Mobilität nicht der besondere Ausdruck dafür, dass der Mensch dem extravertierten Materialismus verfallen ist und immer weniger mit sich selbst und seiner näheren Umgebung anzufangen weiß und damit auch die Dimension der geistigen Tiefe verloren hat? Weniger in die Weite dafür mehr in die Tiefe, dies könnte zur Anleitung für einen neuen

Umgang mit der Mobilität werden. Die Überwindung der Mobilität ist letztlich eine geistige Angelegenheit.

Es geht um die Frage, ob der Mensch zu einer Zivilisationsform findet, in der geistige und menschliche Ziele einen neuen Stellenwert finden im Vergleich zur gegenwärtigen materialistischen Verführung. Ganz sicher ist die gegenwärtig praktizierte Mobilität des Menschen ein eklatanter Widerspruch zur Idee der Nachhaltigkeit. Gerade im Zusammenhang mit der Mobilität wird deutlich, dass die aus unserer Sicht unausweichliche Nachhaltigkeit die gesamte Struktur der menschlichen Zivilisation, insbesondere der Wirtschaft, in Frage stellt. Zwar könnte es wohl sein, dass die Menschen irgendeinmal Energie- und Mobilitätssysteme entwickeln, welche mit der Idee der Nachhaltigkeit kompatibel sind. Aber eine solche Entwicklung ist höchst unwahrscheinlich und ganz sicher heute nicht in Sichtweite. Es ist deshalb eine letztlich unvorstellbare Fahrlässigkeit, wie der Mensch mit seiner Mobilitätssucht die Grundlagen des Lebens zerstört.

Nach all diesen grundsätzlichen Überlegungen ist sicher unbestritten, dass Mobilität grundsätzlich zum Menschen gehört. Mobilität ist nicht zuletzt auch die Grundlage für geistige Werte wie Freiheit und Entdeckung von Neuem, Begegnung mit anderen Kulturen sowie Austausch von Gütern. Aber es führt kein Weg an der Frage vorbei, welche Dimensionen der Mobilität dem Menschen als Naturwesen zukommen.

Zum Schluss lassen wir uns trotzdem auf einige pragmatische Überlegungen zur Umgestaltung der Mobilität ein. Wesentliche pragmatische Ziele müssen die Verkürzung der Distanzen und eine Senkung des Tempos sein. Dafür kann man einige Beispiele anführen:

➤   *Globalisierte Wirtschaft:* **Auch hier gilt, dass die Distanzen kürzer werden und dass die Preise die wahren Kosten ausdrücken müssen. Insgesamt braucht es eine neue Regionalisierung und eine Aufwertung der verschiedenen Formen der Subsistenzwirtschaft.**

➤   *Individualverkehr:* **Auch hier müssen wir die Distanzen verkürzen und langsamer reisen. Zu fördern sind alle Fortbewegungsmittel mit Muskelkraft oder Sonnenenergie und öffentlicher Verkehr.**

➤ *Tourismus:* Die Distanzen müssen kürzer und das Reisen langsamer werden. Die Eigenaktivität muss zunehmen, und der Ressourcenverbrauch muss abnehmen. Das Gesicht der Ferien wird
sich verändern, dieser Wandel kann eine Chance sein, zur Ruhe
zu kommen und Sinn zu erfahren.

➤ *Digitales Zeitalter:* Wo möglich sollen Daten digital verschickt
und nicht Menschen transportiert werden. Das gibt neue Ansätze
für Arbeitsplätze und Arbeitsorte.

Für das Erreichen dieser Ziele gibt es eine zentrale Maßnahme, die wir
später erläutern werden: Ökologische Steuerreformen.

Umwelt-Gerichtshof

Haben wir bis hierher einzelne Teilbereiche beleuchtet, so stellt sich zusätzlich die Frage, wie man einen nachhaltigen Umgang mit der Natur
durchsetzen kann. Wir behaupten, dass es neue institutionelle Regelungen
braucht. Wir brauchen als wichtigstes Instrument den verfassungsmäßi-
gen Schutz der Natur. Man muss Grundrechte der Natur in die Verfassung
aufnehmen. Um diese Rechte durchzusetzen, braucht es eine Verfassungs-
gerichtsbarkeit, einen Umwelt-Gerichtshof, welcher die politischen Orga-
ne zur Rechenschaft ziehen und auf bestimmte Maßnahmen verpflichten
kann. Man könnte das zwar als Demokratieabbau bezeichnen, denn gewisse demokratische Entscheidungen könnten in Konflikt mit solchen Na-
tur-Grundrechten kommen. Wir sehen die große Bedeutung der Demokratie, sehen aber auch ihre Grenzen. Demokratische Entscheide können
nämlich ethisch problematisch sein. Deshalb können demokratische Entscheide nie absolut gelten. Man kann das an den Menschenrechten aufzeigen. Auch wenn eine demokratische Mehrheit die Menschenrechtsverträ-
ge aufkündigen möchte, so bleiben sie in Geltung, denn sie sind politisch
nicht verhandelbar. In gleicher Weise sollen nun Grundrechte der Natur
dem demokratischen Spiel entzogen werden. Und wo solche Grundrechte
verletzt werden, können die Akteure vor einen Umwelt-Gerichtshof gestellt werden.

Ökologische Steuerreform

Eine weitere Strategie zur Durchsetzung einer nachhaltigen Gesellschaft ist eine ökologische Steuerreform. Wenn wir von der regulativen Idee der geschlossenen Stoffkreisläufe ausgehen, dann liegt der Gedanke nahe, dass wir Anreize schaffen müssen für ein ökonomisches Verhalten, das möglichst ein längerfristiges Aufreißen von Stoffkreisläufen vermeidet. Das heißt, wir sollten eine Produktions- und Verhaltensweise fördern, welche die Anreicherung der Erdhülle mit vom Menschen gemachten Stoffen stoppt und welche schwer rezyklierbare Stoffe vermeidet. Die Folgerung daraus besteht in einem neuen Steuer- und Abgabesystem, welches sich an der Idee geschlossener Stoffkreisläufe orientiert. Dieses System soll Marktverzerrungen korrigieren und preisliche Anreize für nachhaltiges Verhalten einführen.

Als erstes sollten wir an die Einführung einer Art *Wirkungsgradsteuer* in Bezug auf Energie denken: Zu besteuern wäre der Unterschied zwischen Primär- und Nutzenergie.

Zweitens sollte die vieldiskutierte kostenneutrale *Lenkungsabgabe* auf Energie dazukommen, denn wir können heute davon ausgehen, «dass Energie die geeignetste Steuerungsgröße für das Grundgerüst und das Schwergewicht einer Ökosteuer darstellt. Dafür gibt es vor allem drei Gründe:

➤ Der größte Teil der Umweltbelastungen auf lokalem und globalem Maßstab ist kausal direkt oder indirekt mit dem Einsatz von Energie verknüpft.

➤ Wichtige ökologische Knappheitsprobleme (fossiler Energien, Uran etc.) werden so erfasst.

➤ Der Vollzug ist einfach.

Wir schreiben hier bewusst von kostenneutraler Abgabe, denn die Einnahmen werden gleichmäßig, z. B. über die Krankenversicherung an die Bevölkerung zurückerstattet. Das gibt einen zusätzlichen Anreiz, mit Energie sparsam umzugehen, denn wer weniger als die durchschnittlich verbrauchte Menge Energie braucht, bekommt mehr Geld als er zahlen musste.

Drittens ist eine *Lebensmittel-Effizienzsteuer* denkbar, welche beispielsweise Fleisch nach ihrem Getreideverbrauch besteuert. Schafe auf Alpweiden sind nicht betroffen. Fleisch aus intensiver Schweine- oder Rindermast wird besteuert, denn mit dem Getreide könnten fünf bis zehn mal mehr Menschen ernährt werden.

Viertens sollten wir eine *Giftsteuer* ins Auge fassen, das heißt, die Einteilung industrieller Produkte in Giftklassen mit einer dem Grad und der Qualität der stofflichen Veränderung entsprechend progressiv gestalteten Besteuerung. Produkte, welche die Stoffhülle der Erde stark, rasch und nachhaltig verändern, sind entsprechend zu besteuern.

Fünftens sollte eine *Abfallsteuer* die Besteuerung von Produkten nach dem Ausmaß der Zerstreuung von Stoffteilchen oder nach der Möglichkeit oder Unmöglichkeit ihrer Rückholung eingeführt werden.

Alle fünf Formen der Besteuerung oder Abgabe würden Industrien und Menschen den Anreiz zu einem anderen Verhalten geben. Diese Art von Steuern ist zu verbinden mit einer Senkung der Besteuerung von Arbeit und Einkommen. Dadurch wird Arbeit attraktiver und kann neben den ökologischen Wirkungen auch die Problematik der Arbeitslosigkeit entschärfen. Neben solchen steuerlichen Anreizsystemen müssen strenge Haftpflichtbestimmungen die Verursacher von Schäden in die Pflicht nehmen. Das gibt den Anreiz, auf risikoreiche Projekte zu verzichten.

Nachhaltige Lebensform mit Begeisterung

Nach diesen Anleitungen zu einem nachhaltigen Lebensstil sollen nochmals die grundlegenden Voraussetzungen der hier vorgelegten Konzeption in Erinnerung gerufen und verdeutlicht werden: Eine nachhaltige Lebensform ist nicht über die (ökologische) Moralisierung der Gesellschaft zu erreichen. Es gibt auch im Zeitalter der Ökologie keinen neuen Menschen. Es gibt keinen Weg um die Feststellung herum, dass der Mensch für einen nachhaltigen Lebensstil Anreize benötigt. Diese Anreize liegen mindestens auf zwei Ebenen: Auf der Ebene einer ökonomischen Rationalität und auf der Ebene der Lebensfreude und Lebensqualität. Die nachhaltige Lebensform muss sich auf Dauer wirtschaftlich lohnen und attraktiv sein.

In unserer Kultur gilt materieller Besitz als zentral und Lebensqualität hängt in der Regel von hohem Energieverbrauch ab. Wir sind aber der Überzeugung, dass viele Menschen gerade ohne hohen Energie- und Ressourcenverbrauch viel Lebensfreude haben. Letztlich sind es doch immaterielle Güter wie Gesundheit, Anerkennung, gute Beziehungen oder sinnvolle und erfüllende Aufgaben, die ein Leben attraktiv machen. So zeigt sich, dass ein materiell und energetisch sparsames Leben die Lebensqualität steigern kann. Ein Leben der Genügsamkeit entspricht nicht nur dem Prinzip der Nachhaltigkeit, sondern bringt neue Freiheiten und Qualitäten. Theologisch sollen wir ernst machen mit dem Satz: «Wir leben nicht vom Brot allein!»

Zum Schluss eine spekulative Bemerkung: Es könnte sein, dass der Mensch den Weg in die nachhaltige Lebensform über sein ästhetisches Empfinden findet. Wir Menschen sind ja eigentlich, wenn wir auf unseren Ursprung zurückblicken, Savannentiere. Spuren davon finden wir dort, wo wir in der Lage sind, die eigene Wohnumgebung frei nach unserem Empfinden zu gestalten. Dann wählen wir ein schönes Haus mit einem Garten, mit einem Stück Wiese mit Hecke und zum Abschluss mit ein paar Bäumen. Eine Savannenlandschaft eben, die uns den geschützten Blick in die Ferne und auf mögliche Gefahren durch wilde Tiere erlaubt. Aber nun die Pointe: Diese Landschaft finden wir in ihrer Struktur und Vielfalt schön. Warum? Weil sie das natürliche Urbild für eine überlebensfähige, also nachhaltige Landschaftsgestaltung ist. Der Sinn für die Schönheit führt uns so auf den Weg zur Nachhaltigkeit, welche nur mit kultureller, ökologischer und sozialer Vielfalt zu haben ist.

IV
Wirtschaft

Gesellschaftliche Bedeutung der Wirtschaft

Unter Wirtschaft verstehen wir einen gesamtgesellschaftlichen Prozess zur Deckung des Bedarfs an Gütern und Dienstleistungen. In der Wirtschaft geht es also um die Überwindung der Knappheit an Gütern und Dienstleistungen zum Zweck der *Wohlfahrt der Gesellschaft*. Es ist die Gesellschaft, welche der Wirtschaft diese Aufgabe zuweist. Die Wirtschaft soll sich demnach nicht grundsätzlich als Selbstzweck verstehen, auch wenn sich der Prozess des Wirtschaftens die Erzielung von Gewinn als Ziel setzt. Es bleibt bei der Feststellung, dass letztlich die Gesellschaft über Ziele und Mitteleinsatz der Wirtschaft bestimmt. Die Wirtschaft hat demnach eine Dienstleistung für die Gesellschaft zu erbringen, und bei ihrem ganzen Handeln hat sie darauf zu achten, dass die Verfolgung ihrer Ziele und ihrer Methoden kompatibel mit den Zielvorstellungen sind, welche die Gesellschaft als relevant erachtet.

Bei aller Unterordnung der Wirtschaft unter die Ziele der Gesellschaft liegt natürlich auf der Hand, dass die Leistung der Wirtschaft für die Gesellschaft von allergrößter Bedeutung ist. Wenn wir diesen Gedanken mit unserer Grundthese verknüpfen, dann können wir sagen: Die Wirtschaft ist von allergrößter Bedeutung für die Lebensqualität und für die Erhaltung der Lebensgrundlagen. Im Prozess der Wirtschaft, an dem die meisten Menschen in irgendeiner Form beteiligt sind, werden zentrale menschliche und gesellschaftliche Bereiche massiv tangiert: Die Versorgung mit lebensnotwendigen Gütern, die individuellen und gesellschaftlichen Daseinsbedingungen, d. h. die Lebensqualität und die nichtmenschliche, aber für den Menschen hochbedeutsame Natur. Fehlentwicklungen der Wirtschaft können nicht nur die Lebensqualität der Menschen dramatisch verringern, sie können auch die Überlebensmöglichkeiten gefährden. Diese Gefährdung lässt sich mit Stichworten wie Umweltzerstörung, Gewaltkonflikte, Armut und Verelendung andeuten. Damit ist die ethische Bedeutung der Wirtschaft evident.

Im ökonomischen Geschehen wird zunächst über den Zugang zu den lebensnotwendigen *Gütern und Dienstleistungen*, d. h. über die Existenzsicherung, entschieden. Natürlich geht es dabei auch um die je eigene Mitwirkung des Menschen an der Eröffnung dieses Zugangs. Aber es geht auch darum, dass ökonomische und gesamtgesellschaftliche Mechanismen jenseits von Mitwirkungsmöglichkeiten über die Deckung der notwendigsten Bedürfnisse von Millionen entscheiden.

Im ökonomischen Prozess geschieht direkt und indirekt eine tief greifende Beeinflussung der Rahmenbedingungen für die Daseinsverwirklichung Einzelner wie ganzer Gesellschaften. Dazu gehört die Deckung von Bedürfnissen über die elementaren Notwendigkeiten des Überlebens hinaus. Ein deutlich ethisches Problem ergibt sich aus dem Umstand, dass im ökonomischen Geschehen über die *Verteilung von Lebenslagen oder Lebenschancen* entschieden wird und ebenso über einen so wesentlichen Wert wie das Eigentum.

Beeinflusst werden aber auch die Bedingungen, unter denen die Menschen am Wirtschaftsgeschehen teilzunehmen haben, etwa in Hinblick auf *Arbeitsbedingungen*. Damit wird mitentschieden über ethisch so relevante Dinge wie physische und psychische Gesundheit, Zeitsouveränität, Mitbestimmung in Bezug auf das eigene Schicksal. Mittelbar werden so nicht nur die direkt am Arbeitsplatz Tätigen, sondern auch deren Familien betroffen, denn die Auswirkungen der Arbeitsbedingungen auf Ehe und Familie sind bekannt. Ebenfalls fallen so Entscheidungen über die soziale und kulturelle Stellung und über so wesentliche Bereiche wie Bildung, Freizeit und Wohnen. Tangiert werden auch fundamentale menschliche Rechte wie Freiheit, Selbstbestimmung, Wahl des Wohnortes usw. Ebenso bedeutsam ist die Beeinflussung gesamtgesellschaftlicher Prozesse und Mechanismen.

Im wirtschaftlichen Geschehen wird über die Entwicklung ganzer Kontinente entschieden. *Ganze Kulturen* werden tief greifend beeinflusst, verändert, zerstört oder auch entwickelt. Beeinflusst wird auch die Entwicklung von Gewaltpotenzialen. Im Wirtschaftsgeschehen werden Gewaltursachen entwickelt, gefördert, allenfalls auch beseitigt: Es fallen Entscheidungen über Krieg und Frieden, über Revolution oder Stabilität. In neuerer Zeit verstärkt sich der Trend, dass in der Wirtschaft auch Vorentscheidungen über die Richtung von Forschung und Wissenschaft gefällt werden. Natürlich haben wir es auch hier mit einer gegenseitigen Beeinflussung von Wirtschaft und Wissenschaft zu tun. Aber es bleibt die Tatsache, dass viel weniger die reine Suche nach Wahrheit als vielmehr Gewinnchancen die Richtung der wissenschaftlichen Entwicklung bestimmen. Wenn und weil es die Ethik mit den grundlegenden Werten der menschlichen Daseinsgestaltung zu tun hat, müssen solche Auswirkungen und Konsequenzen des Wirtschaftens unter dem Aspekt der Ethik behandelt werden.

Wie bereits erwähnt, ist in der neueren Zeit bewusst geworden, dass das menschliche Wirtschaften die außermenschliche Natur stark tangiert. Wirtschaftliche Prozesse finden eben nicht in einem quasi luftleeren Raum, sondern in Form von *Beeinträchtigung der natürlichen Lebensgrundlagen* statt.

Vorbei ist die Zeit, da ein Ökonom wie Wilhelm Röpke (1899–1966) schreiben konnte: «Luft ist ein freies Gut, und auch Wasser hat in unserer Wertskala unter gewöhnlichen Umständen einen kaum über Null liegenden Wert, obwohl Luft wie Wasser die wichtigsten Vorbedingungen des physischen Lebens sind».[1]

Wir wissen heute, dass Wasser und Luft weitgehend aufgehört haben, in diesem Sinne als freies Gut zu gelten, weil sie stark durch ökonomische Prozesse beansprucht werden. Wir bezeichnen Wasser, Luft und anderes als öffentliche Güter, weil sie die Voraussetzungen für die Deckung elementarer Bedürfnisse sind. Sie sind bedroht, weil der freie Markt sie nicht schützen kann. Hier besteht die Aufgabe der Öffentlichkeit, regulierend einzugreifen. Wir gehen soweit, dass wir behaupten, dass öffentliche Güter die Voraussetzung für die Erhaltung der Lebensgrundlagen und von Lebensqualität seien. Hier gilt zu betonen, dass das Wirtschaften mehr und mehr einen gigantischen Zerstörungsprozess der Natur bedeutet. Damit sind im Zusammenhang mit ökonomischen Prozessen viele ethische Fragen offen.

Mit diesen Feststellungen wird klar, dass es eine Notwendigkeit für die ethische Steuerung der Wirtschaft gibt. Wenn der Wirtschaft große Bedeutung zukommt und wenn im Handlungsfeld dieser Wirtschaft schwerwiegende Defizite und Gefährdungen möglich sind, dann liegt es auf der Hand, dass diese Wirtschaft ethisch verantwortet werden muss.

Ethik in der Geschichte der Ökonomie

Wir blicken an dieser Stelle kurz zurück auf die Stellung und Bedeutung der Ethik im Verlauf der Ideengeschichte der Ökonomie. Die Einsicht in die Bedeutung der Ethik für den Prozess der Wirtschaft ist in unterschiedlicher Ausformung fast immer präsent. Diese Erkenntnis ist ein Produkt der europäischen Ideengeschichte der Ökonomie und hat ihre Wurzeln bereits in der Antike und im Christentum. Der ethische Handlungsbedarf wurde allerdings trotz der Theorien von Aristoteles (384–324 v. Chr.) und anderen Philosophen in der Antike nicht als besonders hoch veranschlagt, denn die wirtschaftlichen Leistungen wurden weitgehend von Frauen und Sklaven erbracht. Diese Arbeitsverhältnisse wurden durch die Vorherrschaft bestimmter Traditionen und bestimmter Klassen von Männern definiert. Die Antike konnte sich die Verachtung der menschlichen Arbeit leisten, weil sie diese Arbeit gesellschaftlichen Schichten zuwies, die keine Macht- und Mitsprachemöglichkeiten besaßen.

Es gehört nun zu den grossen kulturellen *Leistungen des Christentums,* dass die Verachtung der menschlichen Arbeit korrigiert wurde und dass wirtschaftliche Abläufe in den Horizont theologischer, religiöser und ethischer Überlegungen gerückt wurden. Beispiele dafür sind die Würdigung der Arbeit bei Paulus: «Wenn jemand nicht arbeiten will, soll er auch nicht essen»,[2] sowie die Reichtumskritik, das Zinsverbot und die Gütergemeinschaft in den biblischen Texten. Das Christentum hat erkannt, dass die hochbedeutsamen Leistungen der Wirtschaft ethische Bindungen und Orientierungen voraussetzen. Diese Vorstellungen haben die europäische Entwicklung bis weit über die Reformationszeit hinaus geprägt. Erst im siebzehnten und achtzehnten Jahrhundert, d. h. im Zeitalter eines beginnenden autonomen Lebensgefühls wurden die Menschen der theologischen und religiösen Steuerung der Wirtschaft überdrüssig. Gesucht wurde sozusagen ein neues Prinzip, das möglichst selbstorganisiert und jenseits nichtökonomischer Einflüsse konzipiert werden sollte. Natürlich ist die Marktidee die entscheidende Antwort auf diese Fragestellung.

Nicht zufällig wird die berühmte Formel: «laissez aller, laissez faire, laissez passer» mit dem Leibarzt am französischen Königshof, François

Quesney (1694–1774), in Verbindung gebracht. Quesney sah im Blutkreislauf die angemessene Metapher für den Kreislauf der Wirtschaft. Bemerkenswert ist, dass hier eine Metapher aus der Biologie für die Erklärung eines ökonomischen Vorgangs gewählt wurde. Darin liegt eben auch der Gedanke der Selbstorganisation: Lasst doch den Markt funktionieren, er weiß von selbst, was gut ist.

Diese *Idee der Selbstorganisation des ökonomischen Systems* hat dann Adam Smith (1723–1790) in seinem Werk ‹Wohlstand der Nationen› klassisch formuliert. Die berühmte Stelle darin lautet: «Wenn daher jeder Einzelne soviel wie nur möglich danach trachtet, sein Kapital zur Unterstützung der einheimischen Erwerbstätigkeit einzusetzen, und dadurch diese so lenkt, dass ihr Ertrag den höchsten Wertzuwachs erwarten lässt, dann bemüht sich auch jeder Einzelne ganz zwangsläufig, dass das Volkseinkommen im Jahr so groß wie möglich werden wird. Tatsächlich fördert er in der Regel nicht bewusst das Allgemeinwohl, noch weiß er, wie hoch der eigene Beitrag ist. Wenn er es vorzieht, die nationale Wirtschaft anstatt die ausländische zu unterstützen, denkt er eigentlich nur an die eigene Sicherheit, und wenn er dadurch die Erwerbstätigkeit so fördert, dass ihr Ertrag den höchsten Wert erzielen kann, strebt er lediglich nach eigenem Gewinn. Und er wird in diesem wie auch in vielen anderen Fällen von einer unsichtbaren Hand geleitet, um einen Zweck zu fördern, den zu erfüllen er in keiner Weise beabsichtigt hat. Auch für das Land selbst ist es keineswegs immer das schlechteste, dass der Einzelne ein solches Ziel nicht bewusst anstrebt, ja, gerade dadurch, dass er das eigene Interesse verfolgt, fördert er häufig das der Gesellschaft nachhaltiger (sic!), als wenn er wirklich beabsichtigt, es zu tun. Alle, die jemals vorgaben, ihre Geschäfte dienten dem Wohl der Allgemeinheit, haben meines Wissens niemals etwas Gutes getan. Und tatsächlich ist es lediglich eine Heuchelei, die unter Kaufleuten weit verbreitet ist, und es genügen schon wenige Worte, um sie davon abzubringen.»[3]

Etwas grober – und von Adam Smith in dieser Form hart kritisiert – erscheint dieser Gedanke in der berühmten Bienenfabel von Bernard de Mandeville (1670–1733). Dieser vergleicht die menschliche Gesellschaft mit einem Bienenstock. Die Grundidee lautet, dass der Wohlstand der menschlichen Gemeinschaft nur dann gewährleistet sei, wenn jeder auf seinen Vorteil, ja möglichst unmoralisch und eigensüchtig handle. «Manch

Reicher, der sich wenig mühte, bracht' sein Geschäft zu hoher Blüte (…)
Es gab kein Fach und Amt im Land, wo Lug und Trug ganz unbekannt
(…) Die Advokaten waren groß im Recht-Verdrehen und suchten bloß,
statt zu versöhnen die Parteien, sie immer mehr noch zu entzweien (…)
Den Ärzten, wurden sie nur reich, war ihrer Kranken Zustand gleich.»[4]
Aber dann zieht Mandeville sein Fazit: «Trotz all dem sündlichen
Gewimmel, war's doch im ganzen wie im Himmel.»[5]
Nun tritt ein moralischer Mensch – witzigerweise ein ganz reicher! –
auf den Plan, der gegen dieses unmoralische Treiben der Gesellschaft pro-
testiert: «Ein Mann – er hatte schweres Geld, um das er arm und reich
geprellt – rief laut: ‹So kann's nicht weitergehn mit den Betrügereien›.»[6]
In der Folge wird der Bienenstock moralisch: «Die Priester tun
selbst ihre Pflicht und brauchen die Vikare nicht».[7] Alle handeln moralisch, nur: dabei gehen Wirtschaft, Wohlstand und die Preise kaputt.

Und das endgültige Fazit des Bernhard de Mandeville heißt: «Stolz,
Luxus und Betrügerei muss sein, damit ein Volk gedeih'.»[8]

Adam Smith konnte sich mit dieser allein auf Nutzen und Laster
ausgerichteten unternehmerische Strategie nicht einverstanden erklären.
Zwar ist auch die *Metapher der «unsichtbaren Hand»* Ausdruck einer nut-
zenorientierten Selbstorganisation des wirtschaftlichen Prozesses, aber für
Adam Smith war klar, dass dieser Prozess nur dann gelingen könnte, wenn
die wirtschaftlich handelnden Personen als moralische Subjekte vorgestellt würden. So hat er in seinem Werk ‹Theorie der ethischen Gefühle›
eine weitere Metapher verwendet: «Der unparteiische Zuschauer in meiner Brust». Diese Formulierung kommt in dem erwähnten Werk von
Smith unzählige Male vor und soll zum Ausdruck bringen, dass der han-
delnde Mensch in sich immer ein Gerechtigkeitsgefühl verspüre, das ihn
dazu befähige, wirtschaftliche Abläufe immer auch aus ethischer Sicht zu
beurteilen. Wenn man noch davon ausgeht, dass Adam Smith sein Werk
‹Theorie der ethischen Gefühle› als sein wichtigstes ansah, dann muss man
zum Schluss kommen, dass für ihn die Ausrichtung der Wirtschaft auf die
Ethik unabdingbar war. Allerdings haben spätere Vertreter der klassischen
Ökonomie diese Verbindung von Ethik und Wirtschaft nicht durchge-
halten.

Der Gedanke der Selbstorganisation des ökonomischen Systems
brach auch im neunzehnten Jahrhundert nicht ab. Fast im Sinne eines

Treppenwitzes der Weltgeschichte kann man vermerken, dass es Charles Darwin (1809–1882) war, der nach der Lektüre von Thomas Robert Malthus (1766–1834), also einem ökonomischen Klassiker, auf seine Grundidee der evolutionären Selektion kam. Die Biologie und die Ökonomie waren wieder im Gleichschritt. Im sogenannten Manchester-Liberalismus war es dann insbesondere der Gedanke, dass der Starke über den Schwachen siege. Dass der Markt in diesem Sinne funktioniert und selektioniert, hat man als normal und moralisch einwandfrei betrachtet, geschieht dies doch im Dienste des Volkswohlstandes.

Ebenfalls im neunzehnten Jahrhundert kam es aber zu verschiedenen Versuchen einer *ethischen Korrektur des freien Wirkens des Marktes*. Da ist einmal die romantische Ökonomie, z. B. Adam Müller (1779–1829) und Novalis (1772–1801), zu nennen. Da gibt es Tendenzen für eine ethische Ökonomie, und es gibt im Zusammenhang mit der Historischen Schule des neunzehnten Jahrhunderts eine Wiedereinführung der Ethik in die ökonomischen Theorie, insbesondere in Hinblick auf die Sozialpolitik. Die wichtigste ethische Korrektur der reinen Marktwirtschaft im neunzehnten Jahrhundert war die Idee des Sozialstaates bzw. der Sozialpolitik. Nicht nur die Sicherung der Freiheitsrechte, sondern auch der soziale Ausgleich wurde als Aufgabe des Staates, eben des Sozialstaates gesehen. Die Idee des Sozialstaates hat verschiedene Wurzeln. Wichtig ist seine Vorbereitung durch kirchliche Bewegungen sowohl auf protestantischer wie auch auf römisch-katholischer Seite. Zu nennen ist etwa die Institution der «Inneren Mission» von Johann Heinrich Wichern (1808–1881) Mitte des neunzehnten Jahrhunderts oder die Enzyklika ‹rerum novarum› von Leo XIII. (1810–1903) von 1891. Die Aufnahme der Idee des sozialen Ausgleichs durch den Staat gegen Ende des neunzehnten Jahrhunderts war stark durch solche christliche Wurzeln bestimmt, aber auch Ausdruck eines politischen Kalküls angesichts der wachsenden Bedeutung des Sozialismus. Wesentlich bleibt, dass in der Idee des Sozialstaates die soziale Verantwortung des Rechtsstaates im Sinne des *sozialen* Rechtsstaates vorbereitet und ausgestaltet wurde.

Im zwanzigsten Jahrhundert finden wir eine neue Variante der Zuordnung von Ethik und Wirtschaft, und zwar im Konzept der sozialen Marktwirtschaft. Die politischen und wirtschaftlichen Krisen und Zusammenbrüche in der ersten Hälfte des zwanzigsten Jahrhunderts führten dazu, dass ausgerechnet während des zweiten Weltkrieges und in Deutschland sich eine Gruppe von bedeutenden Ökonomen, Theologen und Angehörigen des Widerstandes im Geheimen zu Beratungen traf, welche ein geistiges, ethisches und auch theologisch verantwortbares Konzept für den Aufbau der Nachkriegswirtschaft zum Ziel hatte. Dieses Konzept der Sozialen Marktwirtschaft hat theoretisch, über weite Strecken aber auch praktisch, den Verlauf und die Gestaltung der Wirtschaft in der zweiten Hälfte des zwanzigsten Jahrhunderts geprägt. Zu den Grundideen dieses Konzeptes gehörten die grundsätzliche Würdigung des Marktes sowie gleichzeitig die Idee der Einbettung des Marktes in ein ethisches, soziales, ja geistiges Ordnungsgefüge. Ethisch-soziale Wirtschaftspolitik sollte damit das Wirken des Marktes im Sinne der Wohlfahrt der Gesellschaft ordnen und korrigieren. Im Konzept der Sozialen Marktwirtschaft geht es auch darum, bei aller Stärkung der Konkurrenzfähigkeit des Marktes, «das Prinzip der Freiheit auf dem Markte mit dem des sozialen Ausgleichs zu verbinden.»[9]

Dieses Konzept hat sich in der zweiten Hälfte des zwanzigsten Jahrhunderts weiter entwickelt. Alfred Müller-Armack (1901–1978) hat aufgrund der Identifizierung von Defiziten des Konzepts der Sozialen Marktwirtschaft wichtige, sozialpolitisch relevante Ergänzungen vorgeschlagen. So etwa den Ausbau des Bildungswesens, die Humanisierung der Arbeitsbedingungen, eine Umweltpolitik usw.

Insgesamt kann man sagen, dass im Konzept der Sozialen Marktwirtschaft die in unserer Kultur gewachsene Bedeutung der Ethik für die Wirtschaft nachdrücklich zum Ausdruck kommt. Dieses Konzept hat erst im Zusammenhang mit der forcierten Globalisierung am Ende des zwanzigsten Jahrhunderts seine Bedeutung verloren. In der Tat bedeutet die Globalisierung der Wirtschaft eine dramatische Veränderung im Verhältnis von Ethik und Wirtschaft, welche mit schwerwiegenden Folgen verbunden ist.

Chancen und Defizite des globalen Marktes

Obwohl Globalisierung als eine Ausweitung der Räume ein jahrhundertealter Prozess ist, wurde dieser durch einige Faktoren massiv beschleunigt. Dazu gehört sicher die Konvertibilität der wichtigsten Währungen, dann die Freiheit des Kapitalverkehrs und die Öffnung der internationalen Finanzmärkte. Ebenfalls dazu gehören die zunehmende Verflechtung der nationalen Volkswirtschaften sowie der Abbau der Grenzen für Güter, Kapital und Produktionsstandorte. Globalisierung heißt eine *Internationalisierung des Wirtschaftsraumes*. Diese Entwicklung hat eine Reihe von Voraussetzungen: zum Beispiel das Sinken der Transportkosten, die Verbesserung der Informationstechnologie und die Senkung der Kosten für Kommunikation, z. B. Telefon, Internet, Mobilfunk etc. Die wichtigsten Akteure der wirtschaftlichen Globalisierung sind die großen multinationalen Unternehmen, welche ihre Strategien jenseits nationaler Interessen global ausrichten. Zum Beispiel können sich die großen Unternehmen weltweit ohne Rücksicht auf nationale Interessen ihre Zulieferer aussuchen. Diese Unternehmen können durch ihre Strategien nationale ethische, soziale und ökologische Standards unterlaufen. Der entscheidende Punkt ist der folgende: Die ganze Welt wird zu einer einzigen Konkurrenzgesellschaft. Weil im Verlauf der Globalisierung eine immer stärkere Asymmetrie von Wirtschaft und Politik entsteht, und weil es für den globalen Wirtschaftsraum keine verbindlichen politischen Regelungsmechanismen gibt, bleibt der internationale Konkurrenzkampf weitgehend ohne ethische, soziale und ökologische Steuerung.

Diese Feststellung ist auch unter dem Aspekt der Legitimität der globalen Wirtschaft bedenklich: Wer ist eigentlich für diese Entwicklungen verantwortlich? Zum Beispiel für negative Folgen wie Arbeitslosigkeit, Umweltzerstörung und Zerstörung regionaler und lokaler Kulturen. Die mit der Globalisierung verbundene Deregulierung bedeutet einen Abbau an ethischen Steuerungsmöglichkeiten und zugleich eine Relativierung der Legitimität und einen Verlust demokratischer Einflussnahme der Betroffenen. Es sind noch weitere problematische Folgen der Globalisierung aufzuzählen, welche meistens mit dem dadurch erzeugten internationalen

Konkurrenzdruck zusammenhängen: Die Verlagerung von Arbeitsplätzen in Niedriglohnländer und in Länder mit tieferen Umweltstandards, die internationale Umweltzerstörung, die Förderung von kulturellen und politischen Konflikten, das Anwachsen der internationalen Kriminalität sowie des Terrors, der Druck auf den Sozialstaat, der Druck auf viele Arbeitnehmerinnen und Arbeitnehmer, z. B. der zeitliche und psychische Druck, die Privatisierung von Gewinnen und die Sozialisierung von Verlusten.

Im Rückblick auf diese Beschreibung der wirtschaftlichen Globalisierung werden die zentralen ethischen Fragestellungen klar: Welche ethischen Leistungen kann der Markt erbringen und welche marktgesteuerten Leistungen sind defizitär? Wie kann dieser Prozess ethisch gesteuert werden? Wir haben bereits darauf hingewiesen, dass die ethischen Einflussmöglichkeiten, wie sie das Konzept der sozialen Marktwirtschaft entwickelt hatte, nicht mehr greifen. Geblieben ist der Markt als einziger Steuerungsfaktor.

Bei aller Kritik ist auch auf die positiven Aspekte hinzuweisen. Es gelingt dem Markt, den materiellen Wohlstand zu fördern. Der Markt vermittelt Leistungsanreize, er fördert die kostengünstige, zum Teil ressourcenschonende Produktion und belohnt im Ganzen die Tüchtigen. Der Markt funktioniert teilweise nach demokratischen Prinzipien, indem die eigene Leistung und nicht ererbte Privilegien gelten. Ein weiteres demokratisches Element ist die Konsumhoheit: Der Kunde ist wenigstens teilweise König, obwohl diese Position abhängt von hinreichender Information und von Geld. Allerdings kann sie auch in den Sog von Werbestrategien geraten. Man kann aber sagen, dass der Markt weitgehend eine friedliche und konsensnahe Verteilung begünstigt, was Immanuel Kant zu dem Satz hingerissen hat: «Es ist der Handelsgeist, der mit dem Kriege nicht zusammen bestehen kann und der früher oder später sich jedes Volkes bemächtigt.»[10]

Diesen positiven, auch moralisch positiven Leistungen stehen moralisch problematische und defizitäre gegenüber. Man muss es dem neoliberalen Hardliner Friedrich August von Hayek (1899–1992) lassen: Er hat, obwohl ein Verfechter der liberalen Marktwirtschaft, sich nicht gescheut, auf deren moralische Leistungsdefizite hinzuweisen: «Es sollte freimütig zugegeben werden, dass die Marktordnung keinen engen Zusammenhang zwischen subjektivem Verdienst oder individuellen Bedürfnissen und Belohnungen zustande bringt. Sie arbeitet nach dem Prinzip eines Spiels, in dem Geschicklichkeit und Chancen kombiniert werden und bei dem das Endergebnis für jeden Einzelnen genauso gut von völlig außerhalb seiner Kontrolle liegenden Umständen abhängen kann wie von seiner Geschicklichkeit oder Anstrengung. Jeder wird nach dem Wert entlohnt, den seine speziellen Leistungen für diejenigen haben, denen er sie darbringt. Und dieser Wert seiner Leistungen steht in keiner notwendigen Beziehung zu dem, was wir füglich sein Verdienst nennen könnten, und erst recht nicht zu seinen Bedürfnissen.»[11]

Nennen wir einige *moralisch problematische Leistungen des Marktes*: Der Markt ist grundsätzlich nicht in der Lage, die unterschiedlichen Startchancen der Menschen zu würdigen. Wer Geld hat, kann am Markt antreten, wer keines hat, eben nicht. Der Markt hat kein Auge für Arme, Kranke und Behinderte. So ist er blind für soziale Anliegen: Wie wir heute sehen, korrelieren höhere Arbeitslosenzahlen mit höheren Gewinnen und Aktienkursen. Der Gedanke des gerechten Ausgleichs ist ihm fremd. Selbst die Idee, dass der vollkommene Wettbewerb so etwas wie die gerechte Verteilung sicherstelle, ist problematisch. Denn beim Vorliegen idealer Wettbewerbsbedingungen ist doch gerade der Vorteil des Wettbewerbs weg: Nämlich, dass ich eine Nische für meinen Vorteil finde: «Under perfect competition, there is no competition». Von daher steht die Suche nach ungleichen Wettbewerbsbedingungen in Form von Monopolstellungen und Kartellen im Vordergrund.

Es gibt generell hohe Markteintrittsbarrieren, z. B. hinsichtlich der Investitionen und Forschungsmittel. Der Markt ist auch nicht in der Lage, den Verbrauch natürlicher Ressourcen umweltgerecht zu steuern und sorgsam mit der Umwelt umzugehen. Er ist ökologisch blind. Und blind ist der Markt endlich in Hinblick auf die Sinnstiftung: Der Markt bringt mit derselben Begeisterung Waffen, pornografische Videos, Lebensmittel und Kulturgüter hervor. Das einzige Kriterium ist die Verkäuflichkeit.

Zusammenfassend muss man sagen, dass die Marktmechanismen und -ergebnisse fundamentalen Menschenrechten diametral widersprechen.

Die nächste Frage ist nun, wie man sich erklären kann, warum der Markt notwendigerweise moralisch defizitär sein muss. Man kann diese Frage auch so stellen: Wie kann man erklären, warum Logik, Vernunft und Moral auf der betriebswirtschaftlichen Ebene nicht mit der Logik,

Vernunft und Moral auf der volkswirtschaftlichen, geschweige denn auf der gesellschaftlichen Ebene übereinstimmen? Ja, man muss noch schärfer formulieren: nicht übereinstimmen *können*?

Die zentrale Antwort auf diese Frage lautet, dass es für den einzelnen Unternehmer Sinn macht, betriebswirtschaftlich einen Gewinn zu erwirtschaften, auch wenn er damit auf der volkswirtschaftlichen Ebene Kosten und Schäden verursacht. Solange ein Unternehmen für einen solchen Vorgang nicht bestraft, sondern belohnt wird, ist es nicht logisch für das Unternehmen, sich anders zu verhalten. So kann es für einen alten Besitzer einer Ölquelle ökonomisch rational sein, dieses Öl möglichst rasch und relativ billig zu verkaufen, trotz seiner Kenntnis der ökologischen Folgekosten, die er aber infolge seines Alters nicht mehr negativ erfahren wird. Oder es ist für einen ökologiebewussten Unternehmer zumindest kurzfristig nicht rational, sein Produkt ökologiegerecht, aber teuer zu verkaufen, weil ihn die negativen Folgen des Handelns aller Konkurrenten, die unökologisch handeln, genauso betreffen wie diese auch.

Aber das Problem stellt sich in der jetzigen Zeit eigentlich noch schärfer: Ein Unternehmen, das sich heute der betriebswirtschaftlichen Logik und Gewinnorientierung entzieht, hat sehr rasch seine Existenz verspielt. Ein Unternehmen, das ökologisch, langfristig und sozial, also volkswirtschaftlich rational handelt, kann seine Existenz aufs Spiel setzen. Und man kann dann fragen, ob das Unternehmen mit der Selbstaufgabe der Gesellschaft mehr gedient hat als durch eine antisoziale Handlungsweise. Es gibt eben heute eine notwendige *Spannung zwischen der betriebswirtschaftlichen und der volkswirtschaftlichen Ebene*. Im Wesentlichen wird sie erzeugt durch die Globalisierung und Internationalisierung des Handels. Diese Globalisierung setzt faktisch die entscheidenden moralischen und politischen Rahmenbedingungen der sozialen Marktwirtschaft außer Kraft. Denn es gibt im Moment keine Instanz, welche im internationalen Raum solche Rahmenbedingungen durchsetzen könnte.

Der Markt als weitgehend allein übrig gebliebenes Steuerungsaggregat der Wirtschaft, auf jeden Fall als Einfluss- und Steuerungsfaktor von eminenter Bedeutung, bleibt auf weite Strecken ohne Antwort auf gerade die Fragen, welche die zentralen Sorgen und Befürchtungen dieses Buches ausmachen. Der Markt hat weitgehend keine Antwort auf die sozialen Unterschiede, auf die Entwicklungsdefizite, auf die Verarmung und

Verelendung von Millionen von Menschen, auf die damit verbundene Gewalt bzw. den Terror, auf die Umweltzerstörung, auf das Eingehen von inakzeptablen technischen Risiken und auf die Zersetzung von lokalen Kulturen. Der Markt allein kann keine ethisch akzeptable Lebensqualität verwirklichen. *Der Markt ohne normative Steuerung* ist ein möglicher Wirkfaktor für Entwicklungen, welche die Zukunftsfähigkeit dramatisch beeinträchtigen, z. B. in Hinblick auf Umweltzerstörung oder Verelendung mit Terrorgefahren. So ist es völlig unwahrscheinlich, dass eine Welt voller Massenelend in der Zukunft eine angemessene Lebensqualität sichern kann, und ebenso unwahrscheinlich ist es, dass die unheilige Kombination von Massenelend und moderner Technologie der Zukunft eine Chance lässt.

An dieser Stelle muss auch noch die Frage gestellt werden, in welchem gesellschaftlichen und kulturellen Umfeld die globale Wirtschaft dem Markt das Steuer überlässt. Wir haben ja eine Zeit, in der wir weltweit gewaltige kulturelle, religiöse und ideologische Konflikte erleben, welche mit anderen Konfliktfeldern, z. B. sozialen und technologischen, verwoben sind.

Man muss nicht gleich die These vom ‹clash of civilisation›,[12] vom Zusammenprall der Kulturen, vertreten. Aber die Gefährlichkeit kultureller Konflikte ist unübersehbar. Auch andere Tendenzen sind problematisch, so die postmoderne Entwicklung zur Beliebigkeit, der Zerfall moralischer Standards und Traditionen, die Unfähigkeit von Familie, Schule, Kirchen und Parteien, ethische Standards durchzusetzen. Dies alles führt, wie wir im Kapitel I bereits betont haben, zu einer Orientierungslosigkeit, in der sowohl Bindungen wie Grenzen verschwinden.

Auf einen Punkt ist hier noch speziell hinzuweisen. Es ist ja nicht nur so, dass im Zeitalter der Globalisierung und Deregulierung die geistig-moralischen Steuerungsaggregate der Wirtschaft und des Marktes geschwächt worden sind. Diese Schwächung wird begleitet von einer Haltung der Ungeniertheit und der Gier nach wirtschaftlichem und monetärem Erfolg ohne jegliche Rücksicht auf wirtschaftliche Schäden. Der Raubzug in Hedgefonds mit der Zerstörung von gut funktionierenden Unternehmensstrukturen oder die Gier von Managern nach überdimensionierten Löhnen sind Hinweise auf gefährliche geistig-moralische Defekte. Dass beispielsweise das Streben nach überdimensioniertem Geldgewinn zur Zerstörung von wirtschaftlich gesunden und erfolgreichen Unternehmen führen kann und dass es keine politischen Mittel gibt, solche Prozesse aufzuhalten.

Im Zusammenhang mit dem Grundanliegen unseres Buches sind wir der Überzeugung, dass in Wirtschaft und Politik einige zentrale Grundsatzfragen bisher sträflich vernachlässigt worden sind, und zwar mit erheblichen negativen Folgen. Wir sehen insbesondere drei solche Grundsatzfragen. Die erste betrifft die Frage nach der Handlungsebene für die ethisch-soziale Steuerung der Wirtschaft. Die zweite Frage betrifft die Gerechtigkeit bzw. die Spannung zwischen Gleichheit und Ungleichheit. Die dritte Frage ist die nach der Bedeutung und Sicherung öffentlicher Güter unter dem Globalisierungsdruck. Die nächsten Abschnitte sind diesen drei Grundfragen gewidmet.

Handlungsebenen für die ethische Steuerung der Wirtschaft

Die Frage, um die es in diesem Zusammenhang grundsätzlich geht, hat Claus Offe (*1940) zutreffend formuliert. Es geht um die Frage, «welche Sphären des Lebens von politischer Autorität, vertraglich geregeltem Marktaustausch oder selbstverwalteten und -verantwortlichen Gemeinschaften und Vereinigungen der civil society gelenkt werden sollen.»[13] Die wirtschaftliche Globalisierung hat kein sinnvolles Konzept für eine ethische Steuerung, und so leben wir in einem normativen Vakuum. Angesichts dieses ethischen Vakuums stellt sich die Frage nach Lösungsstrategien in besonders radikaler Form. Ethisches Vakuum bedeutet doch, dass in der vom Markt gesteuerten Wirtschaft ethische Postulate wie sozialer Ausgleich, gerechte Verteilung, gerechte Löhne, Sicherung von Arbeitsplätzen, Bewahrung der Menschenrechte, Schutz der Gesundheit und der Umwelt keine hinreichende legitime und legale Basis haben und deshalb auch nicht annähernd befriedigend erfüllt werden. Was zumindest in Europa, aber auch anderswo als Aufgabe des Rechtsstaates anerkannt war, ist unter den Bedingungen der Globalisierung politisch-rechtlich nicht mehr durchsetzbar. Allenfalls gibt es Zielvorstellungen und Empfehlungen, es gibt aber keine rechtliche Verbindlichkeit z. B. sozialpolitischer Maßnahmen. Dass eine solche verbindliche Durchsetzung sozialpolitischer Maßnahmen im globalen Raum objektiv schwierig ist, bleibt unbestritten.

Voraussetzung wäre ja so etwas wie ein Weltstaat, wobei dessen Wünschbarkeit auch nicht sicher ist. Die Komplexität und Großräumigkeit der globalen Wirtschaft sind andere Hemmnisse für die Gestaltung einer Weltsozialpolitik. Es ist einfacher, Regeln aufzuheben, als sinnvolle Regeln durchzusetzen. Es ist einfacher, Handelsschranken aufzuheben als soziale Vorstellungen durchzusetzen. Bei allem Verständnis für diese und andere Schwierigkeiten der Durchsetzung einer globalen Sozialpolitik bleibt aber die Frage bestehen: Wieso soll der freie Markt plötzlich soziale und ökologische Kompetenzen entwickeln, die er ja in kleinräumigen Welten auch nicht besaß. Es bleibt also nichts anderes übrig, als unter diesen genannten Bedingungen nach vernünftigen, realisierbaren und ethisch

begründeten Strategien zu suchen. Bei dieser Suche nach Lösungen bieten
sich zunächst vier Handlungsebenen an:

➤   Globale Ebene
➤   Ebene des Staates bzw. staatlicher Gemeinschaften (z. B. EU)
➤   Zivilgesellschaft
➤   Individuen

Eine vernünftige Strategie hat zu prüfen, welche ethisch-sozialen Postulate
auf welcher Ebene am ehesten zu realisieren sind.

Globale Ebene

Wie bereits ausgeführt, sind die Möglichkeiten der rechtlichen bzw. staats-
rechtlichen, d. h. der an Legalität orientierten Durchsetzung sozialer Postulate auf Weltebene beschränkt. Trotzdem muss an der Zielvorstellung
festgehalten werden, dass nicht nur wirtschaftliche Freiheiten, sondern
auch soziale Maßnahmen auf Weltebene eine legale Basis erhalten. Wir
sind uns dessen bewusst, dass es bis zur Erfüllung dieser Zielvorstellung
noch lange dauern wird. Es ist sogar fraglich, ob sich Maßnahmen sozialer
Verantwortlichkeit je auf Weltebene in einer Verbindlichkeit durchsetzen
lassen, wie dies der Idee des klassischen sozialen Rechtsstaates entsprechen würde. Es ist allerdings auch nicht sicher, dass die Idee der globalen
freien Marktwirtschaft auf Dauer realisierbar bleibt, wenn wir z. B. an die
ökologischen und kulturellen Grenzen denken. Trotzdem: Die Durchsetzung sozialer Verantwortung auf Weltebene braucht zumindest eine legitime Basis, denn eine legale Begründung[14] auf globaler Ebene ist im Moment kaum durchsetzbar. Wir kleiden diesen Gedanken in die Forderung,
dass die großen internationalen Organisationen, welche die Weltarchitek-
tur der globalen Wirtschaft bestimmen, dem Aspekt der Legitimität, d. h.,
der ethisch-sozialen-ökologischen Legitimität höchste Beachtung zu
schenken haben. Wenn es schon keine verbindliche Durchsetzung von
ethischen und sozialen Postulaten gibt, dann braucht es umso mehr die
Orientierung an der Idee der Legitimität bei den großen Organisationen.

Wenn die Verantwortlichen für die Weltwirtschaft schon die Freiheit für den Markt in Anspruch nehmen, dann gilt diese Freiheit auch für die freie Übernahme ethisch-sozialer Verantwortung. Es liegt auf der Hand, dass sich die wichtigsten internationalen Organisationen neue Kompetenzen beschaffen müssen, um für diese Aufgabe gerüstet zu sein.

Staatliche Ebene

Die ethisch-soziale Intervention von Staaten, staatlichen Organisationen und Gruppierungen ist in der globalisierten Welt nur beschränkt möglich und im Abnehmen begriffen. Dies hängt u. a. mit dem Umstand zusammen, dass die Staaten selbst unter die Bedingungen der internationalen Konkurrenz geraten und so ihre Interventionen allenfalls mit Steuerflucht, Auslagerung der Produktion und Verzicht auf Investitionen bezahlen müssen. Gleichzeitig wird ihre Lohnpolitik durch die Immigration billiger Arbeitskräfte unterwandert. D. h. die staatlichen Steuerungsmöglichkeiten im Sinne einer ethisch-sozialen Gestaltung der Wirtschaft sind beschränkt. Das alles heißt nicht, dass der soziale Rechtsstaat seine grundsätzliche Bedeutung verloren hat. Er wird sich aber neu positionieren müssen, vermutlich in der Weise, dass er sich auf die Durchsetzung zentraler ethischer und sozialer Postulate konzentriert, dafür der Deregulierung weniger bedeutsamer und sehr oft auch bürokratischer Regelungen zustimmt.

Zivilgesellschaftliche Ebene

Die zivilgesellschaftliche Ebene meint Institutionen zwischen Staat und Individuum. Die Bedeutung der Zivilgesellschaft ist angesichts der heutigen Lage kaum hoch genug einzuschätzen. Wir blicken zurück: In einer Welt, die vom Markt regiert wird, von einem Markt, der schwerwiegende ethische, soziale und ökologische Defekte aufweist, ist auf Weltebene und auch zum Teil auf staatlicher Ebene keine zureichende ethische Steuerung möglich. Anders herum gesagt: Das Marktgeschehen, insbesondere hinsichtlich seiner sozialen und ökologischen Folgen, hat weder eine legale noch eine legitime Basis. Dies ist der eigentliche Grund dafür, dass zumin-

dest die legitime Basis auf der Ebene der Zivilgesellschaft zurückerobert
werden muss, und zwar von allen Kräften, die dazu bereit sind. Der Grundgedanke der Zivilgesellschaft ist die an freier Verantwortung orientierte
Rückeroberung von Werten, die für eine Gesellschaft, d. h. für die Lebensqualität und Überlebensfähigkeit, von höchster Bedeutung sind. Im Zusammenhang mit dem Gedanken der Rückeroberung der Legitimität sind
im Extremfall auch illegale Handlungen mit zu bedenken. Allerdings unter genau definierten restriktiven Bedingungen.

➤ **Zunächst sind die legalen Einflussmöglichkeiten auszuschöpfen.**

➤ **Der illegale Widerstand muss begründet sein durch die Aussicht
auf irreversiblen Verlust von grundlegenden Menschenrechten
(Leben, Freiheit, Gesundheit).**

➤ **Die Ungerechtigkeit, gegen die sich der Widerstand wendet, muss
schwerwiegend sein.**

➤ **Die illegale Aktion muss gewaltfrei sein. Menschen dürfen nicht
zu Schaden kommen.**

➤ **Der illegale Widerstand muss sich an übergeordneten ethischen
Werten, wie Recht, Gerechtigkeit und Überlebensfähigkeit orientieren.**

Die Zivilgesellschaft orientiert sich an der Idee der Freiwilligkeit, aber sie
orientiert diese Freiwilligkeit immer an der Idee des Rechts und des Wohls
für die Gesamtheit. Darin liegt ihre legitimatorische Bedeutung. Wir leben
im Zeitalter der Selbstorganisation, der Deregulierung und der Freiheit;
also kann man nur den einen Schluss ziehen: Es braucht auf allen möglichen Ebenen der Gesellschaft, insbesondere auf der Ebene der Zivilgesellschaft, eine Koalition derer, die in freier Verantwortung auch das wirtschaftliche Geschehen an der Idee des Guten, des Rechts und der Gerechtigkeit orientieren. Man mag einwenden, dass ein solches Konzept nicht
hinreichend wirksam sein könne und eben Augenwischerei bedeute. Nur,
es gibt zu diesem Konzept aus ethischer Sicht kaum eine vernünftige Alternative. Die Erwartung bezüglich seines Erfolges nährt sich aber aus drei
Quellen:

Erstens gibt es einen breiten Konsens darüber, dass auch der demokratische Staat auf eine Zivilgesellschaft unbedingt angewiesen ist. Dafür sprechen die folgenden gewichtigen Gründe:

a) «Eine angemessene Repräsentation gesellschaftlicher Interessen als Voraussetzung erfolgsversprechender staatlicher Steuerungsleistungen bedarf der zivilgesellschaftlichen Interessensvermittlung.

b) Die politische Steuerungsleistungen der hochkomplexen Gegenwartsgesellschaften sind ohne den Beitrag zivilgesellschaftlicher Selbstregulierung nicht mehr vorstellbar.

c) Die Bürgertugenden, das Sozialvermögen und die Bürgerkompetenz, welche die Demokratie zu ihrem Funktionieren bedarf, entstehen nirgends anders so zuverlässig wie im bürgerschaftlichen Engagement in der Zivilgesellschaft.»[15]

Zweitens kann man auf einen Erfolg des zivilgesellschaftlichen Konzeptes darum hoffen, weil die hohe Motivation der Akteure der Zivilgesellschaft für ethisch hoch bedeutsame Ziele, Flügel verleiht.

Drittens gibt es die berechtigte Erwartung, dass die an der Idee des Rechts, der Ethik und der Gerechtigkeit orientierten Leistungen der Zivilgesellschaft auch ökonomisch honoriert werden, und zwar je länger desto mehr von denjenigen, welche die Bedeutung dieses Konzepts realisieren und auch davon profitieren. Als Beispiel für eine solche Gruppe seien bereits hier aufgeklärte Konsumentinnen und Konsumenten bzw. deren Organisationen genannt.

Wodurch zeichnet sich die Zivilgesellschaft hinsichtlich ihrer Ziele und Motivationen aus? Zutreffend bietet das bereits zitierte Vorwort des Bandes «Die Bürgergesellschaft» eine erste Antwort auf diese Frage an. Es werden dort sechs mögliche soziale und politische Funktionen der Zivilgesellschaft genannt:

➤ «Gemeinschaftliche soziale *Selbsthilfe*

➤ Erzeugung und Regeneration von *Solidarität* und sozialem Kapital

➤ Bürgerlobby gegenüber den Institutionen des politischen Systems (*demokratisch-liberale* Interventions-Funktion)

➤ Politische Selbstregulation der Gesellschaft (*demokratisch-republikanische Selbstregierungs-*Funktion)

➤ Politische Dialoge der öffentlichen Selbstverständigung (*Deliberation*)

➤ Politische Sozialisation als Bürger.»[16]

Für unser Verständnis von Zivilgesellschaft sind die folgenden Zielsetzungen bzw. Motivationen wichtig:

➤ Das Engagement für das Gesamtwohl

➤ Die Ausrichtung auf eine legitimatorische Basis, letztlich auf die Idee des sozialen Rechtsstaates

➤ Die Entschlossenheit in Hinblick auf die Realisierung einer ethisch-sozialen, d. h. legitimen Basis inmitten eines normativen Vakuums

➤ Bewusstseinsbildung und Aktionen auf internationaler und regionaler Ebene in Hinblick auf die Wiedereroberung der Legitimität

➤ Die Idee der freien Verantwortlichkeit

➤ Die Orientierung an kontrafaktischen ethisch-sozialen Gesellschaftsentwürfen

Wer sind nun die Akteure der Zivilgesellschaft? Es sind dies verschiedenartige Gruppierungen wie z. B. Nichtregierungsorganisationen (NGOs), Kirchen, Hilfswerke, Protestgruppen, Bürgerinitiativen, Selbsthilfegruppen, Konsumentinnenorganisationen. Die Ebene der Zivilgesellschaft mit den genannten und anderen Gruppierungen muss angesichts des Verlusts der Steuerungsmöglichkeiten der Staaten zu neuer Bedeutung gelangen. Angesichts der sinkenden Bedeutung der Nationalstaaten und der noch unvollkommenen globalen Regelungen bleibt gar nichts anderes übrig als eine massive Verstärkung des zivilgesellschaftlichen Engagements. Dieses Engagement muss wohl oder übel Entscheide beinhalten, die eigentlich einer übergeordneten Ebene vorbehalten wären. Aber eben gerade das können die Staaten nicht mehr leisten. Und so braucht es das Wagnis, dass zivilgesellschaftliche Gruppierungen bestimmte Probleme in eigener Verantwortung lösen. Angesichts der mangelnden legalen Basis solcher Problemlösungen muss die unbedingte Ausrichtung auf die Idee des Rechten und Richtigen für die Zivilgesellschaft maßgeblich sein; darin liegt ihre Legitimität. Auf dieser Ebene müssen ethische, soziale, wirtschaftliche und ökologische Entscheide getroffen werden. Ein Stück weit muss die ethische Legitimation wirtschaftlichen Handelns auf dieser Ebene von den genannten Gruppierungen zurückerobert werden.

Im Zusammenhang mit der Frage nach den Akteuren gibt es nun eine interessante Entwicklung zu beobachten. Nach dem Zusammenbruch des ethischen Regelwerkes für die Wirtschaft wird mehr und mehr auch wirtschaftlichen Unternehmen bewusst, dass sie, wenn sie von der Notwendigkeit einer ethischen Steuerung des Wirtschaftsprozesses überzeugt sind, diese Steuerung in eigener Verantwortung praktizieren müssen. Das bedeutet, dass auch wirtschaftliche Unternehmen je nach Zielsetzung und Motivation der beschriebenen Form der Zivilgesellschaft zugerechnet werden können. Dies gilt dann, wenn solche Unternehmen sich die ethische Steuerung in Form der *Selbstbindung* zu Eigen machen.

Diesem neuen Modell einer ethischen Unternehmensführung widmen wir später einen eigenen Abschnitt in diesem Kapitel. Hier geht es vorerst nur um die aufsehenerregende Beobachtung, dass sich in Zukunft ein beträchtlicher Teil der Unternehmenswelt der Zivilgesellschaft zurechnen lassen könnte. Damit erwüchse der Zivilgesellschaft eine neue Bedeutung hinsichtlich der Rückeroberung einer ethischen Basis bzw. der Legitimität wirtschaftlichen Handelns. Auf der anderen Seite muss man daran festhalten, dass die politisch-ethische Steuerung der Wirtschaft in Zukunft entweder auf der staatlichen oder auf der globalen Ebene neue Bedeutung bekommen muss.

Individuelle Ebene

Die letzte Ebene des gesellschaftlichen Systems betrifft diejenige der Individuen. Die Bedeutung des einzelnen Menschen hinsichtlich der globalen oder staatlichen Ebene ist beschränkt. Trotzdem ist niemand aus der politischen Verantwortung entlassen. Hingegen ist das Engagement der Individuen eine unbedingte Voraussetzung für die Wirksamkeit der zivilgesellschaftlichen Ebene. Auf der einen Seite verlangt die Zivilgesellschaft Anstrengungen der Individuen, z. B. in Hinblick auf Mitarbeit in Organisationen, auf der anderen Seite eröffnen sich dabei auch wichtige Handlungsmöglichkeiten und Erfolgserlebnisse für den einzelnen Menschen.

Gerechtigkeit und Effizienz

Bevor wir uns daran machen, einen konkreteren Lösungsansatz vorzuschlagen, muss mit allem Nachdruck auf ein zentrales Problem hingewiesen werden: *Die nationale und internationale Verteilung ist ein Skandal erster Ordnung.* Die Armut und Misere von Milliarden von Menschen auch in sogenannten reichen Ländern ist unerträglich. Allerdings muss im gleichen Atemzug darauf hingewiesen werden, dass es gerade zur Überwindung dieses Skandals einer funktionierenden Wirtschaft bedarf, und dass eine solche funktionierende Wirtschaft nicht ohne Unterschiede, auch nicht ohne Arme, Arbeitslose, Zukurzgekommene, auskommt.

Aber es muss die Frage plausibel, transparent und argumentationsfähig gemacht werden, ob und wie viel Ungleichheit, Armut und Arbeitslosigkeit es braucht, damit Gesellschaft und Wirtschaft sinnvoll funktionieren. Besser gesagt: Die Frage, ob und wie *wenig* Ungleichheit, Armut, Arbeitslosigkeit vernünftig angestrebt werden kann. Dies muss theoretisch und politisch-praktisch erprobt und dann nachvollziehbar begründet werden.

Nun muss sogleich die nächste Frage gestellt werden: Wie bringt man Politiker, insbesondere die Gestalter des Status quo, die Protagonisten der Globalisierung und die Vertreter der radikalen Marktwirtschaft dazu, sich überhaupt auf eine solche Fragestellung einzulassen? Denn es kann kein Zweifel darüber bestehen: Wer sich argumentativ auf eine fundierte Gerechtigkeitstheorie einlässt, sieht sich schwerwiegenden Forderungen gegenüber, welche mit dem Status quo auf Konfrontationskurs gehen. Gibt es so etwas wie eine gemeinsam Basis, auf deren Geltung sich alle berufen oder festlegen lassen, bevor der Streit über die Verteilung beginnt?

Man kann davon ausgehen, dass diese Basis in den *Grundsätzen des aufgeklärten Liberalismus* gegeben ist, hinter die kein ernst zu nehmender Bürger, Politiker oder Unternehmer zurückgehen kann oder will. Zentrale Inhalte dieses aufgeklärten Liberalismus sind die Idee der Freiheit, die Würde des Menschen, die Menschenrechte, die Demokratie, der Rechtsstaat, auch in seiner Ausprägung als sozialer Rechtsstaat sowie das Streben nach allgemeiner Wohlfahrt.

Wilfried Hinsch hat dies vorbildlich auf den Punkt gebracht. Der demokratischen Idee «liegt die Vorstellung zugrunde, dass Bürger als autonome Subjekte einen unabweisbaren Anspruch haben, nur durch solche Institutionen und Normen in ihrem Handeln bestimmt zu werden, denen sie auf der Basis ihrer wohlerwogenen Überzeugungen und Interessen zustimmen können.»

«Es gehört zum normativen Selbstbild demokratischer Bürger, dass sie einander als freie und gleiche moralische Personen anerkennen, das heißt als Wesen, die grundsätzlich fähig und bereit sind, als gleichberechtigte Partner in fairer Weise miteinander zu kooperieren.» Dies gilt für Hinsch nicht nur, aber auch für «die Fähigkeit und Bereitschaft zur Teilnahme an gemeinsamen Formen der Güterproduktion.»[17]

«Faire Kooperation ist Kooperation nach Regeln, die von allen Beteiligten nicht nur *de facto* befolgt werden, sondern die von allen aus guten Gründen anerkannt und befolgt werden können. Gute Gründe aber können in den gemeinsamen Beratungen der Bürger einer Demokratie nur solche Gründe sein, die mit ihrem Selbstverständnis als freie und gleiche Personen vereinbar sind.»[18] Wie immer Menschen ihr soziales Zusammenleben und ihre Kooperation regeln: Sie sollen dies als freie und gleiche Bürgerinnen und Bürger tun, die fair miteinander umgehen und die jede bedeutsame Handlung im Geiste dieser Basis und in argumentativer Ableitung konzipieren. Diese argumentative Ableitung im Geiste der Grundidee ist insbesondere dann notwendig, wenn aus guten sachlichen Gründen in Hinblick auf die Realität Abweichungen von dieser Basis vorgenommen werden müssen. Das heißt, zentraler Ausgangspunkt für die theoretische, aber auch praktische sozialpolitische Bestimmung des Verhältnisses von Gleichheit – Ungleichheit ist die freie Bindung aller Beteiligter an den Grundsatz, dass nur das akzeptabel ist, was sich öffentlich mit guten Argumenten, bezogen auf die grundsätzliche Gleichheit der Menschen, unter angemessener Berücksichtigung der Realität und der Folgen, in Form einer vertieften und ernsthaften Bemühung um das Richtige, vertreten lässt. Sinnvolle praktische Lösungen sind dann möglich, wenn sich die Beteiligten einlassen in einen vertieften Erkenntnis- und Argumentationsprozess, welcher die Basis für alles weitere zu schaffen in der Lage ist. Diese Basis ist der Referenzpunkt, auf den alle Beteiligten sich in schwierigen Konfliktsituationen immer wieder beziehen müssen.

«Das Problem sozialer Gerechtigkeit stellt sich uns demnach als das Problem der Identifikation von distributiven Grundsätzen für die gesellschaftliche Verteilung materieller Güter und Ressourcen, die allen Gesellschaftsmitgliedern gegenüber unangesehen ihrer partikularen Überzeugungen und Interessen öffentlich gerechtfertigt werden können.»[19]

«Eine Person nimmt den öffentlichen Standpunkt ein, wenn sie die Konsensbedingungen anerkennt, das heißt, wenn sie anerkennt, dass nur solche Normen kollektive Verbindlichkeit beanspruchen können, die gegenüber allen Beteiligten, insofern sie ebenfalls die Konsensbedingungen akzeptieren, rational zu rechtfertigen sind.

Vom öffentlichen Standpunkt aus gesehen ist die Möglichkeit eines begründeten Konsenses über für alle verbindliche Normen ein konstitutives Merkmal politischer und sozialer Gerechtigkeit (…).»[20] Endlich weist Hinsch darauf hin, «dass die Bereitschaft zur fairen Kooperation und zur Anerkennung von Normen die Bereitschaft einschließt, nötigenfalls auch unkompensierte persönliche Nachteile auf sich zu nehmen, wie sie mit allen fairen Regelungen gelegentlich verbunden sind.»[21]

Folgende Standortbestimmung gehört also in den Kopf und ins Herz, aber auch auf jeden Schreibtisch eines politisch und wirtschaftlich Verantwortlichen: Ich akzeptiere,

➤ **dass sich prinzipiell alle Menschen als freie und gleiche Personen anerkennen sollen**

➤ dass die Bewältigung des wirtschaftlich-sozialen Lebens eine gemeinsame Aufgabe darstellt unter prinzipiell Gleichen

➤ dass normative, wirtschaftliche und sozialpolitische Entscheide sich argumentativ an dieser Basisvoraussetzung messen lassen müssen

➤ dass Abweichungen von dieser Basis, insbesondere die Ungleichbehandlung unter Menschen, sorgfältiger argumentativer Begründungen bedürfen, in denen Erfordernisse der Realität, z. B. ökonomische Zwänge und Gesetzmäßigkeiten, auf dem Hintergrund der normativen Basis geprüft und entschieden werden

Erst vor dem Hintergrund eines solchen Konsenses, erst auf dem Hintergrund der prinzipiellen Zustimmung der wichtigsten Sozialpartner macht es Sinn, die Frage der Gerechtigkeit beziehungsweise der gerechten Verteilung wieder aufzunehmen und zu vertiefen. Allerdings, wenn in einer aufgeklärten und demokratischen Gesellschaft kein Konsens über die Basis zu erzielen ist, dann ist das höchst unverständlich und widersprüchlich. Eine solche Verweigerung muss öffentlich diskutiert und gebrandmarkt werden. Aber gehen wir nun davon aus, dass es diesen Grundkonsens über die philosophischen, ethischen und demokratischen Grundlagen der Gesellschaft gibt.

Der nächste Schritt betrifft nun die Frage, wie wir auf dem Hintergrund dieser Basis an das Problem der Gerechtigkeit und der gerechten Verteilung herangehen, immer im Bewusstsein, dass in die Vorstellung von Gerechtigkeit auch die Dimension der Ungleichheit, der Unterschiede und der wirtschaftlichen Effizienz hineingehören. Gerade diese Grundfrage, nämlich das *Verhältnis von Gleichheit und Ungleichheit*, ist das Schlüsselproblem der Verteilung, und es ist heute als solches zutiefst ungelöst. Wenn in einem Land wie der Schweiz 8% der Bewohner unterhalb der Armutsgrenze leben, dann ist dies aus ethischer Sicht nicht akzeptabel. Auch nicht akzeptabel ist die Verteilung der Arbeit bzw. der Arbeitslosigkeit, und zwar sowohl in den alten Industrieländern wie in den Entwicklungsländern. Nicht akzeptabel ist die Behandlung von Menschen, welche ohne eigene Schuld die Arbeit verlieren oder arbeitsunfähig werden. Fragwürdig ist auch die Praxis der Sozialhilfe.

Auch wenn es für diesen Punkt seltsam wenig Aufmerksamkeit

gibt: Die Diskrepanz zwischen einer Luxusgesellschaft und einer Mehrheit, die im harten Lebenskampf bestehen muss oder diesen nicht mehr besteht, ist ein Skandal. Die Behauptung, dass in einer Industriestadt Europas oder gar der Schweiz auch mit eintausendsiebenhundert Euro eine Familie glücklich leben könne, ist ein Hohn, auch wenn es natürlich stimmt, dass Geld allein nicht glücklich macht. Diese seltsame Ruhe, die sich über einen großen Skandal ausbreitet, könnte allerdings durch die Folgen eines weltweiten Massenelends gestört werden.

Auch dies ist erstaunlich: Dass eine gesättigte Minderheit es offenbar erträgt, jeden Tag über die Medien über dieses Massenelend informiert zu werden. Allerdings wird diese Ruhe in letzter Zeit durch das Phänomen des internationale Terrors gestört. Noch glauben viele, dass man diesem Phänomen mit Kontrolle und Abschreckung beikommen könne. Noch sind die entscheidenden politischen Gruppierungen nicht bereit, den Zusammenhang zwischen diesem Terror und dem Massenelend anzuerkennen. Natürlich wird dieses Elend durch kulturelle Konflikte überlagert und verstärkt. Und ebenso ist klar, dass die «Armen» nicht die eigentlichen ausführenden Instanzen des Terrors sind. Aber es ist ebenso klar, dass dieser Terror nur möglich ist vor dem Hintergrund dieses Massenelends, das gewaltige Potenziale für Konflikte, Gewalttaten und Verzweiflungstaten öffnet.

Wir vertreten hier die These, dass der internationale Terror ohne Linderung dieses Massenelends katastrophale Folgen zeitigen wird, vor allem deshalb, weil parallel dazu eine immer bessere Zugänglichkeit zu hochexplosiven und zerstörerischen Technologien zu beobachten ist. Und wenn man dazu das sich verbreitende Phänomen der Selbstmordattentäter nimmt, wird völlig klar, dass eine *Lösung nur durch soziale Reformen* gefunden werden kann. Es gibt keine Alternative zu einer einigermaßen würdigen Gestaltung der Lebensmöglichkeiten für die Massen dieser Welt, es sei denn, wir nehmen den Verlust der Überlebensfähigkeit in Kauf. Das bedeutet, dass es auch keine ethische Alternative zu einer weltweit gerechten Verteilung von Einkommen, Gewinn und Arbeit gibt. Fast scheint es, dass wir im sozialen Bereich eine fundamentale Veränderung brauchen, vergleichbar der politischen Veränderung durch allgemeine Menschenrechte und Demokratie. Dort hat sich die Norm der Gleichheit bzw., Gerechtigkeit durchgesetzt, in der Wirtschaft noch nicht.

Wir vertreten hier die These, dass weder die heute permanent diskutierten sozialen Konflikte in den Industrieländern noch das Problem des internationalen Massenelends gelöst werden kann, ohne dass wir endlich eine *grundsätzliche Debatte über die Gerechtigkeit in der Wirtschaft* wagen. Ökonomische Theoretiker wie John Rawls (1921–2002) oder Amartya Sen (*1933) haben in dieser Richtung bereits wichtige Fundamente gelegt. Aber es ist erstaunlich, dass solche und andere attraktive und überzeugende Theorieansätze politisch wenig umgesetzt werden, sehr zum Schaden der Lebensqualität vieler und der Zukunftsfähigkeit aller.

Machen wir uns nun an die Lösung der Grundfrage, um die es in der Wirtschaft eigentlich geht: Das Verhältnis von Gleichheit und Ungleichheit, von Verteilung und Gewinn, von Ausgleich und Anreiz, von Solidarität und Leistung. Diese Problemstellung hängt mit zwei Grundvoraussetzungen zusammen. Die Wirtschaft braucht Leistungsanreize, gleichzeitig muss sie aus ethischer Sicht den Standards der Gerechtigkeit und des Ausgleichs entsprechen. Die unausweichliche Grundfrage lautet also: Wie viel Gleichheit – wie viel Ungleichheit? Wie viel Ausgleich – wie viel Anreiz? Wirtschaftsethik ist darauf auszurichten, diese Spannungen aus ethischer Sicht zu optimieren.

Man hat nicht den Eindruck, dass Wirtschaft und Politik, insbesondere die Politik, die absolut zentrale Bedeutung dieser Grundfrage erkannt haben, auf jeden Fall dann nicht, wenn man die gegenwärtigen politischen Diskussionen und Konflikte in großen Ländern Europas sowie in den USA verfolgt. Überall kommt diese Grundfrage zu kurz: Bei der Arbeitslosigkeit, bei der Sozialpolitik, bei der Lohnpolitik und bei der Gesundheitspolitik. Politisch angeboten werden meist zusammenhangslose Maßnahmen wie Senkung der Kosten von Arbeitslosen, Senkung der Sozialhilfe, Senkung der Renten, neue Steuern, Maßnahmen zur Senkung der Arbeitslosigkeit, Abbau von Arbeitsplätzen, neue Beiträge zur Krankenversicherung usw. Alle diese und andere Maßnahmen können keine Wende zum Positiven erbringen, solange sie nicht eingebettet sind in ein Konzept, welches die Spannung zwischen Gleichheit und Ungleichheit, zwischen Gerechtigkeit und Effizienz ethisch und zugleich ökonomisch angemessen löst.

Angemessene Lebensqualität und Erhaltung der Zukunftsfähigkeit, das sind die beiden überragenden Ziele für die Gestaltung der Gesellschaft aus ethischer Sicht. Die ethisch begründete Lösung der Grundfrage ist von höchster Bedeutung für beide Ziele. Ohne gerechte Verteilung, aber auch ohne wirtschaftliche Effizienz, werden weite Teile der Gesellschaft in unbefriedigenden Verhältnissen, z. B. in Armut oder Unsicherheit, leben müssen. Dies gilt insbesondere für das Verhältnis zwischen wirtschaftlich starken und schwachen Ländern. Soziale Diskrepanzen sind aus ethischer Sicht ein schwerwiegendes Problem und werden in einer globalen Welt zum Problem für alle. Soziale Konflikte, Unterschichtung, Migrations- und Flüchtlingsströme, Massenelend und das alles verbunden mit neuen technophilen und terroristischen Strategien, machen die Welt gefährlich und prinzipiell für alle unerträglich.

Alle diese Entwicklungen sind aus ethischer Sicht schwerwiegend und negativ. Auch für wohlhabende Menschen gibt es, im Unterschied zu früher, keine Alternative mehr zu einer einigermaßen friedlichen und sozial ausgewogenen Weltgesellschaft. Dies aus dem Grund, weil Massenelend, Massenwanderung, Flüchtlingselend, kulturelle und ideologische Konflikte im Verbund mit Krieg und Terror die Lebensqualität für alle, und, im Extremfall, die Zukunftsfähigkeit für alle, in Frage stellen.

Zu suchen und zu finden ist die Optimierung der beiden konfligierenden Ziele: Gleichheit versus Effizienz. Beides sind unaufgebbare Ziele: Gleichheit, Gerechtigkeit und Ausgleich, wie auch wirtschaftliche Effizienz mit den notwendigen Anreizen und Belohnungen für Leistungen. Diese Optimierung kommt nicht an grundsätzlichen Überlegungen zur Gerechtigkeit vorbei. Weder Ökonomen noch Politiker lieben diese Feststellung. Sehr oft wird um die Auseinandersetzung mit der Gerechtigkeit ein großer Bogen gemacht. Die beliebteste Begründung für diesen Bogen ist die Behauptung, dass der Begriff der Gerechtigkeit gar nicht zu definieren sei. Es handle sich dabei um einen völlig subjektiven Begriff. Höchste Autorität bezieht diese Behauptung vom renommierten neoliberalen Ökonomen Friedrich August von Hayek. Er stellt fest: «Begriffe wie ‹gerechter Preis›, ‹gerechter Lohn› oder ‹gerechte Einkommensverteilung› sind natürlich sehr alt. Es ist jedoch bemerkenswert, dass die sich über zweitausend Jahre hinziehenden Bemühungen der Philosophen, Klarheit über die Bedeutung dieser Begriffe zu bekommen, nicht zur Entdeckung auch nur einer einzigen Regel führten, die uns zu entscheiden erlaubt, was in einer marktwirtschaftlichen Ordnung in diesem Sinne ‹gerecht› wäre.»[22]

Allen Schwierigkeiten zum Trotz brauchen wir aber eine differenzierte Definition des Begriffs Gerechtigkeit, denn um die Lösung der Frage: Wie viel Gleichheit – wie viel Ungleichheit?, kommt ein ökonomisch und sozial fundiertes Konzept der Wirtschaft nicht herum. Die Schwierigkeiten bei der Definition hängen mit den vielen Facetten zusammen, die diesen Begriff ausmachen. Gerechtigkeit hat zu tun mit der Idee der Verbesserung der Lage der Unterprivilegierten; sie ist u. a. ein emanzipatorischer Begriff. Gerechtigkeit orientiert sich aber auch und zentral an der Idee der Gleichheit bzw. des Ausgleichs. Angemessenheit und Proportionalität gehören hier dazu. Gerechtigkeit meint auch Fairness. Gleichzeitig ist darin die Idee der Unbestechlichkeit, der Rechtmäßigkeit, der Nicht-Zufälligkeit und der Nicht-Willkür enthalten. Endlich meint Gerechtigkeit auch die angemessene Belohnung für Leistungen und enthält damit auch die Dimension der Ungleichheit.

In der Tat, es ist nicht einfach, aufgrund dieses komplexen Sachverhalts eine konsistente Theorie der Gerechtigkeit zu entwickeln, wobei zu sagen ist, dass sich John Rawls in seinem Buch «Eine Theorie der Gerechtigkeit»[23] einer solchen stark angenähert hat. Sein Einfluss wird in den folgenden Überlegungen nicht zu übersehen sein. Bevor wir uns aber daran machen, den Begriff der Gerechtigkeit zu klären, muss eines nochmals mit aller Deutlichkeit unterstrichen werden: Die Klärung der Frage der Gerechtigkeit, die Klärung des Verhältnisses von Gleichheit und Ungleichheit ist der eigentliche Schlüssel für fast alle Lösungen im Wirtschafts- und sozialpolitischen Bereich. Ohne diese Klärung werden weder die Anhänger der Gleichheit, noch die Anhänger der Ungleichheit zu einem Konsens und zu konstruktiven Lösungen bereit sein. Manager werden ihre überrissenen Löhne nach wie vor mit Spitzbubenargumenten (die Amerikaner verdienen noch mehr; die Schweizer müssen mit internationalen Standards mithalten; der Markt verlangt diese Löhne) verteidigen und sich als Objekte des Sozialneids bejammern.

Die Verlagerung von Arbeitsplätzen ins Ausland wird mit Konkurrenzbedingungen erklärt. Die Niedriglöhne ebenfalls. Andererseits werden auch Vertreter der Arbeitnehmerseite ständig mit pauschalen Kapitalismusvorwürfen und mit kontraproduktiven sozialpolitischen Vorschlägen operieren. Man kann heute schon voraussagen, dass nur dann eine Chance für echten wirtschafts- und sozialpolitischen Fortschritt besteht, wenn sich die Protagonisten auf beiden Seiten moralisch gezwungen sehen, die praktischen Fragen endlich auf Augenhöhe der eigentlichen Grundsatzfrage anzugehen. Wie dies alles vor sich gehen könnte und sollte, wird sogleich zu beschreiben sein. Die Klärung der Frage: «Wie viel Gleichheit, wie viel Ungleichheit?» muss von eindeutigen normativen und methodischen Voraussetzungen ausgehen.

Warum ist die Aufarbeitung der Grundfrage zentrale und notwendige Voraussetzung für eine sinnvoll funktionierende Wirtschaftsordnung, Wirtschaftspolitik, Sozial- und Arbeitsplatzpolitik? Wir haben es in den letzten Jahren erlebt, dass in zentralen Fragen wie Arbeitslosigkeit, Lohnpolitik, Renten- und Gesundheitspolitik oder Sozialpolitik keine tragfähigen Lösungen mehr gefunden werden. Dies aus folgenden Gründen:

➤ *Ohne grundsätzliche Auseinandersetzung keine Lösung:* Eine angemessene praktisch-politische Lösung ist sehr oft für alle Seiten so brisant, nicht konsensfähig, nicht akzeptabel, weil die damit verbundenen Zumutungen bzw. die verlangte Einsicht in ethische Grundsätze und in die Realität für beide Seiten fast unvorstellbar sind. Für die eine Seite ist dies die Zumutung der Gleichheit, für die andere Seite die Zumutung der Ungleichheit. Nur eine grundsätzliche Auseinandersetzung eröffnet Lösungsmöglichkeiten.

➤ *Sinnvolle Lösungen nur mit Bindung an grundsätzliche Bestimmungen:* Ohne vertiefte Diskussion und Bindung an eine grundsätzliche Bestimmung von Gleichheit und Ungleichheit werden die konkreten Lösungen beider Seiten fast immer in zufälligen, zusammenhangslosen Einzelmaßnahmen und in ideologisch-interesseorientierten Einseitigkeiten bestehen (z. B. Senkung der Renten, Verlagerung von Arbeitsplätzen, massive einseitige Lohnerhöhungen usw.). Es wird so bei einem fruchtlosen politischen Hickhack bleiben.

➤ *Ohne Lösung der Grundfrage bleibt ein ideologischer Kampf:* Ohne Lösung der Grundfrage wird die Auseinandersetzung fast immer mit ideologischen Scheinargumenten geführt werden (hohe Löhne sind eine Erfordernis des Marktes, der Kapitalismus ist ein ausbeuterisches System etc.).

> *Keine grundsätzliche Lösung ist Ausdruck der Verachtung theoretischer Arbeit:* Die fehlende Bereitschaft für eine grundsätzliche Lösung ist Ausdruck der Verachtung oder zumindest des Nicht-Wahrnehmens der Bedeutung von unausweichlichen theoretischen, prinzipiellen Grundfragen, die nur auf der Ebene der Theorie, der Argumente, der Prinzipien zu lösen sind.

> *Ohne Bezug auf ethische Grundlagen werden die Starken siegen:* Ohne Rückbezug politischer und wirtschaftlicher Entscheide auf eine ethisch-normative Grundlage werden immer die Starken die Sieger, die Schwachen die Verlierer sein.

> *Verlierer behindern den Prozess:* Die Verlierer werden alles daran setzen, den Prozess zu behindern, denn sie haben nichts zu verlieren.

Gründe dafür, die Grundsatzfrage heute neu und dringlich zu stellen:

> *Schreiende Ungerechtigkeiten:* Die heutige Zeit zeichnet sich aus durch schreiende Ungerechtigkeiten, insbesondere in Hinblick auf die Verteilung der Löhne und der Arbeit.

> *Grenzenlose Gier:* Traditionelle Tugenden wie Zurückhaltung, Bescheidenheit, Einsicht und Mäßigung haben ihre Bedeutung verloren und sind einer oft grenzenlosen Gier und Ungeniertheit gewichen.

> *Freiheit besser akzeptiert als sozialer Ausgleich:* Es gibt auch eine historische Last in dieser Frage. Die Idee der individuellen Menschenrechte und der Freiheit war in unserer Kultur seit der Aufklärung immer besser akzeptiert als soziale Menschenrechte oder die Idee des sozialen Ausgleichs.

> *Vorurteile gegen Gleichheit:* Ebenfalls gibt es in unserer Kultur seit langer Zeit Vorurteile gegen die Gleichheit. Sie wird unter anderem als Gleichmacherei oder Nivellierung nach unten betrachtet, Erschleichung von unverdienten Profiten.[24]

Insbesondere seit dem Zusammenbruch des sozialistischen Systems haben sozialistische und soziale Ideen ein schlechtes Image und stehen im

Geruch der ökonomischen Inkompetenz. Die neoliberale Theorie der Gegenwart zeichnet sich aus durch eine ausgesprochene Unwilligkeit, sich mit Prinzipien der Gleichheit und Gerechtigkeit auseinander zu setzen. Die Gerechtigkeits- und Gleichheitsfrage ist im politischen Bereich akzeptiert, nicht aber im wirtschaftlichen Bereich. Das zeigt die Geschichte seit der Aufklärung im achtzehnten Jahrhundert bis zu den Liberalismustheorien der heutigen Zeit. Zum schlechten Image der Gerechtigkeits- und Gleichheitsfrage haben auch negative Erfahrungen mit dem Sozialstaat beigetragen, z. B. durch ein Schmarotzertum von unten, das den Sozialstaat ausreizt und ihn ad absurdum führt.

Im Blick auf die Lösung ebensolcher Fragestellungen in der Wirtschaft, vornehmlich unter dem Aspekt der Verteilung, machen wir hier den Versuch einer Konkretisierung mit folgenden Leitsätzen:

> Unterschiede in der Verteilung von Einkommen und Vermögen sind für eine funktionierende Wirtschaft notwendig, weil diese nicht ohne materielle Anreize und Belohnung von Leistung auskommt.

> Diese pauschale und durchaus gerechtfertigte Begründung von Unterschieden reicht nicht aus. Insbesondere kann man damit nicht pauschale Forderungen wie Wachstum, Marktfreiheit, Steuersenkungen, Privatisierungen und Sparprogramme legitimieren. Solche Maßnahmen bedürfen einer jeweiligen detaillierten, transparenten, argumentativ nachvollziehbaren Rechtfertigung.

> Der zentrale Gedanke einer ethischen Gerechtigkeitstheorie besteht darin, dass Unterschiede in der Verteilung so klein wie möglich zu halten sind. Deshalb müssen Notwendigkeit und Konsequenzen von Unterschieden vor dieser Forderung gerechtfertigt werden.

> Eine wichtige Frage ist die des Verhältnisses von Unterschieden bei Einkommen und Vermögen und dem Typus der Gesellschaft: Die Höhe der Unterschiede haben einen Einfluss auf die Gestaltung von Wirtschaft und Gesellschaft.

➤ Weil dieser Zusammenhang besteht, ist darauf zu achten, dass die Höhe der Unterschiede so bemessen ist, dass sie zu einem sozial erwünschten Sozialprodukt führt.

➤ Über Begriff und Sache eines sozial erwünschten Sozialproduktes muss eine öffentliche Debatte geführt werden. Es reicht nicht aus, dieses erwünschte Sozialprodukt mit wirtschaftlichen Daten zu beschreiben.

➤ Aus unserer Sicht ist ein wichtiger Beitrag zur Umschreibung des erwünschten Sozialproduktes in der Denkschule des indisch-amerikanischen Nobelpreisträgers Amartya Sen zu finden. Anzustreben ist die Herstellung der sozialen Bedingungen der Freiheit.[25] Je eindeutiger Lohnunterschiede die sozialen Bedingungen befördern, desto eher sind sie gerechtfertigt.

➤ Ökonomische Erfolge, insbesondere Gewinne sind nach Möglichkeit an alle Stakeholder zu verteilen, wobei unterprivilegierte Schichten in besonderer Weise besser gestellt werden sollen.

➤ Lohnsteigerungen sind auf alle Schichten zu verteilen. Es ist inakzeptabel, wenn die höheren Löhne bei gleichzeitiger Abnahme der unteren Löhne steigen.

➤ Prinzipiell sollen alle in der Lage sein, ihre Ansprüche durch Eigenleistungen zu decken. Wer nicht bereit ist, Eigenleistungen zu erbringen, obwohl er es könnte, hat weniger Anspruch auf Ausgleich und Solidarität durch die Gesellschaft.

➤ Je weniger eine Eigenleistung möglich ist, z. B. in Folge von Behinderung, Krankheit oder Arbeitslosigkeit, desto höher ist die Ausgleichsverpflichtung durch die anderen. Je bedeutsamer ein Gut für Menschen ist, d. h. je bedeutsamer eine soziale Bedingung für die Freiheit ist, desto höher ist die Solidarverpflichtung aller.

➤ Je schwieriger Unterschiede bei Leistungen zu identifizieren sind, desto eher ist pauschaler Ausgleich angezeigt. In der arbeitsteiligen Gesellschaft geht man davon aus, dass der Grad der Kooperation sehr bedeutsam ist. D. h., dass individuelle Leistungen schwierig zu identifizieren und zu quantifizieren sind. Dies gilt übrigens auch für negative Leistungen, welche für die Gesellschaft schädlich sind. Aus diesen Überlegungen muss die Folgerung gezogen werden, dass ein Teil der Leistungen pauschal abzugelten ist. Das bedeutet einerseits in Bezug auf Lohnsysteme, dass ein Lohnsegment für alle gleich sein muss und dass dieses Lohnsegment im Verhältnis zum individuellen und variablen Lohnsegmenten bedeutsam sein muss. In Bezug auf die Gesellschaft bedeuten diese Überlegungen die Forderung nach einem arbeitsunabhängigen Grundlohn für alle.[26]

➤ Je zufälliger der Vorteil und je geringer die Eigenleistung, z. B. Erbschaft, desto eher ist jener auszugleichen.

➤ Männer und Frauen sind gleich zu behandeln, insbesondere in Bezug auf gleiche Löhne für gleiche Leistung.

➤ Wenn aus Gründen wirtschaftlicher Notwendigkeit unangenehme, krankmachende, psychisch belastende Arbeiten erbracht werden, müssen diese Nachteile durch höhere ökonomische Leistungen ausgeglichen werden, z. B. durch Lohnsteigerungen oder Arbeitszeitverkürzungen.

Exkurs:

Soziale Bedingungen der Freiheit

Wir beziehen uns hier auf Elizabeth Anderson: «Die Theorie, die ich verteidigen werde, kann man als ‹Theorie demokratischer Gleichheit› bezeichnen. Ihr Anliegen ist die Schaffung einer Gemeinschaft von Gleichen. Sie vereinigt dadurch Prinzipien der Verteilung mit der Forderung nach gleicher Anerkennung. Die Theorie demokratischer Gleichheit garantiert allen gesetzestreuen Bürgern jederzeit einen effektiven Zugang zu den sozialen Bedingungen ihrer Freiheit. Indem sie sich auf die Pflichten der Bürger in einem demokratischen Staat beruft, rechtfertigt sie die Umverteilungen, die nötig sind, um diese Garantie geben zu können. In einem solchen Staat haben Bürger keinen Anspruch auf etwas, weil sie minderwertig sind, sondern weil sie gleich sind.»[27]

«Um also seine Funktion als gleicher Bürger wahrnehmen zu können, muss man nicht nur in der Lage sein, spezifisch politische Rechte effektiv auszuüben. Man muss auch an den unterschiedlichen Bereichen der Zivilgesellschaft, wie beispielsweise dem Wirtschaftsleben, in einem umfassenden Sinne teilhaben können. All diese Funktionen setzen die Funktion als Mensch voraus. Betrachten wir deshalb drei Funktionsweisen der Person: als Mensch, als Teilnehmer an einem System kooperativer Produktion und als Bürger eines demokratischen Staates. Die effektive Verfügung über die Mittel, die für den Erhalt der eigenen biologischen Existenz notwendig sind – Ernährung, Unterkunft, Kleidung, medizinische Versorgung –, und das Erfülltsein der Grundvoraussetzungen menschlicher Handlungsfähigkeit – das Wissen um die eigenen Umstände und Wahlmöglichkeiten, die Fähigkeit, Mittel und Zwecke abzuwägen, die psychologischen Bedingungen für Autonomie, einschließlich des Muts zu selbständigem Denken und Urteilen, die Freiheit des Denkens und die freie Ortswahl – sind Bedingungen für eine Funktionsfähigkeit als Mensch. Um im System kooperativer Produktion als gleichberechtigter Teilnehmer funktionsfähig zu sein, müssen Produktionsmittel effektiv zur Verfügung stehen; es muss eine Ausbildung erhältlich sein, um die eigenen Talente entwickeln zu können; freie Berufswahl, das Recht, Verträge und Kooperationsabkommen mit anderen abzuschließen, das Recht, einen fairen Lohn für die eigene Arbeit und die Anerkennung anderer für produktive Leistungen verlangen zu können, müssen gewährleistet sein. Die Voraussetzungen für eine Funktionsfähigkeit als Bürger sind einerseits politische Teilnahmerechte, wie beispielsweise Redefreiheit und Wahlrecht, andererseits die effektive Verfügbarkeit der zivilgesellschaftlichen Güter und Beziehungen. Hierunter fallen zumal die Versammlungsfreiheit und der Zugang zu öffentlichen Orten wie Straßen oder Parks und zu öffentlichen Leistungen wie öffentlichen Transportmitteln, Post und Telekommunikation. Zu den sozialen Bedingungen zählt auch die Akzeptanz der anderen. Man muss öffentlich auftreten können, ohne sich schämen zu müssen oder als Außenseiter gebrandmarkt zu werden. Die Freiheit, Beziehungen in der Zivilgesellschaft eingehen zu können, setzt u. a. eine intakte Privatsphäre voraus, weil viele dieser Beziehungen sich nur dann aufrechterhalten lassen, wenn sie vor der Neugier und dem Eindringen anderer geschützt werden können. Obdachlosigkeit – nur eine öffentliche Unterkunft zu haben – ist ein Zustand größter Unfreiheit.»[28]

Konkretisierung der Gerechtigkeitsgrundsätze

Wir brauchen nun dringend eine umfassende Debatte in Wirtschaft, Gesellschaft und Politik über die Konkretisierung solcher Gerechtigkeitsgrundsätze. Den Grund für die Bedeutung dieser Debatte haben wir bereits genannt: Es geht um nichts weniger als die *Legitimation des wirtschaftlichen Handelns*, ja noch mehr, um die Schaffung der Grundlage einer überlebensfähigen Welt.

Zum Schluss stellt sich die Frage nach konkreten Folgerungen dieser ethischen Grundsätze. Evident ist, dass sich im Anschluss an diese Grundsätze die Lohnsysteme sehr stark verändern müssen. Nimmt man den Grundsatz so viel Gleichheit wie möglich, so viel Ungleichheit wie nötig, in der von uns entwickelten Weise ernst, dann sind praktische Folgerungen offensichtlich. Dies gilt z. B. für die Gestaltung von Lohnsystemen. Generell wird ein gerechtes Lohnsystem flacher werden als im Allgemeinen üblich; insbesondere werden die höheren Löhne tendenziell sinken, die niedrigen Löhne tendenziell steigen. Absolut verboten ist die Steigerung oben bei gleichzeitigem Sinken unten. Hier muss der Grundsatz gelten, bei positivem Geschäftsgang sollen alle gewinnen, am meisten aber die unteren Schichten. Wie solche Lohnsysteme im Einzelnen entwickelt werden sollen, muss einerseits theoretisch, aber andererseits praktisch experimentell erprobt werden. Eine Folgerung scheint notwendig: Bei den Löhnen muss ein Lohnsegment und zwar ein beträchtliches, für alle gleich sein. Die Unterschiede im Lohn können dann über weitere Segmente wie Alter, Dienstalter, Ausbildung, Leistung etc. gestaltet werden. Es versteht sich von selbst, dass bei der Festsetzung der Löhne keine Unterschiede zwischen den Geschlechtern gemacht werden. D. h. der Grundsatz gleicher Lohn für gleiche Arbeit gilt besonders in diesem Zusammenhang. Tendenziell gilt, dass schwere und unangenehme Arbeit von vitaler gesellschaftlicher Bedeutung besser entlohnt werden muss als bisher.

Eine weitere Folgerung betrifft die Ausrichtung eines arbeitsunabhängigen Grundlohnes durch die Gesellschaft bzw. den Staat. Dieser Grundlohn beträgt in unserer Vorstellung tausend Euro monatlich. Dieses Thema wird im Kapitel VI weiter vertieft werden. Hier nur soviel: Wer Sozialhilfe benötigt, bekommt den doppelten Grundlohn von zweitausend Euro. Wer als Sozialhilfebezüger arbeitet und zwar mindestens zu 50%, erhält den dreifachen Grundlohn, wobei die letzten tausend Euro zur Hälfte vom Arbeitgeber und zur Hälfte vom Staat bezahlt werden. Die Obergrenze für derartige Bezüge für Familien werden begrenzt. Wer behindert ist, bekommt den dreifachen Grundlohn.

Die Folgerungen für das Steuersystem sind ebenfalls beträchtlich. Aus ethischer Sicht haben Steuern auch die Funktion des Ausgleichs, d. h. sie sollen Einkommensunterschiede ausgleichen bzw. korrigieren. Diese Korrektur ist aber entsprechend unserer Überlegungen nur soweit sinnvoll, als sie notwendige wirtschaftliche Entwicklungen nicht behindert. Hohe Einkommen sind also in dem Maße steuerlich zu belasten wie die Folgen dieser Belastung aus der Sicht der Ethik wirtschaftlich tragbar sind.

Das bedeutet beispielsweise eine unterschiedliche Besteuerung von Unternehmensgewinnen. Werden solche Gewinne sinnvoll reinvestiert, ist eine niedrigere Besteuerung angezeigt als für Fälle, in denen die Gewinne aus dem Unternehmen herausgenommen werden. Wenn Unternehmer bei wirtschaftlich und sozial sinnvollen Investitionen hohe Risiken eingehen, sind angemessene Gewinne tolerabel bzw. die Risiken sind bei der Besteuerung zu berücksichtigen. Einkommen und Vermögen, welche zufällig, z. B. aus Erbschaften anfallen, sind hoch zu besteuern. Dies gilt auch für alle Formen von Einkommen, die mit wenig oder gar keinen Leistungen erlangt werden.

Öffentliche Güter als Voraussetzung für Lebensqualität und Überlebensfähigkeit

Vergleichbar mit dem Problem der Gerechtigkeit bzw. Gleichheit ist auch der Diskussionsbedarf zum Thema öffentliche Güter. Öffentliche Güter sind von zentraler Bedeutung für Lebensqualität und Überlebensfähigkeit. Diese Diskussion kommt in dem Maße zu kurz, als sich deren Problematik im wirtschaftlichen Globalisierungsprozess laufend verschärft. Lebensqualität und Überlebensfähigkeit hängen nämlich sehr stark von der Sicherung öffentlicher Güter ab. Doch zunächst: Was verstehen wir unter öffentlichen Gütern? Öffentliche Güter wie zum Beispiel Luft und Wasser sind aus der gängigen Sicht der Ökonomie betrachtet Güter, die einfach da sind oder bereit gestellt werden, vor allem vom Staat, und die von allen frei genutzt werden können, ohne dass sie im Nutzungsvorgang verzehrt bzw. zerstört werden können.

In der ökonomischen Theorie gilt der Leuchtturm am Meer dafür als Paradebeispiel: Er wird bereitgestellt, kann von allen frei genutzt werden, niemand kann von der Nutzung abgehalten werden und er wird dabei nicht zerstört oder aufgebraucht. Der Leuchtturm ist das Beispiel für ein klassisches öffentliches Gut. Wir gehen im Folgenden von dieser Vorstellung aus, definieren den Begriff öffentliche Güter aber etwas weiter. Öffentliche Güter sind wichtige Voraussetzungen für die Deckung elementarer menschlicher Bedürfnisse. Sie sind Voraussetzungen für die Lebensqualität. Sie sind elementar notwendig für die Gestaltung des Lebens und sollen damit aus der Sicht der Menschenrechte bzw. der Ethik prinzipiell für alle Menschen leicht und kostengünstig zugänglich sein. Damit ist eine Veränderung der klassischen Definition eines öffentlichen Gutes verbunden. Nicht alle öffentlichen Güter sollen vollständig frei und kostenlos zugänglich sein, sie sollen aber alle ohne große Umstände und unter minimalem Kostenaufwand zugänglich sein. Eine Begründung für die leichte Zugänglichkeit öffentlicher Güter sehen wir darin, dass diese im Allgemeinen nicht das Produkt eines einzelnen privaten Herstellers sind, sondern dass sie entweder von der Natur, von der geschichtlichen Tradition oder als Produkt einer arbeitsteiligen Gesellschaft bereitstehen. Der entscheidende Punkt ist: Niemand kann den Anspruch erheben, er habe öffentliche Güter allein produziert, und niemand kann genau identifizieren, wer wie viel für diese Bereitstellung geleistet hat. Schon die Bereitstellung der öffentlichen Güter ist deshalb ein öffentliches Gemeinschaftswerk. Zur Definition öffentlicher Güter gehört die Forderung auf sorgfältigen Umgang mit ihnen. Unter dem Begriff Güter verstehen wir Produkte, Bedingungen und Potenziale, die für den menschlichen Gebrauch bereitstehen. Was sind heute in diesem Sinne öffentliche Güter?

Folgende Liste bietet sich an:

➤ **Luft**

➤ **Wasser**

➤ **Biodiversität**

➤ **Globaler Genpool**

➤ **Weltmeere**

➤ **Ernährungssicherheit**

➤ **Relative Stabilität des Klimas**

➤ **Rahmenbedingung für Handlungsfreiheit**

➤ **Ökonomische Stabilität**

➤ **Menschenrechte**

➤ **Sicherheit – Rechtssicherheit**

➤ **Soziale Sicherheit**

➤ **Friede**

➤ **Gesunde Umweltbedingungen**

➤ **Bildung**

➤ **Wissen**

Das eigentliche Problem heute besteht nun darin, dass unter den Bedingungen der wirtschaftlichen Globalisierung, d. h. wegen der immer stärkeren Einflussmacht des Marktes, diese öffentlichen Güter und der leichte Zugang zu ihnen akut gefährdet sind, und zwar in doppelter Hinsicht. Die erste Gefährdung besteht in der Zerstörung bzw. Verschlechterung der Qualität, z. B. von Wasser, Luft oder Biodiversität durch *unkontrollierte menschliche Einflüsse.* Man kann sich diesen Sachverhalt anhand des Problems der Externalisierung von Kosten klarmachen. Als Folge des Wirtschafts- bzw. Zivilisationsprozesses der letzten Jahrzehnte haben die umweltschädlichen Einflüssen stark zugenommen. Diese Einflüsse bedeuten langfristige Kosten für Mensch, Gesundheit, Gesellschaft und Wirtschaft. Sie werden aber nicht den Verursachern in Rechnung gestellt, weil schlicht und einfach politische Mehrheiten für solche Maßnahmen nicht gefunden werden und weil diese Maßnahmen, würde sie umgesetzt, die Konkurrenzfähigkeit von Staaten beeinträchtigen würde.

Die zweite Gefährdung besteht im *Privatisierungsdruck*[29] auf öffentliche Güter. Durch die Privatisierung z. B. von Wasser und Saatgut wird der Zugang zu elementaren Gütern erschwert, teuer, ja unerschwinglich. Beide Gefährdungen hängen direkt mit der wirtschaftlichen Globalisierung zusammen: Die massive Steigerung der Umweltzerstörung ist die primäre Ursache der Qualitätsminderung. Vor allem aber fehlt die Instanz, welche dieser Verschlechterung Einhalt gebieten könnte. Nationalstaaten und die internationale Gemeinschaft sind nicht mehr oder noch nicht in der Lage, diese Entwicklung zu stoppen.

Der Privatisierungsdruck, auch eine Folge der Globalisierung, führt dazu, dass plötzlich vormals freie öffentliche Güter nicht mehr existieren oder nicht mehr für alle zugänglich sind. Meistens geschieht dies, weil sie in ihrer Substanz verändert, zerstört oder massiv teurer werden. Dafür ist die Privatisierung von Saatgut[30] durch große Unternehmen ein Beispiel. Einerseits verringert sich die Biodiversität und andererseits wird der Zugang für Kleinbäuerinnen und Kleinbauern durch Patentrechte und die Preisgestaltung erschwert.

Die Dramatik dieser Entwicklung besteht darin, dass damit Lebensqualität, ja Überlebensfähigkeit, aber auch die gerechte Verteilung massiv gefährdet werden, ohne dass Instanzen und Mechanismen sichtbar wären, welche hier Einhalt gebieten könnten. Denn es gehört eben zum Wesen öffentlicher Güter, dass sie im Regelfall von einer Instanz, bisher vorwiegend von Nationalstaaten, bereitgestellt und vor allem geschützt und gepflegt werden. Diese Instanzen gibt es so nicht mehr. Angesichts dieser Gefährdungen muss über die Möglichkeiten nachgedacht werden, wie im Zeitalter der wirtschaftlichen Globalisierung, d. h. bei fehlenden verbindlichen ökologischen und sozialen Eingriffsmöglichkeiten trotzdem der Zugang zu wichtigen öffentlichen Gütern sichergestellt werden kann.

Folgende Strategieansätze stehen unter den heutigen Bedingungen im Vordergrund:

➤ Staatliche Förderungen und Schutzmaßnahmen für öffentliche Güter sind nach Möglichkeit zu bewahren.

➤ Die Zivilgesellschaft muss sich so organisieren, dass sie, z. B. in Form von Bürgerorganisationen, die Bereitstellung und den Schutz öffentlicher Güter bewerkstelligen kann.

➤ Die internationale Gemeinschaft mit ihren Institutionen wie Entwicklungsbanken, Weltbank, FAO usw. muss ihre Verantwortung für die öffentlichen Güter nachdrücklich wahrnehmen.

➤ Es sind neue Formen von public private partnership zu entwickeln, dort wo staatliche Eingriffe nicht möglich und sinnvoll, private Strategien allein ebenfalls nicht wünschenswert sind.

➤ Über Privatisierungsstrategien ist neu nachzudenken: Welche ethischen und ökologischen Zielsetzungen können durch Privatisierungsstrategien erreicht werden und welche nicht? Dabei sind aus sozialer und ökologischer Sicht viele kleine private Eigentümer großen privaten Gesellschaften vorzuziehen.

➤ Es sind neue Formen der Investitionen in öffentliche Güter zu entwickeln, dabei stehen Staatsanleihen in öffentliche Güter im Rahmen ethischer Anlagefonds im Vordergrund.

Ethische Selbstbindung als unternehmerische Strategie

Nachdem wir die zentralen Grundfragen vertieft haben, kann die Frage nach Lösungsstrategien nochmals aufgenommen werden. Im Lichte unserer ethischen Überlegungen bekommt dabei eine Strategie ein besonderes Gewicht. Wir nennen sie die Strategie der ethischen Selbstbindung wirtschaftlicher Unternehmen.[31]

Was bedeutet diese sich entwickelnde neue Strategie der ethischen Selbstbindung? Ist sie mehr als ein Feigenblatt oder eine Augenwischerei? Wir meinen schon. Natürlich kann man bei der freien Selbstbindung immer die Frage nach der Kontrolle und Durchsetzung stellen. Aber auf diese Einwände gibt es zumindest drei Antworten.

➤ Angesichts der Deregulierung ist eine griffige Regelung durch übergeordnete Instanzen schlicht nicht in Sicht.

➤ Die von uns erwarteten gesellschaftlichen Veränderungen könnten durchaus zu einer Entwicklung führen, in der eben die Ethik zu einem stärkeren Marktfaktor wird.

➤ Aus ethischer Sicht kommt der Idee der autonomen Selbstbindung eine hohe Bedeutung zu.

In ausgewählten Bereichen und bei einsichtigen Unternehmern, Aktionären und Managern setzt sich die Idee der Selbstverantwortung und der Selbstbindung neu durch. Die genannten Defizite werden wahrgenommen und als Ethikversagen gedeutet. Die Folgerung ist klar: Wenn die ethischen Normen nicht mehr von Traditionen, vom Staat oder von Kirchen vorgegeben werden, dann müssen die aufgeklärten Unternehmen diese in freier Verantwortung und Selbstbindung im Sinne der Autonomie selber durchsetzen. Es gibt also so etwas wie eine unternehmensinterne ethisch orientierte Gegenbewegung gegen die Schäden der ungehinderten Marktwirtschaft in der globalisierten Welt. Man kann von einem eigentlichen Paradigmenwechsel sprechen, der allerdings nicht überall gleich stark am Werk ist. Konkrete Ausdrucksweisen dieses neuen Paradigmas der Unternehmensführung bzw. des Managements sind etwa die Vielzahl von Normen und Managementsystemen wie ISO 14000, SA 8000, Swiss Code of Best Practice, AA 1000, Global Compact usw. Die Grundidee hinter diesen Normen ist die einer freiwilligen Zertifizierung. D. h., das neue Paradigma geht von einer Transparenz und Überprüfbarkeit des eigenen unternehmerischen Handelns aus, das ethische, ökologische und soziale Ansprüche berücksichtigt.

Das Instrument der ökologischen oder ethischen Geldanlage funktioniert ebenso: Hier bietet man den Anlegerinnen und Anlegern die Chance, in ethisch geprüfte Werte anzulegen. Dieses Paradigma geht also davon aus, dass es die Unternehmensführung als notwendig erachtet, ethische Werte zu berücksichtigen und dass eine solche Strategie sich auch ökonomisch, d. h. marktlogisch, lohnt.

Wie kann man diesen Paradigmenwechsel erklären? Nun, es gibt eine Reihe von gesellschaftlichen Veränderungen, welche die Sinnhaftigkeit dieses Paradigmenwechsels plausibel macht:

➤ *Zunehmende Bedeutung der Öffentlichkeit:* Die Möglichkeiten einer öffentlichen Beurteilung und Verurteilung von Unternehmen wachsen immer mehr an. Dies hängt mit neuen technologischen Entwicklungen zusammen. Aber es gibt auch einen steigenden Bedarf nach Information, z. T. gefördert von Medien, die nicht bloß ethische Ziele verfolgen, die aber insbesondere für Unternehmen unangenehme Fakten publik machen. Dies hat Folgen für das unternehmerische Image. Die Öffentlichkeit wird zu einer neuen Großmacht.

➤ *Anwachsen von moralischen Ansprüchen:* In manchen Schichten wachsen die moralischen Ansprüche an, z. B. bei Managern, bei Kundinnen und Kunden, bei Anlegerinnen und Anlegern. Dieses Anwachsen von moralischen Ansprüchen hat auch mit dem höheren Stellenwert des Subjektiven in der postmateriellen Gesellschaft zu tun. Diese Ansprüche werden nun aber marktrelevant, d. h. sie werden zu Faktoren, auf die der Markt Rücksicht zu nehmen hat.

➤ *Ethisches Bewusstsein in den Unternehmen:* Immer mehr Unternehmer, Manager und Mitarbeiter suchen nach innovativ-kreativen

Lösungen, welche sich mit Menschlichkeit, mit sozialer Gerechtigkeit, mit Sinnstiftung, mit Erhaltung von Lebensgrundlagen vertragen.

➤ *Bedürfnis nach Sinn:* Bei vielen Menschen wächst die Einsicht, dass die wirtschaftlichen Leistungen auf Dauer nur dann ökonomisch vertretbar sind, wenn sie für alle Menschen Sinn machen.

➤ *Zunahme des Protests:* Das Anwachsen eines neuen Protestpotenzials von Globalisierungsgegnern wird als politischer Faktor mehr und mehr wahrgenommen.

➤ *Unbehagen gegenüber Risiken:* Das Anwachsen eines Unbehagens über neue ökologische, soziale, terroristische Risiken im Zusammenhang mit der ungebundenen Globalisierung werden wahrgenommen.

Das von uns sogenannte neue Paradigma der Selbstbindung und der Selbstverantwortung der Unternehmensführung ist eine Antwort auf die Wahrnehmung solcher gesellschaftlicher Veränderungen. Natürlich werden diese lange nicht von allen Unternehmen wahrgenommen und strategisch umgesetzt. Aber es gibt doch die begründete Annahme, dass sich solche Strategien nicht bloß ethisch und sozial aufdrängen, sondern dass sie ökonomisch durchaus interessant, ja Gewinn bringend sein können. Wiederum ist nach den Begründungen für eine solche Annahme zu suchen. Die These, die es zu begründen gilt, heißt: Weil die Orientierung an ethischen Grundsätzen wichtigen gesellschaftlichen Veränderungen entgegenkommt, ist damit die begründete Aussicht auf ökonomischen Erfolg bzw. auf Nutzen verbunden. Man kann den zu erwartenden Nutzen auf zwei Ebenen ansiedeln: Unternehmensintern und unternehmensextern.

Unternehmensintern sind die folgenden Punkte relevant:

➤ Ethische Orientierung steigert die Mitarbeitermotivation und fördert den Aufbau einer Wertegemeinschaft im Unternehmen.

➤ Der Umgang mit gesetzlichen Vorschriften und Konflikten wird wegen der höheren Sensibilisierung erleichtert. Dies senkt Friktionskosten und kann präventiv Haftungsvermeidung bewirken.

➤   Die ethische Orientierung hilft beim Aufdecken von Schwachstellen und kann zu Innovationen führen, die auch ökonomisch interessant sind.

Unternehmensextern sind folgende Nutzenerwartungen möglich:

➤   Das Image des Unternehmens wird positiv beeinflusst.

➤   Die Marktposition kann sich verbessern, weil ein Unternehmen über die ethische Orientierung zu einem USP[32] gelangt, das eine Martkdifferenzierung bringt.

➤   Der Umgang mit Behörden und gesetzlichen Vorschriften wird erleichtert: Das Vertrauen in das Unternehmen wächst.

➤   Die ethisch proaktive Einstellung macht neue gesetzliche Vorschriften teilweise überflüssig.

Zusammenfassend kann man sagen, dass wirtschaftliche Unternehmen, welche in freier Verantwortung ethische Gesichtspunkte implementieren, einerseits einen positiven Beitrag für eine bessere Welt leisten und andererseits auch mit gutem Recht ökonomischen Erfolg erwarten können.

Man kann die begründete Hoffnung aussprechen, dass in dieser neuen Verbindung von Ethik und Wirtschaft so etwas wie die Umrisse eines neuen Modells sichtbar werden. Ein Modell, das in die Landschaft der globalisierten Wirtschaft passt und das zumindest die Zeitspanne bis zur Etablierung einer globalen sozialen Marktwirtschaft überbrücken kann.

Aus theoretischer Sicht ist ein Element dieses Modells besonders interessant: Nachdem in den vergangenen Wirtschaftsmodellen die ethische Steuerung des Marktes exogen erfolgte, d. h., dass die ethische Steuerung politisch von außen an den Markt angelegt wurde, gibt es im neuen Modell so etwas wie eine endogene ethische Steuerung des Marktes. In gewisser Weise wird die Ethik zu einem Teil des Marktes und der Marktwert der Ethik steigt, natürlich vermittelt durch Marktteilnehmer wie Kundinnen, Anleger, Managerinnen, Konsumenten. Dadurch steigt die marktlogische Bedeutung der Ethik und diese kann so marktimmanent, nicht mehr nur von außen gesteuert, wirksam werden.

Weiter kann man sagen, dass ein solches Modell, dessen Umrisse wir skizziert haben, die Herausforderungen der wirtschaftlichen Globalisierung annimmt. Denn es kann keine Frage sein: Die Entwicklung der globalisierten Wirtschaft kann man nicht mehr zurückdrehen, aber man kann angemessene ethisch-soziale Steuerungsmechanismen entdecken und entwickeln.

Diese Herausforderung bedeutet auch eine große Anstrengung für die wirtschaftlichen Unternehmen. Insbesondere ist die Implementierung der Ethik gefragt. Alles in allem werden die Herausforderungen der wirtschaftlichen Unternehmen nicht einfacher, aber für Manager interessanter. Es müssen zwei Ziele gleichzeitig aufeinander abgestimmt und realisiert werden: Eine Wohlfahrt für immer mehr Menschen und zugleich ein ökonomischer Erfolg. Diese Herausforderungen bedeuten einen Innovationsschub, teilweise eben gerade über die Ethik induziert. So muss die Produktion auf Zukunftsfähigkeit ausgerichtet werden, denn gerade diese Zukunftsfähigkeit wird ihren ökonomischen Erfolg sichern. Größere Kundennähe, höhere Sinnstiftung und qualitativ hohe Dienstleistungen sind gefragt. Neue Formen der Kooperation, z. B. von kleinen und mittleren Unternehmen einer Branche, sind zu entwickeln. Die Aus- und Weiterbildung ist zu verstärken, insbesondere in Bezug auf Kompetenzen für eine ethische Unternehmensführung: Orientierungskompetenz, soziale Kompetenz, kommunikative und kreative Kompetenz. Neue Marketingstrategien sind zu entwickeln, nicht ohne die ethische Dimension, die zu einer wirksamen Marktdifferenzierung (USP) führen kann.

Wir beschreiben hier einen Paradigmenwechsel in Bezug auf die Steuerung der Wirtschaft: Nach dem Zusammenbruch der Sozialen Marktwirtschaft in den 1990er Jahren erlebte eine radikale wirtschaftliche Globalisierung mit Liberalisierungen, Deregulierungen und Privatisierungen einen Aufschwung. Die Defizite nach dem Auslaufen der politisch-ethischen Steuerung der Wirtschaft werden sichtbar und die ethische Selbstbindung gewinnt an Bedeutung. Ein solches Modell ist ein Hoffnungsschimmer für die gesellschaftliche und wirtschaftliche Entwicklung. Es ruft allerdings Skeptiker auf den Plan, welche bezweifeln, dass sich die wirtschaftlichen Protagonisten durch ein selbstverordnetes ethisches Engagement in ihrer Gewinnsucht mäßigen. In der Tat ist die Frage berechtigt, inwiefern es plausibel sein soll, dass die Gier nach hohem Gewinn, nach hohen Löhnen, nach kurzfristig hochprozentigem Ertrag, nach Ausplünderung von gesunden Unternehmen in Form einer Selbstregulation eingedämmt werden soll. Ist es nicht blauäugig, auf die Karte der ethischen Selbstbindung zu setzen? Unsere Antwort darauf lautet: Es gibt zurzeit gar keine Alternative zu diesem Modell. In der globalisierten Welt gibt es keine hinreichenden politischen und rechtlichen, z.B. aktienrechtlichen Mittel, die gigantischen Löhne oder die Raubzüge von Hedgefonds durch ertragreiche, durch stille Reserven attraktive Unternehmen zu stoppen.

Das einzige Mittel, diese Zerstörungsprozesse aufzuhalten, ist die Förderung der geistig-ethischen Einsicht in ihre Destruktivität. Es ist letztlich eine geistig-moralische Frage, wie Konsumenten, Anlegerinnen und Manager ihre Verantwortung erkennen und umsetzen. Man muss hier nochmals unterstreichen, was wir zur Bedeutung der zivilgesellschaftlichen Ebene im Zeitalter der Globalisierung ausgeführt haben : Wer eine Änderung zum Guten will, der muss diese Änderung selbst in die Hand nehmen und nach Koalitionen Ausschau halten, die sich für solche Änderungen engagieren können. Ob es uns gefällt oder nicht: Die Änderung zum Guten ist nicht mehr zuerst eine Frage der Politik, sondern der geistig-moralischen Haltung.

Zum Schluss lenken wir den Blick an den Anfang dieses Kapitels zurück. Wir sind ausgegangen von der These, dass die Wirtschaft eine Dienstfunktion für die Gesellschaft haben soll und sich demnach nicht nach eigenen Gesetzen verselbständigen darf. Alle Akteure haben an ihrem Ort dafür zu sorgen, dass die Wirtschaft der langfristigen Wohlfahrt der Gesellschaft dient.

V
Landwirtschaft

Bedeutung der Landwirtschaft

Nach der Wirtschaft wollen wir unsere These im Themenfeld der Landwirtschaft konkretisieren. Landwirtschaft ist ein wirtschaftlicher Prozess zur Deckung des Bedarfs an Lebensmitteln und natürlichen Rohstoffen. Wichtigstes Ziel ist das Bereitstellen von genügend Lebensmitteln und von Rohstoffen für ein Leben mit Lebensqualität. Landwirtschaft erbringt also eine elementar wichtige Dienstleistung für die Menschen. Fast die Hälfte aller Menschen auf unserem Planeten sind Bäuerinnen oder Bauern. Das bedeutet, dass die Agrarpolitik und die Methoden der Landwirtschaft auch über die Lebensqualität und die Verteilung von Lebenschancen entscheiden. Die Landwirtschaft ist ein bedeutender ökonomischer Faktor der ganzen Weltwirtschaft. Sie hat, wie die Wirtschaft auch, einen bedeutsamen Einfluss auf die Arbeitsbedingungen, die Löhne, die soziale Sicherheit, die Gesundheit und auf die bäuerliche Kultur. Letztlich hat die Landwirtschaft einen großen Einfluss auf das Selbstverständnis, die Sinnorientierung und die Identität der Bäuerinnen und Bauern. Landwirtschaft nutzt auf geschickte Weise die Sonnenenergie, um via Fotosynthese Pflanzen wachsen zu lassen. Durch die Intensivierung ist sie immer mehr von dieser Sonnenenergiewirtschaft weggekommen und gefährdet dadurch die relative Stabilität des Ökosystems.

Landwirtschaft ist also elementar wichtig, weshalb sich eine ethische Analyse aufdrängt. Wir beurteilen die ethische Relevanz der Landwirtschaft in den Bereichen Ökologie, Gesellschaft und auch Ökonomie als außerordentlich.

Auch für die Landwirtschaft gehen wir von unserer These aus, dass «die Zukunft ethisch ist – oder gar nicht». Wir sind überzeugt, dass eine zukunftsfähige Landwirtschaft sich an den Regeln der Nachhaltigkeit orientieren muss. Die Herausforderung besteht darin, eine Landwirtschaft zu konzipieren, welche langfristig genügend Lebensmittel produziert, ohne soziale und ökologische Schäden zu hinterlassen. Da durch die wirtschaftliche Globalisierung auch die Landwirtschaft weltweit vernetzt ist, können wir unseren Blick nicht nur auf die lokalen Tätigkeiten richten. Andererseits ist es uns nicht möglich, Detailliertes zur Landwirtschaft in Ländern des Südens zu sagen. Wir richten also unseren Fokus auf die Landwirtschaft in Europa unter Berücksichtigung ihrer weltweiten Verflechtungen.

Zunächst wollen wir die drei Formen von Landwirtschaft, die es weltweit gibt, beschreiben:

1. Als *Subsistenzwirtschaft*[1] wird eine Wirtschaftsweise bezeichnet, die in der Regel in kleineren, regionalen Einheiten vorwiegend auf die Selbstversorgung und Erarbeitung des Lebensunterhaltes ausgerichtet ist. Vernetzung durch kleinräumige Tauschbeziehungen spielt eine wichtige Rolle. Ziel ist nicht die Vermehrung von Kapital, sondern die Versorgung mit dem Lebensnotwendigen. Zudem werden die Produktionsfaktoren weitgehend selbst erzeugt und kontrolliert. So wird beispielsweise das Saatgut von der Ernte für das nächste Jahr abgezweigt. Dadurch haben die Bauern und Bäuerinnen eine hohe Unabhängigkeit und Selbstbestimmung.

2. Unter *industrieller Landwirtschaft* verstehen wir eine Intensivlandwirtschaft[2], die sich weitgehend auf industrielle Hilfsstoffe abstützt. Sie orientiert sich an der technisch-ökonomischen Logik von Rationalisierung, Monetarisierung und Effizienzsteigerung und produziert für nationale und internationale Märkte. Die Produktionsfaktoren sind zu einem großen Teil zugekauft. Integrierte Produktion (IP)[3] als eine Sonderform der industriellen Landwirtschaft ist in Europa Mitte der 1990er Jahre aufgekommen. IP arbeitet nach derselben Logik, versucht aber den Pestizid- und Düngereinsatz der Situation angepasst einzusetzen.

3. *Biologische Landwirtschaft* ist der Versuch, Landwirtschaft als einen Teil der Natur zu betrachten und eine Balance zwischen

Nützlingen und Schädlingen zu erreichen. Man verzichtet weitgehend auf industrielle Hilfsmittel und nimmt Rücksicht auf ökologische Zusammenhänge. Weltweit gibt es verschiedene Zertifizierungen. In der Europäischen Union werden Bioprodukte unter dem Label «BIO nach EU-Öko-Verordnung»[4] vermarktet. In der Schweiz werden sie unter dem Knospen-Label[5] vertrieben. Weltweit werden die verschiedenen biologischen Landbaumethoden durch den IFOAM[6] vertreten.

Geschichte der Landwirtschaft

In vorhistorischer Zeit haben Menschen als Jäger und Sammler gelebt. «Etwa 90% der schätzungsweise achtzig Milliarden Menschen, die je gelebt haben, verbrachten ihre Tage auf der Erde als Jäger und Sammler.»[7] Ihre Ernährung war sehr abwechslungsreich. Die nordamerikanischen Indianer sollen 1112 verschiedene Pflanzen[8] genossen haben. Man nimmt an, dass sie sich zu etwa 80% von Pflanzen ernährt haben, weshalb man präziser von Sammlern und Jägern und nicht von Jägern und Sammlern spricht. Das Züchten und Kultivieren von Pflanzen und Tieren ist erst vor zehn- bis fünfzehntausend Jahren aufgekommen. Mit dem Übergang vom Nomadentum zur Sesshaftigkeit entwickelten sich in vielen Teilen der Erde lokale bäuerliche Kulturen. Die Produktion war bescheiden und höchstens für die lokalen Märkte bestimmt. Solche Subsistenzwirtschaften produzierten primär für den eigenen Gebrauch, wobei es nach und nach eine Ausweitung des Nutzlandes gab. Europa war beispielsweise nach den Eiszeiten fast vollständig mit Wald bedeckt, und vor etwa siebentausend Jahren begannen Bauern diese Wälder zurückzudrängen. Der Wald wurde durch Acker- und Weideland ersetzt, wodurch die uns bekannte Kulturlandschaft entstand. Im achten Jahrhundert war der Übergang zur Dreifelderwirtschaft eine wichtige Neuerung, mit welcher die Erträge leicht gesteigert werden konnten. Wichtige Schritte in der Geschichte der Landwirtschaft im achtzehnten Jahrhundert sind die kontinuierlichen Fruchtfolgen, die Einführung des neuzeitlichen Pfluges mit Pferd und Ochsen als Zugtiere und der Anbau von neuen Feldfrüchten wie Rüben und Raps.

Nach der Französischen Revolution, am Anfang des neunzehnten Jahrhunderts, wurden Kartoffeln, Klee und andere Stickstoff fixierende Pflanzen in Europa eingeführt und vermehrt gepflanzt. Zudem begann die Technisierung und Mechanisierung der Landwirtschaft, welche zu einer quantitativen und qualitativen Steigerung der Produktion führte; so konnten mehr Menschen ernährt werden. Mit der industriellen Revolution führte dies dazu, dass immer weniger Menschen von der Landwirtschaft lebten und in die Städte abwanderten.

Zudem hat Ende des neunzehnten und zu Beginn des zwanzigsten Jahrhunderts die zunehmende Verfügbarkeit von Holz, Kohle und Erdöl wichtige Veränderungen ausgelöst. Eisenbahn und Straßenverkehr vereinfachten den Handel, und so wurde es möglich, Getreide billig zu importieren.

Bis zum zweiten Weltkrieg entsprachen die Methoden der Landwirtschaft weitgehend dem Prinzip der ökologischen Nachhaltigkeit. In den 1950er Jahren gab es einen radikalen Paradigmenwechsel. Der chemischen Industrie gelang es, die NPK-Strategie durchzusetzen. NPK steht für Stickstoff (N), Phosphor (P) und Kalium (K), den drei wichtigen chemischen Stoffen des Kunstdüngers. Stickstoff als Wachstumsförderer wird aus der Luft gewonnen und wurde im zweiten Weltkrieg zur Sprengstoffherstellung gebraucht. Als die Nachfrage nach dem Krieg nachließ, wurde nach Aussage des ehemaligen Umweltministers aus Brasilien, José Lutzenberger, der künstliche Stickstoff als Dünger in der Landwirtschaft propagiert. «Stickstoffdünger in Form von konzentrierten, beinahe reinen Salzen, die Nitrat- und Ammoniakdünger, sind Suchtmitteln vergleichbar: Je mehr man davon benutzt, desto stärker muss man die Dosis erhöhen.»[9] Der Gebrauch von Kunstdünger nahm nach dem zweiten Weltkrieg rapide zu.

Ähnlich verlief es bei den Pestiziden. Im zweiten Weltkrieg wurden Giftgase für den Einsatz im Krieg intensiv erforscht und nach dem Krieg hatte man «große Produktionskapazitäten und Vorräte und erkannte, dass auch Insekten tötet, was Menschen umbringt. Man mischte den Stoff neu und verkaufte ihn als Insektizid.»[10] Diese Entwicklung, begleitet von einer weiteren Mechanisierung, brachte einen großen Rationalisierungsschub. Die Getreideerträge wurden zwischen 1955 und 2000 fast verdoppelt.

Gleichzeitig nahm die Zahl der Erwerbstätigen in der Landwirtschaft von 30% um 1900 auf 4% im Jahr 2000 ab.[11] Von 1985 bis 2002 verschwanden beispielsweise in der Schweiz fast 32% der Betriebe.[12]

In Europa wurde in den 1990er Jahren eine Agrarreform eingeleitet, wodurch die garantierten Preise für landwirtschaftliche Produkte abgebaut wurden. An Stelle von Subventionen werden mehr Direktzahlungen geleistet, welche die verschiedenen Leistungen einer multifunktionalen Landwirtschaft honorieren: Versorgungssicherheit, Erhaltung der natürlichen Lebensgrundlagen, Pflege der Kulturlandschaft und der Beitrag zu einer dezentralen Besiedlung des Landes. Die meisten dieser Leistungen sind für die lokale Wirtschaft, aber auch für den Erhalt des Ökosystems sehr wichtig. Diese Agrarreformen haben zu einer partiellen Ökologisierung der Landwirtschaft geführt. Gegenwärtig verstärkt sich weltweit aber ein anderer Trend. Im Rahmen der wirtschaftlichen Globalisierung werden die Agrarmärkte geöffnet und die Zölle abgebaut.[13] Das bedeutet weitere Rationalisierungen, welche neben den Chancen für die Entwicklung zunehmende Belastungen der Ökosysteme und der sozialen Sicherheit bringen werden.

Eine wichtige technische Neuerung muss noch erwähnt werden. Am Ende des zwanzigsten Jahrhunderts hat die «Grüne Gentechnik» die herkömmlichen Züchtungen revolutioniert, denn nun sind gezielte Genveränderungen möglich. Über die Freisetzung von genveränderten Pflanzen werden weltweit grundsätzliche Debatten geführt. Ist man in Europa eher skeptisch, werden in den USA bereits große Flächen mit transgenen Pflanzen angebaut.

Aus dieser kurzen Geschichte der Landwirtschaft lässt sich folgende Dynamik erkennen:

➤ **Die Entwicklung der Landwirtschaft hat viele Menschen von harter Arbeit und Notsituationen befreit. Es ist eine Geschichte der Befreiung und Erleichterung.**

➤ **Die Hektarerträge konnten mit Düngern, Pflanzenzüchtungen und Bewässerung stark gesteigert werden.**

➤ **Die Tiefe der Eingriffe in die Natur hat zugenommen. Das hat zu einer Verwandlung der Kulturlandschaft, einem Verlust der Sorten- und Artenvielfalt, zu Erosion, Bodenversiegelung und Gewässerverschmutzung geführt.**

➤ **Eine zunehmende Ökonomisierung zwingt die Bauern zu Rationalisierung und Effizienzsteigerungen, wodurch die Belastung der Ökosysteme und der sozialen Systeme größer wird.**

➤ **Menschliche Arbeit wird vermehrt durch Kapital und nichterneuerbare Ressourcen ersetzt.**

Ökonomisch-technische Logik

Während der ganzen Geschichte der Landwirtschaft haben Menschen über die Natur verfügt und sie sich zu Nutzen gemacht. Mit dem Machtzuwachs moderner Technologien haben die Eingriffstiefe in die Natur und das Tempo der Veränderungen zugenommen. Zudem prägt die wirtschaftliche Globalisierung zunehmend die Verhältnisse auf unserem Planeten. Landwirtschaftliche Produktion ist immer mehr unter dem Aspekt weltweiter Konkurrenz zu beurteilen. Deshalb kann man von einer ökonomisch-technischen Logik reden, welche die Verhältnisse unter den Menschen, zwischen Mensch und Natur und zwischen gegenwärtigen und zukünftigen Generationen bestimmt.

In der *technischen Logik* werden Produkte nach den Ideen und Plänen von Menschen produziert. Anstatt das Handeln der Realität ökologischer Systeme anzupassen, verändert man die Natur so, dass sie den Anforderungen der technisch-ökonomischen Logik entspricht. Wir zwingen der Ausgangsmaterie unsere Ideen und Ziele auf. Bei toter Materie wie Stein, Eisen usw. ist das sinnvoll und wenig problematisch. In der Landwirtschaft hat man es aber mit lebenden Organismen zu tun, welche Teil eines ökologisch komplexen Systems und eines kulturellen und gesellschaftlichen Zusammenhangs sind. Für die technische Logik ist diese Vielfalt ohne Bedeutung oder sogar störend. So liegt es im Wesen dieser Logik, dass sie Monokulturen fördert und Probleme z.b. mit Schädlingen technisch lösen will. Es liegt nicht im Wesen der technischen Logik, mit den riesigen Potenzialen der Natur zu kooperieren. Wir gehen sogar noch weiter und behaupten, dass die technische Logik systemblind ist und nachhaltige Lösungsansätze grundsätzlich ablehnt. Der technischen Logik fehlen die Sensorien, um Ressourcen- und Energieverbrauch, Zerstörung von Biodiversität wahrzunehmen und die Leistungen von bäuerlichen Kulturen anzuerkennen.

Wir befürchten, dass die *ökonomische Logik* die fragwürdigen Aspekte der technischen Logik verstärkt. Hier stellt sich die Frage, wie viel Ökonomie eine nachhaltige Landwirtschaft erträgt. Man muss davon ausgehen, dass das Verhältnis Wirtschaft–Landwirtschaft ein problematisches ist. Dies deshalb, weil es fraglich ist, ob und wie weit landwirtschaftliche Vorgänge, die weitgehend natürliche Vorgänge sind, ohne ökologische und gesellschaftliche Nachteile nach ökonomischen Gesichtspunkten geordnet werden können. Zwar gibt es durchaus Parallelen zwischen Ökonomie und Landwirtschaft: Sie haben beide das Ziel der Deckung des Bedarfs an Gütern. Es geht bei beiden um die Überwindung von Knappheit.

Die Probleme und Spannungen liegen aber bei den Methoden bzw. den gegebenen Rahmenbedingungen. Die Monetarisierung der Landwirtschaft bringt es mit sich, dass auch die Landwirtschaft unter die Bedingungen der Ökonomie gerät. Gerade dort liegt das Problem: Landwirtschaftliche Prozesse sind weitgehend von der Natur vorgegeben oder auf sie bezogen; Landwirtschaft braucht sehr viel menschliche, körperliche Energie; die Effizienzsteigerungen in der Landwirtschaft sind begrenzt: Zwar gibt es der Natur angepasste Veränderungen, z.B. eine Bodenreform. Aber gerade die von der ökonomischen Rationalität verlangten Effizienzsteigerungen wie Ersatz des Menschen durch Energie, Kapital und Maschinen widersprechen der ökologischen Nachhaltigkeit. Wenn die Effizienzsteigerungen durch die Konkurrenzbedingungen der globalisierten Wirtschaft noch zunehmen, dann nehmen auch die negativen Auswirkungen auf die Umwelt, die relative Stabilität der natürlichen Entwicklung, das Klima und die Gesellschaft zu. Dieselbe Problematik zeigt sich an weiteren für die Ökonomie zentralen Auswirkungen: Landwirtschaftliche Produkte sind, wie die Überlegungen zur Konkurrenz zeigen, nur bedingt marktfähig. Wenn Marktfähigkeit heißt, dass am Ende umweltgefährdende Produkte die Gewinner sind, dann ist eben die ökologische Leistungsfähigkeit des Marktes anzuzweifeln. Es liegt auf der Linie der ökonomischen Logik, dass öffentliche Güter wie Wasser, Saatgut oder Genressourcen privatisiert werden. Dadurch entstehen Konkurrenzsituation in ganz neuen Bereichen, was nicht nur zu einer Konzentration von Eigentum führt, sondern auch zu Ausbeutung und Abhängigkeit der Kleinbäuerinnen und Kleinbauern und zu einem Verlust an Vielfalt, beispielsweise beim Saatgut. Unter den Bedingungen der Konkurrenz werden lokale Strukturen und Kulturen, welche über lange Zeit das Überleben sicherten, zerstört.

Ähnliches gilt in Bezug auf das Wachstum: Das Wachstum der Landwirtschaft muss sich an den Grenzen der Natur bzw. der Umwelt orientieren. Gerade deshalb ist die Monetarisierung der Wirtschaft für die Landwirtschaft problematisch. Die Grenzen der Natur sind eben reale und nicht virtuelle Grenzen. Oder anders gesagt: Die Landwirtschaft kann nicht wie die Geldwirtschaft wachsen, weil das Geld letztlich eine virtuelle und keine reale Größe darstellt.

Die Übertragung der technisch-ökonomischen Logik auf die Landwirtschaft ist also ein folgenschwerer Strukturfehler. Es findet eine Verkehrung statt: Durch immer tiefere Eingriffe in die Natur wird diese den technisch-ökonomischen Anforderungen angepasst, anstatt sie den ökologischen und sozialen Rahmenbedingungen anzupassen. Subsistenzwirtschaft und biologische Landwirtschaft werden aus Sicht einer technisch-ökonomischen Logik als rückständig und entwicklungsbedürftig beschrieben. Industrielle Landwirtschaft in Verbindung mit dem Weltmarkt wird hingegen als einzige Lösung für die Welternährung gesehen.

Problemfelder der Landwirtschaft

Im Zusammenhang mit der Sorge um Zukunftsfähigkeit und Lebensqualität müssen nun einige schwierige Problemfelder angesprochen werden. Diese Problemfelder betreffen in erster Linie die Ökologie; wie könnte es auch anders sein bei einem Wirtschaftszweig, der so eindeutig auf dem Umgang mit der Natur basiert. Aber auch andere Dimensionen der Nachhaltigkeit werfen schwerwiegende Fragen auf.

Wir sehen die relative Stabilität der Ökosysteme bedroht. Ackerböden werden weltweit durch schwere Landmaschinen, durch Übernutzung, Überdüngung, Monokulturen, Bewässerung und Pestizide zerstört. Wie im Kapitel ‹Umwelt› erwähnt wurde, schätzt man, dass 23% der nützlichen Landfläche weltweit so verschlechtert wurden, dass ihre Produktivität zurückgeht. Zudem führen größere Flächen mit Monokulturen zum Abschwemmen von Erde oder Abtrag durch den Wind, und Gewässer werden ebenfalls durch Dünger, Pestizide und Gülle belastet.

Die Sorten- und Artenvielfalt ist durch Monokulturen und die Fokussierung auf wenige Hochertragssorten gefährdet. Weltweit werden nur noch etwa 25% der pflanzengenetischen Ressourcen, die zu Beginn des zwanzigsten Jahrhunderts angebaut wurden, verwendet. Zudem führen genveränderte Nutzpflanzen zu einer Verringerung der Agrobiodiversität, also der Sortenvielfalt. Tausend der weltweit sechstausendvierhundert Nutztierrassen sind ausgestorben.[14] Massentierhaltungen verringern das Tierwohl, fördern Krankheiten wie die Vogelgrippe oder BSE und belasten die Ökosysteme. Der hohe Energieverbrauch trägt nicht unwesentlich zu den bekannten Problemen der Luftverschmutzung und der Klimaerwärmung bei.

Insgesamt wird die Eingriffstiefe in Naturprozesse immer mehr verstärkt. Ein Ökosystem ist ein dynamisches, komplexes System mit vielfältigen Rückkoppelungen. Diese Komplexität ist die Voraussetzung für die relative Stabilität und macht die langfristige Anpassungs- und Lebensfähigkeit des Systems aus. Eingriffe und Störungen kann es gut auffangen, solange diese nicht zu groß sind. Heute ist aber sowohl die Tiefe als auch das Tempo der Eingriffe groß; damit ist die relative Stabilität des Ökosystems gefährdet.

Agrobiodiversität

Biodiversität und besonders Agrobiodiversität[15] haben eine zentrale Bedeutung für die relative Stabilität der Ökosysteme, aber auch für die Ernährungssicherung. Moderne industrielle Landwirtschaft bewirkt einen zunehmenden Verlust an Sorten- und Artenvielfalt. Hatten früher Regionen und teilweise Dörfer ihre eigenen Getreidesorten, so drohen diese zugunsten einiger weniger reinrassiger Sorten verloren zu gehen. Neben Verstädterung und Bodenversiegelung gehört industrielle Landwirtschaft zum größten Verursacher des Artenrückgangs von Nutz- und Wildpflanzen. Durch die irreversible Zerstörung von Biodiversität gehen die Grundlagen für eine nachhaltige Landwirtschaft verloren.

Das Prinzip der Nachhaltigkeit verlangt den unbedingten Schutz der Biodiversität. Das bedeutet, dass wir die Lebensräume, die Arten innerhalb der Lebensräume und die Vielfalt innerhalb der Arten schützen müssen. Zerstörung von Biodiversität verkleinert die Handlungsmöglichkeiten heutiger und zukünftiger Menschen. Der Schutz der Biodiversität ist eine unbedingte Voraussetzung für die langfristige Gestaltung des menschlichen Lebens. Ihr Schutz kann maßgeblich für die Lebensqualität zukünftiger Generationen sein.

Boden

Obwohl Hors-sol-Produktionen[16] ohne Ackerboden auskommen, sind wir für die Ernährungssicherung auf den Boden angewiesen, denn Hors-sol-Produktionen sind sehr energieintensiv. Die Aufgabe des Bodens besteht darin, dass wir auch mit kleinem Energieaufwand und langfristig Lebensmittel produzieren können. Genau diese Aufgabe ist aber durch die Bodendegradationen in der industriellen Landwirtschaft gefährdet. Schwere Maschinen führen zur Bodenverdichtung, wodurch der Wasserhaushalt gestört wird. Zudem führen größere Flächen mit Monokulturen zum Abschwemmen von Erde oder Abtrag durch den Wind und zu Wüstenbildungen. Weitere Probleme sind Einträge von Schwermetallen, Pestiziden und Zunahme des Salzgehaltes durch Bewässerungen. «Es wird geschätzt, dass bis zum Jahr 2020 weltweit über 30% der fruchtbaren Böden betroffen sein werden»[17] Bodendegradation widerspricht der operativen Regel der geschlossenen Stoffkreisläufe. Aus ethischer Sicht ist es nicht zu verantworten, dass Böden zerstört werden, denn sie sind als eine beschränkte Ressource für die Ernährungssicherung heute und in der Zukunft unabdingbar. Zudem widerspricht dies der ökonomischen Nachhaltigkeit, denn es ist langfristig ineffizient, Böden zu schädigen. Für Wohlmeyer (*1936) hat unsere Behandlung des Bodens tief greifende gesellschaftliche und ökonomische Auswirkungen: «Um eine friedensfähige Welt zu erhalten, müssten wir jeden Quadratmeter fruchtbaren Boden bewahren und jene schützen und fördern, die das handwerkliche Können besitzen, ihn so zu bewirtschaften, dass der Natur ein Maximum an Sonnenenergie in für den Menschen nutzbarer Form abgewonnen werden kann.»[18] Aus ethischer Sicht ist ein haushälterischer Umgang mit dem Boden gefordert.

Wasser

Die Bedeutung von Süßwasser kann nicht überschätzt werden, selbstverständlich als Trinkwasser, aber auch für Bewässerungen in der Landwirtschaft. Wie im Kapitel ‹Umwelt› beschrieben wurde, wird mehr als die Hälfte des zugänglichen Süßwassers für menschliche Zwecke gebraucht und 70% davon in der Landwirtschaft. Gleichzeitig leiden bereits heute vierhundertfünfzig Millionen Menschen Mangel an Trinkwasser. Unter Einbezug des Bevölkerungswachstums rechnet man, dass bis ins Jahr 2050 2,5 Milliarden Menschen über zuwenig Trinkwasser verfügen. Gleichzeitig sind die hohen Erträge in der Landwirtschaft nur mit Bewässerungen zu erwirtschaften. Der Wasserverbrauch wird zudem durch größeren Konsum, durch Industrien und eine Veränderung der Essgewohnheiten gesteigert. «Während für den Weizenanbau nur die Hälfte des Wassers im Vergleich zum Reisanbau nötig ist, wird für jede Kilokalorie Fleisch zehnmal mehr Wasser benötigt im Vergleich zu Getreide.»[19] Es besteht also ein schwerwiegender ethischer Konflikt, welcher sich in nächster Zukunft massiv verschärfen wird.

Den operativen Regeln der Nachhaltigkeit entspricht es, nicht mehr Wasser zu verbrauchen als sich wieder regeneriert. Das bedeutet, dass man die alten Grundwasserbestände nur soweit braucht, wie wieder Wasser nachfließt. Zudem muss der Wasserverbrauch gesenkt werden und der Zugang für alle erschwinglich sein. Wasser muss prioritär für die Existenzsicherung und Hygiene vorhanden sein.

Eigentum

In unserem Zusammenhang ist die Frage zentral: Welche Eigentumsform fördert unsere Anliegen nach Erhalt der Lebensqualität und der Lebensgrundlagen am besten? Besitz kann zu einem haushälterischen Umgang motivieren, denn ein Bauer weiß, dass er heute nicht schädigen soll, was er morgen noch braucht. Besitz kann aber auch zu kurzfristiger Gewinnmaximierung anregen. So kann es ökonomisch interessanter sein, einen Acker als Bauland zu verkaufen als ihn weiterhin mit Kartoffeln zu bepflanzen. Besitz garantiert also noch keineswegs einen nachhaltigen und haushälterischen Umgang.

Boden als beschränkte Ressource hat den Charakter eines öffentlichen Gutes, denn alle Menschen sind existenziell davon abhängig. Faktisch sind aber die meisten Böden in privatem Besitz. Wir erachten es als sinnvoll, wenn Böden in privatem Besitz sind, wenn der entsprechende Boden der Existenz- und Ernährungssicherung dient. Zum Besitz gehört aus unserer Sicht grundsätzlich die Verpflichtung, die Bodenfruchtbarkeit zu erhalten. Da in der Regel in kleinen Hofeinheiten höhere Erträge ökologischer erwirtschaftet werden können, ist es gerechtfertigt, dass vor allem Kleinbäuerinnen und Kleinbauern in den Besitz von Boden gelangen.[20] Wir erachten den Besitz von öffentlichen Gütern wie Boden oder Wasser als gerechtfertigt, wenn folgende Kriterien eingehalten sind:

> ➤ **Haushälterischer Umgang im Sinne der Nachhaltigkeit**

> ➤ **Nur kleine Einheiten, die selber bewirtschaftet werden können**

> ➤ **Dienst an den öffentlichen Interessen, d.h. Transparenz gegenüber der Öffentlichkeit und kostengünstiger Zugang**

Wir wollen hier den Fokus auf ein höchst umstrittenes öffentliches Gut richten, nämlich das Saatgut. Bis vor Kurzem war es unhinterfragt, dass das Saatgut der Gemeinschaft der Bauern gehört. Mit den Sortenschutzregeln hatte man im letzten Jahrhundert eine sinnvolle Rechtsform gefunden. Mit dem Landwirte- und Züchterprivileg war garantiert, dass die Bauern die letztjährige Ernte wieder aussähen konnten und dass andere Züchter mit den Pflanzen weiterarbeiten können. Seit etwa dreißig Jahren wurden weltweit die Patentgesetze so abgeändert, dass auch Lebewesen und technische Verfahren mit Lebewesen patentiert werden können. So kann heute eine genveränderte Weizensorte patentiert werden, und der Patentinhaber hat zwanzig Jahre lang das alleinige Vermarktungsrecht. Begründet werden solche Patente mit den großen Investitionen in die Forschung.

Wir haben zwei Einwände gegen solche Patente. Einerseits sind Veränderungen einer Gensequenz zwar eine Leistung, aber deswegen noch lange keine Erfindung. Jede moderne Kulturpflanze ist eine Errungenschaft von vielen Bäuerinnen und Bauern über Generationen. Sie haben in minutiöser Kleinarbeit die Pflanzen selektioniert. Saatgut ist so durch einen vielfältigen, arbeitsteiligen Prozess über Jahrhunderte und Jahrtausende entstanden. Ein Erfinder ist deshalb in keiner Weise zu identifizieren. Aus diesen Gründen erachten wir es als nicht zulässig, dass Pflanzen in privaten Besitz kommen. Anderseits sehen wir Saatgut als ein öffentliches Gut mit einer existenziellen Bedeutung, weshalb Patentierungen ethisch nicht zulässig sind. Patentierungen von Saatgut und die Terminator-Technologie[21] führen die Bauern in neue Abhängigkeiten. Agroindustrien verheißen mit Hilfe von genveränderten Pflanzen die Bekämpfung des Hungers. Wir sind davon überzeugt, dass dieser Ansatz neue Probleme mit sich bringt, insbesondere weil den Bäuerinnen der freie Zugang zu Saatgut erschwert wird. Mit Privatisierungen und Patentierungen von Saatgut nimmt die Abhängigkeit der schwächeren Marktteilnehmer zu und ihre Handlungsoptionen verringern sich.

Transgene Pflanzen

Transgene Pflanzen sind Pflanzen, bei denen mit gentechnischen Mitteln artfremde Gene eingebaut werden. Die wichtigsten Ziele bestehen darin, dass Nutzpflanzen gegen schädliche Insekten und gegen Herbizide resistent gemacht werden. Dadurch sollen die Erträge gesteigert und der Verbrauch von Pestiziden gesenkt werden. Es wird befürchtet, dass sich Nutzpflanzen mit Wildarten kreuzen und damit das Ökosystem beeinträchtigt wird. Auch befürchtet man einen Verlust an Biodiversität, weil nur wenige Nutzpflanzen genverändert werden. Ein weiteres Problem wird unter dem Stichwort Koexistenz diskutiert. Kann ein Biobauer neben einem Feld mit transgenen Pflanzen noch biologisch produzieren? Wenn man auf den Feldern des Biobauern Spuren von transgenen Pflanzen findet, stellen sich Fragen der Haftung und sogar des Eigentums. Im Extremfall kann ein Bauer angeklagt werden, weil er patentiertes transgenes Saatgut verwendet hat, ohne es zu bezahlen.

Es gibt verschiedene Einwände gegen die Freisetzung von transgenen Pflanzen. Über die ökologische Schädlichkeit gehen die Meinungen auseinander, und auch aus ethischer Sicht ist dazu kaum eine eindeutige Aussage zu machen. Ethisch sehen wir die Problematik auf zwei Ebenen. Wie soll man mit diesen Risiken umgehen? Über die Risiken besteht vor allem Nicht-Wissen, zudem besteht ein Problem darin, dass der Prozess irreversibel ist. Einmal freigesetzte Organismen kann man nicht mehr aus der Natur zurückholen. Bestehen überhaupt Alternativen? Aus unserer Sicht bestehen durchaus sinnvolle und realistische Alternativen im biologischen Landbau, weshalb wir uns unter den Bedingungen des Nicht-Wissens und der Irreversibilität auf das Vorsorgeprinzip berufen und Freisetzungen ablehnen.

Auf der zweiten Ebene befürchten wir, dass durch diese Technologie die Bauern in neue und größere Abhängigkeiten gelangen. Dies einerseits, weil das Saatgut teuer und oft durch Patente geschützt ist, andererseits, weil es die Intensivlandwirtschaft fördert und ressourcen- und kapitalintensiv ist. «Der Biolandbau lässt den Bauern mehr Selbstverantwortung auf ihren Betrieben, und er führt zu einer deutlich geringeren Konzentration der Einkommen, des Kapitals und der Macht bei der Agroindustrie der reichen Länder.»[22]

Energie

Lebensmittelproduktion ist ursprünglich ein Energiegewinn mit Hilfe von Sonnenkraft. Moderne Produktion, Verarbeitung und Vermarktung sind aber zu einem «Verlustgeschäft» an Energie geworden, was dem Prinzip der Nachhaltigkeit widerspricht. Der Gebrauch von nichterneuerbaren Energien bewirkt schwere Belastungen für die Umwelt, und die industrielle Landwirtschaft ist daran nicht unwesentlich beteiligt. Dünger, Pestizide und die Bodenbearbeitung, aber auch Tiermast sind energieintensiv. Zudem verstärken die weltweiten Transporte diesen Trend. Menschliche und auch tierische Arbeitskräfte werden durch fossile Energieträger ersetzt. Das ist nicht nur ein Problem auf der Seite der Produktion, sondern auch auf der Seite des Verbrauchs. Ein Konsum unabhängig von Region, Saison und ökologischer Verträglichkeit ist nur mit viel Energie für Treibhäuser, industrielle Hilfsstoffe und Verarbeitung, Verpackung und Transport möglich. Nach den operativen Regeln der ökologischen Nachhaltigkeit müssen wir unsere Tätigkeiten nur mit Sonnenenergie betreiben. Das ist eine radikale Forderung, welche aber angesichts der drohenden Veränderungen des Klimas, aber auch bei den angesagten Preissteigerungen, gar nicht mehr so unrealistisch erscheint.

Grundsätzlich ist der Energieverbrauch zur Erzeugung von tierischen Produkten höher als bei pflanzlichen Lebensmitteln. Dies gilt nur, solange Gemüse nicht in beheizten Gewächshäusern gepflanzt wird. Sehr energieintensiv sind alle Gefrier-Produkte, insbesondere Hochseefisch. Flugtransporte sind sehr aufwendig und sollten vermieden werden. Ökologisch verträglich sind nur lokale und saisonale Produkte. Auch hier empfehlen wir neben einer Effizienzsteuer eine Deklaration über die benötigte Energie. Durch diese Informationen können Konsumentinnen frei wählen und steuernd in den Markt eingreifen.

Fleisch

Fleischproduktion ist aus ethischer Sicht problematisch, denn das Tierwohl wird durch artfremde Haltung, Züchtungen und Fütterung beeinträchtigt. Ökologisch problematisch ist der erhöhte Wasser- und Getreideverbrauch. Um in einer Intensivmast ein Kilogramm Fleisch zu erzeugen, benötigt man durchschnittlich sieben bis zehn Kilogramm Getreide oder Sojabohnen. Weltweit rechnet man, dass etwa 50% der Getreideernten an Tiere verfüttert wird. Der Fleischkonsum weltweit hat sich in den letzten fünfzig Jahren mehr als verdoppelt, und der Trend scheint in dieser

Richtung weiter zu gehen. Dadurch entsteht ein schwerwiegender ethischer Konflikt zwischen der Ernährung der Weltbevölkerung und dem Bedürfnis nach Fleisch. Neben diesen gesellschaftlichen Problemen sind wir auch mit ökologischen Folgen konfrontiert. Klimaschädigende Gase aus Wiederkäuermägen, hoher Wasserverbrauch und Gewässerverschmutzung durch Überdüngung.

Man kann das Thema Fleisch als ein Syndrom bezeichnen, denn es gibt Zusammenhänge zwischen großem Fleischverzehr, schlechter Massentierhaltung, Hunger, Gefährdung der Gesundheit und Belastung der Umwelt. Zudem besteht ein akuter Konflikt zwischen ökonomischen Interessen und Tierwohl. In der Regel werden die Interessen der Menschen nach billigem Fleisch höher beurteilt als die Interessen der Tiere nach artgerechter Haltung und einem leidensfreien Leben. Das ist in keiner Art und Weise ethisch zu legitimieren.

Nach den Regeln der Nachhaltigkeit widerspricht intensive Tiermast der Idee der geschlossenen Stoffkreisläufe: Treibhausgase, Überdüngungen und Gewässerverschmutzungen sind die Stichworte. Die Lebens- und Ernährungsgewohnheiten sind nicht mehr nur eine Geschmacks- oder Stilfrage, sondern eine Frage der Gerechtigkeit. In einer globalisierten Welt können wir uns dieser Verantwortung nicht entziehen. Goodland kommt in seinem Artikel ‹Enviromental Sustainability: Eat Better and Kill Less› zu einem radikalen Schluss: «Western carnivory kills or maims increasing numbers of people» – westliche Fleischessergewohnheiten töten oder verstümmeln eine zunehmende Anzahl von Menschen.[23]

Ernährungssicherung

Ziel ökonomischer Nachhaltigkeit für die Landwirtschaft ist die Sicherung der Ernährung, ohne die ökologischen Grundlagen auf lange Sicht zu zerstören. Das kann man als eine optimale ökonomische Leistung beschreiben. Nach einer verbreiteten Auffassung ist die Ernährungssicherung aber nur unter Inkaufnahme von ökologischen Schäden zu garantieren. Dies deshalb, weil man davon ausgeht, dass nur eine industrielle Landwirtschaft genügend Lebensmittel für alle Menschen bereitstellen kann. So betrachtet, besteht ein Dilemma zwischen der Ernährungssicherung und dem Schutz der Ökosysteme. Hier geht es um die brisante Frage, ob eine nachhaltige Landwirtschaftsmethode, welche die Erhaltung der Lebensgrundlagen und der Lebensqualität anstrebt, die Ernährung für alle sicherstellen kann. Diese Frage ist ernst, denn es ist moralisch nicht zu verantworten, dass Menschen verhungern, weil wir uns für eine ethische Agrarmethode entschieden haben.

Der amerikanische Professor für Ingenieurwissenschaften am MIT, Peter Huber, stellt eine provokative Behauptung auf: «Je weniger Land wir bewirtschaften, desto mehr bleibt unberührt. Biologischer Anbau ist nicht effizient und sehr landintensiv. Biologische Äpfel zu essen ist egoistisch und der Umwelt abträglich.»[24] Hinter dieser Aussage steckt der Gedanke, dass es besser ist, auf einer kleinen Fläche mit industrieller Landwirtschaft hohe Erträge zu erwirtschaften und der Natur mehr unberührte Flächen zu überlassen, als mit Bio-Landbau größere Flächen zu bewirtschaften. Die Argumentation von Huber wäre überzeugend, wenn industrielle Landwirtschaft nachhaltig arbeiten würde.

Wir behaupten, dass eine ethisch-orientierte Landwirtschaft bei einer langfristigen Gesamtkostenrechnung billiger und effizienter ist als industrielle Landwirtschaft. Dies deshalb, weil viele externe Kosten wie menschliches Leid, Umweltzerstörung und Verlust der Artenvielfalt nicht in die Rechnung mit einbezogen werden. Eine Studie der Universität Essex (UK) kommt zum Schluss, «dass mit nachhaltiger Landwirtschaft eine wachsende Weltbevölkerung ernährt werden könnte, ohne weitere gesundheitliche und ökologische Schäden zu verursachen.»[25]

Die langfristige Sicherung der Ernährung kann, wenn unsere Analyse stimmt, nur mit einem radikalen Paradigmenwechsel garantiert werden. Nur eine ethisch-orientierte Landwirtschaft, wie wir sie hier skizzieren, kann die Lebensgrundlagen und Lebensqualität erhalten helfen.

Finanzierung

Eine zentrale Frage ist die nach der Finanzierung. Ökonomisch ist natürlich nur eine Methode realistisch, die auch finanzierbar ist. Sind unsere Vorschläge finanziell machbar? Wie bereits erwähnt, behaupten wir, dass industrielle Landwirtschaft viele Kosten auslagert. Wir behaupten, dass

eine ethisch-orientierte Landwirtschaft bei einer langfristigen Gesamtkostenrechnung billiger und effizienter ist als industrielle Landwirtschaft. Für
die Bestätigung dieser Behauptung gehen wir von zwei Bedingungen aus.
Einerseits von einer langfristigen Perspektive und anderseits vom Einbezug aller relevanter Faktoren.

Die ökologischen Gefährdungen, wie wir sie beschrieben haben, erzeugen langfristig hohe Kosten und führen dazu, dass die Erträge nur noch
mit immer höheren Mengen von industriellen Hilfsstoffen aufrechterhalten
werden können. Weitere Rationalisierungen führen zu steigendem Energieverbrauch, zu einem Verlust der Biodiversität, aber auch zu einer Zersied-
lung der Kulturlandschaft, zu einer Gefährdung der lokalen Wirtschaft und
zu Arbeitslosigkeit. Soziale Not, Verstädterung, Slumbildung, Kriminalität
und Armut können zunehmen. Industrielle Landwirtschaft führt neben
ökologischen Belastungen zu immer größeren Abhängigkeiten, Sachzwängen und Kosten für die Bauern, die Konsumentinnen und die Staaten. Alle
diese Folgekosten werden aus drei Gründen nicht direkt in den Zusammenhang mit der Landwirtschaft gebracht. Weil die Kosten meist erst später anfallen, weil die Zusammenhänge und Ursachen meist nicht mehr klar
ersichtlich sind und weil es immer noch üblich ist, die Kosten auf die Natur,
die Allgemeinheit und späteren Generationen abzuwälzen. Vandana Shiva
(*1952) bringt es für die Landwirtschaft in südlichen Ländern auf den
Punkt: «Biolandwirtschaft, die geringeren Input erfordert, geringe Kosten
verursacht und daher eine Option der Armen ist, wird oft als «Luxus der
Reichen» dargestellt. Aber das ist nicht wahr. Die Niedrigpreise industriell
produzierter Lebensmittel und die hohen Preise von biologischen Produkten widerspiegeln nicht ihre eigentlichen Herstellungskosten, sondern die
hohen Subventionen der industriellen Landwirtschaft.»[26]

Eine ethisch orientierte Landwirtschaft wird nur mit mehr Handarbeit zu leisten sein. Es braucht also kreative Ansätze, um wieder mehr
Menschen Arbeit in der Landwirtschaft bieten zu können. Das erzeugt
natürlich wieder neue Kosten, ist aber in einer gesellschaftlichen Situation
einer Dauerarbeitslosigkeit auch eine gute Botschaft. Für den Übergang
können etwa gegenseitige Abkommen mit der Arbeitslosenversicherung
die Arbeitsplätze verbilligen. Mittel- und langfristig sehen wir im Konzept
des Grundlohnes,[27] wonach alle Menschen einen Grundlohn von etwa
tausend Euro pro Monat bekommen, einen geeigneten Ansatz. Als Gegen-

leistung müssen alle einen Teil ihrer Zeit der Allgemeinheit zur Verfügung stellen. Ein solcher Dienst könnte beispielsweise auf einem Bauernhof geleistet werden.

Wir sind uns bewusst, dass diese Ideen nicht von heute auf morgen umgesetzt werden können. Wir sehen aber für die Erhaltung der Zukunftsfähigkeit dazu keine Alternative.

Soziale Sicherheit

In Europa arbeiten weniger als 4% der Bevölkerung in der Landwirtschaft. Strukturelle Veränderungen, Rationalisierungen Kostendruck beeinflussen die Arbeitsbedingungen und die soziale Sicherheit negativ. Zudem kommen oft gesundheitliche Schädigungen dazu, und die Altersvorsorge ist mangelhaft. Verschärft zeigen sich diese Phänomene bei den Saisonniers. Oft wird auf Kosten der Landarbeiter gespart, aber ein Respekt vor der Menschenwürde der Beteiligten verlangt eine Zurückhaltung gegenüber weiteren Rationalisierungen und Verschlechterungen der Arbeitsqualität.

Kulturelle Vielfalt und Mitbestimmung

Ökonomische Rationalisierungsmaßnahmen sind nicht nur sozial problematisch, sondern führen zur Auflösung lokaler Kulturen. Das ist nicht einfach zu beurteilen, da jede Entwicklung zu Veränderungen führt. Dramatisch sind das Tempo und die Radikalität der Veränderungen, die jetzt im Gang sind. Werden weltweit drei Milliarden Bäuerinnen und Bauern aus ihren lokalen Kulturen entlassen, droht ein soziales Desaster und ein Verlust kultureller Vielfalt.

Die lokale Vielfalt an Kulturen ist in verschiedener Hinsicht wertvoll. Sie gibt den Menschen in der Regel eine gesicherte Existenz. Die Möglichkeiten der Selbstbestimmung sind groß, denn sie sind kaum von externen Betriebsmitteln abhängig. Sie sind Bewahrer von Biodiversität, denn sie pflanzen ihre lokalen Sorten an. Sie tradieren lokales Wissen über die Natur, welches für die Menschheit existenziell wichtig werden könnte. Sie schützen öffentliche Güter wie Wasser oder Saatgut, weil sie existenziell darauf angewiesen sind. Die kulturelle Vielfalt hilft ihnen, ihre Handlungsoptionen zu erhalten und zu erweitern. Zudem werden oft auch innere Haltungen des Respekts gegenüber der Tradition und der Natur, wie wir es skizziert haben, gepflegt und geschützt. Eine Zerstörung kultureller Vielfalt ist also ein großer Verlust, vor allem auch, weil die Integrität der Betroffenen verletzt wird. Problematisch ist es zudem, weil diese Vielfalt für die Sicherung der Ernährung in der Zukunft für alle Menschen entscheidend sein könnte. Es könnte sein, dass Menschen in Zukunft auf genau dieses Wissen, dieses Saatgut und diese Kulturen angewiesen sind, um die Ernährung und Lebensqualität zu sichern.

Besonders zu erwähnen ist die Tatsache, dass gerade Frauen in bäuerlichen Kulturen eine entscheidende Rolle spielen. Sie sind oft für die Nahrungs-, Brennholz- und Wasserbeschaffung zuständig. Die Globalisierung der Agrarwirtschaft trifft deshalb die Frauen am meisten. «So marginalisiert die Liberalisierung die kleinbäuerliche Landwirtschaft, die auf die regionale Selbstversorgung ausgerichtet ist, und entwertet gleichzeitig die «weibliche» Agrarwirtschaft und die Kleinbäuerinnen, die in den lokalen Gemeinschaften wie z.b. afrikanischen Dörfern als Ernährungssichererinnen eine hohe Wertschätzung genossen.»[28] Es ist auffallend, dass die laufenden Entwicklungen die Bäuerinnen und Bauern im Norden genauso betreffen wie im Süden. Die sogenannten Strukturanpassungen in Europa führen zur Aufgabe von vielen kleinen Betrieben, zu sozialer Not, zur Entsiedlung von Randgebieten und zur Zerstörung von kultureller Vielfalt. Wir lehnen gesellschaftliche Veränderungen nicht ab. Wichtig ist aber immer die Optimierung für unsere Zielsetzung der Erhaltung von Lebensqualität und Lebensgrundlagen. Zudem verlangt der Respekt und der Anstand, dass die Betroffenen über ihr Schicksal mitbestimmen können.

Agrarwelthandel

Die Landwirtschaft steht im Zuge der wirtschaftlichen Globalisierung vor neuen Herausforderungen. Im Rahmen der laufenden WTO-Verhandlungen sollen die nationalen Handelsschranken abgebaut werden, damit alle Produkte überall ohne Einschränkungen frei gehandelt werden können. Dadurch werden die ökologischen und gesellschaftlichen Probleme verschärft. Nach den ökologischen und gesellschaftlichen Regeln der Nachhaltigkeit muss der Welthandel stark reduziert werden. Wir sind uns bewusst, dass eine solche Forderung diametral entgegengesetzt ist zur laufenden Entwicklung. Da der globale Agrarhandel zurzeit nicht zu stoppen ist, möchten wir einige zentrale Aspekte eines Ordnungsrahmens aufzeigen. Wir beziehen uns auf den Agrarökonomen Hans W. Popp (*1930), welcher ein Konzept mit den «Besonderheiten der bodengebundenen Produktion und der Agrarmärkte» entwickelt hat. Es erkennt das Recht und die Pflicht eines Landes an:

➤ **«für die Ernährungssicherheit zu sorgen**

➤ **seine eigene Agrarpolitik zu bestimmen**

➤ **den ländlichen Raum lebensfähig zu halten**

➤ **ökologisch hochwertige Produktionssysteme zu schützen**

➤ **mit Marktordnungen für mehr Preisstabilität und Sicherheit zu sorgen**

➤ **den Wunsch nach gesunder, in der Nähe produzierter Nahrung zu respektieren**

➤ **den Bauern Arbeit und ein menschenwürdiges Dasein zu ermöglichen, um so die Migration in die Städte, in die Arbeitslosigkeit zu bremsen»**[29]

«Die WTO müsste sich im Wesentlichen darauf beschränken, Regeln für einen fairen Agrarhandel aufzustellen und Missstände zu bekämpfen; im Konkreten und vorrangig geht es um Folgendes:

➤ **das Exportdumping zum Schaden anderer verbieten,**

➤ **die Ausfuhrsubventionen abzubauen bis zur Eliminierung,**

➤ **Mindeststandards betreffend Tier- und Umweltschutz zu setzen,**

➤ **die Märkte für die klassischen Produkte der Entwicklungsländer zu öffnen und mit der Eigenproduktion solcher Güter zurückzuhalten (Reis, Baumwolle, Zucker),**

➤ **übertriebene und schikanöse Handelsbarrieren zu eliminieren.»**[30]

Agrarwelthandel darf nicht dazu führen, dass die mächtigsten Exportländer den anderen diktieren können, was sie wie produzieren, importieren und exportieren dürfen. Das widerspricht grundlegend den gesellschaftlichen Regeln der Nachhaltigkeit, wonach die kulturelle und regionale Vielfalt zu respektieren ist. Man kann diese Entwicklungen auf globaler Ebene beklagen. Wichtig ist aber, dass alle Akteure, die wir oben beschrieben haben, im Sinn der Selbstbindung, an ihren Orten Verantwortung übernehmen.

Bäuerliche Unternehmenskultur

Wenn man sich einen herkömmlich bewirtschafteten Bauernbetrieb vorstellt, so zeichnet er sich «durch Eigenständigkeit und Eigenverantwortung, Langfristigkeit und Verantwortung für die Generationen, Selbst- und Marktversorgung sowie multifunktionale Kompetenzen aus.»[31] Damit sind einige wichtige Eckpunkte einer bäuerlichen Unternehmenskultur skizziert. Die Frage besteht nun, ob unter den Bedingungen der Marktöffnung, Liberalisierungen und Privatisierung diese wertvollen Aspekte einer solchen bäuerlichen Unternehmenskultur aufrechterhalten werden können. Wir behaupten, dass gerade die innovative, kreative, unternehmerische Ausrichtung und die Koalition mit anderen Akteuren der Bäuerin und dem Bauern helfen, diese Unternehmenskultur aufrechtzuerhalten. Wichtig scheint uns eine prägnante Profilierung durch ökologische und soziale Engagements und eine transparente Informationspolitik.

Die Vision im Sinn einer nachhaltigen Landwirtschaft besteht darin, dass sich Bauern und Bäuerinnen prioritär für ökologische und gesellschaftliche Nachhaltigkeit engagieren können. Das bedeutet, dass sie einen ökonomischen Spielraum brauchen, um langfristig zu handeln und Verantwortung für spätere Generationen übernehmen zu können.

Konzept einer ethisch-orientierten Landwirtschaft

Wenn wir uns jetzt an das Konzept einer ethisch-orientierten Landwirtschaft heranwagen, dann aus der Überlegung, dass die anderen, bereits besprochenen Landwirtschaftskonzepte zwar Elemente der Überlebensfähigkeit enthalten, aber dass eine Landwirtschaft, welche ethischen Standards entsprechen soll, doch noch ein ganz anderes Gesicht bekommen muss. Im Grunde genommen kann man die Herausforderungen, vor denen wir stehen, in zwei Fragen fassen:

➤ **Was sind die Grundprinzipien einer ethischen Landwirtschaft?**

➤ **Wie kann man sicherstellen, dass eine ethisch-orientierte Landwirtschaft ökonomisch funktioniert, insbesondere unter den Bedingungen der wirtschaftlichen Globalisierung?**

Zentral für ein ethisch-orientiertes Landwirtschaftskonzept ist die strikte Orientierung an der Idee der Nachhaltigkeit, wie sie für dieses Buch wegleitend ist.

> Nachhaltig im umfassenden ethischen Sinn ist eine Lebens-, Gesellschafts- und Wirtschaftsform, welche unter den Bedingungen der ökologischen Grenzen, der ökonomischen Knappheit und der gesellschaftlichen Geltung der Menschenrechte das Leben so gestaltet, dass zukünftigen Generationen langfristig die Chance erhalten bleibt, in einer uns vergleichbaren Weise nach Erfüllung des Lebens zu streben, indem sie ihre Anpassungsfähigkeit, Handlungsfähigkeit und Verantwortungsfähigkeit behalten.

Das heißt, dass das Handeln der Landwirtschaft an und mit der Natur sich letztlich an den rigorosen Grundregeln der ökologischen Nachhaltigkeit mit geschlossenen Stoffkreisläufen und Erhaltung der Artenvielfalt orientieren muss. Darüber hinaus ist eine strenge Ausrichtung auf die grundlegenden Menschenrechte erforderlich, insbesondere was die gesellschaftliche Solidarität, die Mitbestimmung und die Menschenwürde betrifft.

Ein Konzept einer ethisch-orientierten Landwirtschaft hat einen ganzheitlichen Anspruch und geht deshalb über die Prinzipien der Nachhaltigkeit hinaus. Es geht um die Pflege der inneren Haltungen des Respekts. Es verbindet also die ethische mit der geistigen Orientierung. Mit welcher inneren Haltung handeln wir mit der Natur, pflegen Beziehungen zu anderen Menschen und auch zu Kulturen? Wir behaupten, dass es mehr als einen technischen Umgang braucht, nämlich eine innere geistige Haltung des Respekts. Folgende Aspekte sind zentral:

➤ **Respekt vor der Integrität der Natur, vor der Würde des Lebendigen und der Kreatur**

➤ **Einsicht in die Geschenktheit des Lebens**

➤ **Respekt vor der Schönheit von Natur und Landschaft**

➤ **Respekt vor der Menschenwürde (würdige Arbeitsbedingungen, gerechter Lohn u. a.)**

➤ **Respekt vor der Naturgerechtigkeit als Respekt vor der Idee der Gleichheit, d.h., dass allen Menschen gleich viel Natur zusteht**

➤ **Respekt vor den Leistungen der Kultur (Schutz der Vielfalt)**

Eine Haltung des Respekts entsteht durch intensive Beziehungen zu Menschen und zur Natur, durch Selbstreflexion, aber auch durch Erziehung und Bildung. Diese Haltung stärkt die Motivation, sich für Nachhaltigkeit verantwortlich zu fühlen und kann uns dahin bringen, aus innerem Antrieb verantwortungsvoll zu handeln. Das ist ein wichtiger Schritt, denn es kennzeichnet den Übergang von einer moralisierenden Fremdbestimmung zu einer Selbstbestimmung und Selbstbindung aus Einsicht.

Damit sind wir bei der zweiten Frage angelangt, nämlich bei der politisch-ökonomischen Realisierung eines ethisch-orientierten Landwirtschaftskonzepts. Eigentlich gibt es in Hinblick auf diese Fragestellung zwei Erkenntnisse, an denen kein Weg vorbeiführt. Die Landwirtschaft in ihrer Gesamtheit, also z.b. inklusive Geldgeberinnen und Konsumenten, muss ihre ethischen und ökologischen Strategien ökonomisch erfolgreich gestalten können. Und dieser ökonomische Erfolg muss im Wesentlichen über den Markt erzielt werden, weil die Politik keine hinreichenden Rahmenbedingungen mehr bieten kann oder will. Und weil die politischen Signale auf Freiheit und Abbau von Regulierungen und nicht auf ethische oder ökologische Hilfestellungen stehen. Es führt also kein Weg an der Einsicht vorbei, dass der Marktwert der Ethik und der Ökologie dramatisch gesteigert werden muss, was auf dem Hintergrund der traditionellen ökologischen und sozialen Defizite des Marktes eine besondere Herausforderung darstellt. Wenn wir nun nach der Realisierung einer solchen Idee fragen, dann können wir auf unser Kapitel ‹Wirtschaft› verweisen. Denn diese Frage nach der Gestaltung einer ethischen und überlebensfähigen Welt hat sich bereits im Rahmen der Wirtschaft gestellt. Bereits dort sind wir auf eine eindeutige Antwort gestoßen: Die politischen Rahmenbedingungen schaffen es nicht mehr oder noch nicht, der Markt selbst muss es leisten. Das ist der Grundgedanke des Modells der ethischen Selbstbindung der wirtschaftlichen Unternehmen. Das ist auch der Grund für unsere These, dass die überlebensfähige Gestaltung der Zukunft maßgeblich auf der Ebene der Zivilgesellschaft – oder eben nicht – erfolgt. Alle Beteiligten an der Landwirtschaft sind so gehalten, die Lösung der Grundprobleme in die eigene Hand zu nehmen.

Die Bedeutung und Legitimität der Zivilgesellschaft liegt im Gedanken der freien Verantwortung, welche sich an der Idee des Rechts und des Wohls für die Gesamtheit orientiert. Diese Idee der Freiwilligkeit konkretisieren wir mit dem Gedanken der Selbstbindung.[32]

Für unser Konzept einer ethisch-orientierten Landwirtschaft bedeutet das, dass die Betroffenen die Probleme selber lösen müssen, denn unter globalen Bedingungen fehlt die Durchsetzungskraft übergeordneter Instanzen. Die Idee der Selbstorganisation und Selbstbindung bedeutet aber nicht, dass die Bauern für alles verantwortlich sind. Sie müssen zwar ihr Schicksal in die eigenen Hände nehmen, aber Allianzen mit Konsumenten, NGOs, Geldgebern, Unternehmen usw. eingehen. Ziel ist, die Umsetzung der operativen Regeln der Nachhaltigkeit mit ökonomischem Erfolg zu verbinden. Die Idee der Selbstbindung bedeutet keine Entlassung der politischen Akteure aus ihrer Verantwortung. Die nationalen und internationalen Regulierungen müssen gleichzeitig im Sinn der Nachhaltigkeit entwickelt werden.

Selbstbindung bedeutet, dass das Engagement aus innerem Antrieb kommt und nicht befohlen wird, was die Autonomie stärkt und motivierend wirkt. Ihre Legitimität erhält sie durch den transparenten öffentlichen Diskurs.

Unsere Vision für die Landwirtschaft besteht also nicht nur in der Orientierung an ökologischen und sozialen Rahmenbedingungen, sondern in einer Stärkung des Selbstbewusstseins, der Würde und der Verantwortungsfähigkeit der Bäuerinnen und Bauern sowie von allen betroffenen Akteuren. Die Gedanken der Selbstbindung müssen nun konkretisiert werden. Dazu bietet sich das *Stakeholderkonzept*[33] an. Obwohl dieses Konzept in der Regel für klassische Unternehmen angewendet wird, erachten wir es als sinnvoll, um damit die komplexen Beziehungsfelder der Landwirtschaft zu strukturieren. Stakeholder sind Interessens- oder Anspruchsgruppen. In unserem Fall verwenden wir das Stakeholderkonzept für die Darstellung aller am Wirtschaftszweig der Landwirtschaft beteiligten Akteure bzw. Interessens- und Anspruchsgruppen. Voraussetzung dieses Konzeptes ist es, dass die Leistungen durch viele verschiedene Stakeholder erbracht werden und dass die Vorteile und Gewinne unter alle Stakeholder angemessen verteilt werden. Zudem scheint uns die Unterscheidung in freiwillige und unfreiwillige Stakeholder wichtig. Bei den freiwilligen, wie beispielsweise den Konsumenten, Bauern oder den Lebensmittelhändlern, besteht ein gegenseitiger Nutzen und sie können die Zusammenarbeit beenden. Unfreiwillige Stakeholder sind Anspruchsgruppen, die nicht eingewilligt haben und Schäden erleiden, ohne daraus einen Nutzen ziehen zu können. Hier kann man die Umwelt oder auch zukünftige Generationen nennen.

Es braucht eine Balance zwischen Leistungen und Ansprüchen. Es ist in unserer Vorstellung wichtig, dass sowohl Leistungen wie auch Ansprüche auf alle aufgeteilt werden. Zudem bewirkt dieses Konzept eine Demokratisierung, indem die Betroffenen mitbestimmen können. Es liegt auf der Hand, dass zwischen den verschiedenen Anspruchsgruppen Konflikte bestehen. Diese müssen in einem öffentlichen Diskurs durch Güterabwägungen geklärt werden. Es gehört zur Stakeholderkultur, dass jeder Akteur sich um ausgewogene Urteile bemüht. Diese müssen sich an den operativen Regeln der Nachhaltigkeit orientieren und unter gewaltfreien, anständigen und respektvollen Bedingungen gefällt werden.

Allen Akteuren und Anspruchsgruppen kommen im Sinne der Selbstbindung bestimmte Aufgaben zu. Es geht um aufgeklärte Verantwortung mit dem Ziel, die Lebensqualität und Lebensgrundlagen zu erhalten. Um es nochmals zu erwähnen: Für alle Akteure geht es darum, eine Leistung zu erbringen. Wir behaupten, dass sie im Gegenzug auch einen Gewinn erzielen können, nämlich ökonomischen Erfolg, Sinnstiftung und Befriedigung. Dies allerdings nur dann, wenn z. B. Konsumenten und Geldgeberinnen im Rahmen des Stakeholderkonzeptes die ökologischen und ethischen Leistungen angemessen honorieren.

Stakeholder und ihre Aufgaben

Bauern und Bäuerinnen:

➤ Sie machen Koalitionen mit Konsumenten, Unternehmen, NGOs, Forschung und Politik, mit dem Ziel, eine nachhaltige Landwirtschaft zu fördern, eigene ökologische und soziale Standards zu setzen und die politischen Rahmenbedingungen zu beeinflussen.

➤ Sie bemühen sich, schrittweise ihren Betrieb den Anforderungen der ökologischen Nachhaltigkeit anzupassen.

➤ Sie sind kreativ und unternehmerisch in der Weiterverarbeitung und Selbstvermarktung oder in touristischen, pädagogischen und medizinischen Angeboten.

➤ Sie informieren die Öffentlichkeit transparent über Gesamtkostenberechnungen, externe Kosten, Energieeffizienz, Nahrungseffizienz usw.

➤ Sie machen pädagogische Angebote für ein vertieftes Verständnis für die Schönheit und Bedeutung der Natur.

Konsumenten und Konsumentinnen:

➤ Sie lassen sich auf Koalitionen mit anderen Akteuren ein und engagieren sich politisch.

➤ Sie kaufen sozialverträgliche, saisonale, regionale und biologische Produkte.

➤ Sie bemühen sich um ein vertieftes Verständnis für die Schönheit und Bedeutung der Natur.

Agrokonzerne:

➤ Sie lassen sich auf Koalitionen mit anderen Akteuren ein und engagieren sich politisch.

➤ Sie orientieren sich für ihre Forschungen und Entwicklungen primär an Zielen der ökologischen und gesellschaftlichen Nachhaltigkeit.

➤ Sie respektieren die Integrität der Natur und die existenziell notwendigen öffentlichen Güter.

➤ Sie berücksichtigen neben den ökonomischen Zielen primär die ökologischen und sozialen und streben einen langfristigen Erfolg an.

Lebensmittelhändler:

➤ Sie lassen sich auf Koalitionen mit anderen Akteuren ein und engagieren sich politisch.

➤ Sie verkaufen primär sozialverträgliche, saisonale, regionale und biologische Produkte und bemühen sich, bei den anderen Produkten ökologische und soziale Standards durchzusetzen.

➤ Sie bemühen sich um Kostenwahrheit und transparente Deklaration.

➤ Sie zahlen den Bäuerinnen und Bauern angemessene Preise und machen untereinander kein Preisdumping.

Öffentliche Forschung:

➤ Sie lässt sich auf Koalitionen mit anderen Akteuren ein und engagiert sich politisch.

➤ Sie setzt ihre Forschungsschwerpunkte auf die Ziele einer ethisch-orientierten Landwirtschaft.

Geldgeber:

➤ Sie berücksichtigen bei der Beurteilung der Kreditwürdigkeit die ökologischen und sozialen Leistungen der Landwirtschaft.

➤ Sie prüfen bei der Kreditvergabe die Einhaltung der Nachhaltigkeitsregeln durch die Empfänger.

➤ Sie fördern durch günstige Kreditbedingungen die ökologische Produktion.

➤ Sie schaffen Instrumente für ökologisch-ethische Investition, z. B. in Hinblick auf Agrobiodiversität und Wasser.

Politiker:

➤ Sie lassen sich auf Koalitionen mit anderen Akteuren ein und fördern eine ethisch-orientierte Landwirtschaft.

➤ Sie engagieren sich für Rahmenbedingungen und finanzielle Unterstützungen, die eine ethisch-orientierte Landwirtschaft bevorzugen.

➤ Sie fördern ein Raumplanungsgesetz, das den Bauern unternehmerische Freiheit lässt und gleichzeitig den Umgang mit der Natur haushälterisch gestaltet.

➤ Sie bemühen sich um den Schutz öffentlicher Güter, Kostenwahrheit, Produktehaftpflicht und ein Steuer- und Abgabesystem im Sinn der ethisch-orientierten Landwirtschaft.

➤ Sie engagieren sich für die Einhaltung der bestehenden Gesetze und für soziale und ökologische Standards in internationalen Abkommen über den Agrarwelthandel.

Neben den freiwilligen Akteuren bestehen auch einige unfreiwillige Akteure, die aber nicht weniger wichtig sind.

Menschen in südlichen Ländern:

➤ Sie erhalten Mitsprache bei internationalen Abkommen; wo das nicht möglich ist, sind ihre Bedürfnisse, nach Existenzsicherung, sozialer Sicherheit und Erhalt der kulturellen Vielfalt zu respektieren.

Umwelt:

➤ Sie kann nur durch Anwälte, in der Regel NGOs, zu Wort kommen. Der Erhalt der ökologischen Lebensgrundlagen hat absolute Priorität.

Zukünftige Generationen:

➤   Sie können sich ebenfalls nicht selber zu Wort melden. Ihr mut-
      maßlicher Wille ist es, ein ähnliches Leben wie wir zu leben, und
      dies bedeutet, dass die ökologischen Lebensgrundlagen zu schüt-
      zen sind.

Sonnenenergie sei Dank!

Landwirtschaft ist eine großangelegte Umwandlung von Sonnenenergie in Lebensmittel. Das Pflanzenwachstum können wir nicht selber machen, auch die Sonne können wir nicht technologisch ersetzen. Wer alle Nebenfolgen, die wir ausführlich beleuchtet haben, negiert und meint, industrielle Landwirtschaft sei effizient, der denkt nicht zu Ende. Die Dramatik der Situation verlangt aber, dass wir zu Ende denken und uns wieder auf die Wurzeln der Landwirtschaft besinnen. Wir brauchen Orientierung an ethischen Normen, um wieder zur Sonnenenergie-Landwirtschaft zurückzukommen. Letztlich ist das eine geistige Herausforderung. Der Geist kann uns begeistern und uns von den vermeintlichen Sachzwängen befreien und helfen, zu Ende zu denken. Wir haben im Kapitel I dieses Buches geschrieben, dass die Herausforderungen nicht materieller Natur sind, sondern immaterieller. Wir brauchen eine geistige, kreative Neuorientierung. Zudem behaupten wir, dass es einer Wahrnehmung für die Schönheit der Natur bedarf.

Diese Bewunderung und dieses Staunen bringen uns dazu, die Geschenke der Natur zu achten. Die tägliche Sonnenenergie, die Vielfalt der Pflanzen und Tiere, die fruchtbaren Böden, die Gewässer, die Wälder und die frische Luft sind uns als Vorleistungen gegeben. Religiös reden wir von der geschenkten Schöpfung Gottes. Wir behaupten, dass diese Erfahrungen des Beschenktseins auch ohne religiösen Hintergrund plausibel sind. Aus diesem Blickwinkel können wir die Natur nicht mehr als verfügbare Materie sehen. Sie ist nicht mehr Um-Welt, nicht mehr Welt um uns herum, sondern sie wird zur Mit-Welt. In dieser Mitwelt sind wir ein integrierter Teil und haben Respekt vor den anderen Teilen. Wenn wir uns so integriert sehen, verändern sich unsere Haltung und unser Handeln.

VI
Die Zukunft der Arbeit

Begriff und Bedeutung der Arbeit

Der Begriff der Arbeit wird vielfältig definiert. Wichtige Elemente einer Definition sind die folgenden: Die Arbeit wird verstanden als entlohnte Tätigkeit oder als Erwerbsarbeit. Arbeit bedeutet Herstellung von Gütern und Bereitstellung von Dienstleistungen. Arbeit ist eine zielgerichtete menschliche Tätigkeit, wobei das Ziel zumeist in einer Leistung besteht. Mit der Arbeit verbunden ist einerseits die Erfahrung von Anstrengungen, von Mühe und Last. Andererseits aber auch die Erfahrung von Sinnerfüllung, von Freude und Glück.[1] Die Bedeutung der Arbeit für Mensch und Gesellschaft ist kaum zu überschätzen. Man kann im Wesentlichen folgende Bedeutungen unterscheiden:

➤ Im Arbeitsprozess werden lebensnotwendige Güter und Dienstleistungen bereitgestellt.

➤ Durch die Möglichkeit der Arbeit wird der Einzelne in die Lage versetzt, selber Verantwortung für die Sicherung des Lebensunterhalts zu übernehmen.

➤ Im Arbeitsprozess findet eine wichtige Integration des einzelnen Menschen in die Gesellschaft statt, meist in Form einer Kooperation in der arbeitsteiligen Gesellschaft.

➤ Im Arbeitsprozess selbst geschieht Sinnerfahrung für den einzelnen Menschen.

Im Rückblick auf diese kurze Beschreibung der Bedeutung der Arbeit wird klar, dass diese zentral zu tun hat mit den beiden Themen Lebensqualität und Überlebensfähigkeit, welche die Hauptgesichtspunkte dieses Buches ausmachen. Die meisten Elemente der Lebensqualität stehen direkt oder indirekt in einer Beziehung zur Arbeit. Dies gilt z. B. in der Verfügung über Güter und Dienstleistungen, es gilt aber insbesondere auch in Bezug auf Chancengleichheit und Möglichkeit der aktiven Teilnahme am Leben der Gesellschaft, in Hinblick auf gerechte Verteilung und soziale Sicherheit und endlich auch in Hinblick auf die Gesundheit.[2] Aber auch hinsichtlich der Zukunftsfähigkeit sind die Bedeutung und der Einfluss der Arbeit zentral. Im tätigen Umgang mit der Natur, mit Materie und Energie geschehen massive Eingriffe in die Natur. Wir haben ja das ökologische Problem beschrieben als Gefährdung der relativen Stabilität der natürlichen Entwicklung durch massive, tief greifende und rasche Eingriffe des Menschen. Genau dies geschieht in der heutigen Arbeitswelt. Bevor wir nun die ethische Problematik der Arbeit aufzeigen und vertiefen, wollen wir einen kurzen Überblick über die Ideengeschichte der Arbeit geben.

Verständnis der Arbeit
in der Geschichte

Das Verständnis der Arbeit in unserer Kultur hat sich immer wieder grundlegend verändert. Dieser Umstand ist auch eine Ermutigung dafür, heute angesichts der Krise der Arbeit nach neuen Modellen und Perspektiven zu fragen. Im europäischen Altertum gab es zwei völlig unterschiedliche Verständnisse von Arbeit.

In der griechisch-römischen Welt hatte jede Tätigkeit, welche dazu diente, das Lebensnotwendige herzustellen, einen niedrigen Stellenwert. Die Produktion von Gütern und Dienstleistungen, sei es im Bereich der Landwirtschaft, des Handwerks und auch des Handels war zumeist Aufgabe der Sklaven und anderer Unterschichten, allenfalls auch der Frauen. Alle diese Formen der Arbeit trugen die Signatur der Verachtung. Der Begriff des Banausen[3] drückte diese Verachtung aus. Das eigentliche Leben war bestimmt durch die Vorstellung der Muße, des Lebensgenusses, der Hingabe an die Philosophie und allenfalls den Dienst an der Polis. Selbstredend waren diese letzteren Tätigkeiten für die Männer einer bestimmten Oberklasse reserviert.

Es bleibt eine große kulturelle Leistung des Christentums, dass es die Arbeit aus der Verachtung befreit und in ihrer Bedeutung theologisch und ethisch gewürdigt hat. Schon im Alten Testament wird Arbeit nicht bloß als Übel und Folge der Sünde, sondern als notwendiges Tun für die Sicherung des Lebensunterhalts verstanden. Arbeit ist Dienst im Auftrag Gottes, wobei der Sabbat als korrigierendes Moment gegen eine Überbewertung der Arbeit gilt. Auch im Neuen Testament ist Arbeit eine selbstverständliche Pflicht zur Sicherung des Lebensunterhalts. Im Neuen Testament kommt nun eine Spannung zwischen diesem Verständnis der Arbeit und der Ausrichtung auf das nahe herbeigekommene Reich Gottes hinzu: Der Verzicht auf Lebenssicherung durch die eigene Arbeit wird dann zum Ausdruck der neuen Wirklichkeit. Dadurch wird auch im Neuen Testament die Bedeutung der Arbeit nicht absolut gesehen, aber ihre Notwendigkeit bleibt.

Das paulinische Arbeitsverständnis hat auch eine Spitze gegen die gewinnsüchtige Geschäftstätigkeit.[4] Wie Paulus als Handwerker es selbst praktiziert hat, ist Arbeit auch schlichte Lebensnotwendigkeit. «Wenn jemand nicht arbeiten will, soll er auch nicht essen».[5] Das ist eine weitere Spitze gegen Sklaverei, Ausbeutung und Faulheit. Gleichzeitig steckt hier wie anderswo die Erinnerung, dass das Leben Mühsal ist. «Im Schweiße deines Angesichtes sollst du dein Brot essen».[6] Und trotzdem muss man Max Weber (1864–1920) recht geben, der es als Fabel bezeichnet hat, dass der Arbeit «im Neuen Testament irgendetwas an neuer Würde hinzugefügt wurde».[7] Recht geben insofern, als Arbeit nie im Sinne des sogenannten protestantischen Arbeitsethos hochstilisiert wurde, sondern eben eine schlichte Selbstverständlichkeit war. Das Sabbatgebot war dann auch das Signal für die Begrenzung der Arbeit und ihrer Intensität nach oben. Um das neutestamentliche Arbeitsethos mit modernen Begriffen auszudrücken: Es war ökologisch und solidarisch und frei von Selbstzweck.

Damit war der Tenor für das christliche Verständnis der Arbeit gegeben, der in der Zeit der Kirchenväter bis ins Mittelalter, ja bis in die Reformationszeit, bestimmend blieb. So betonen die Kirchenväter die Würde der einfachen und körperlichen Arbeit stets im Sinne der Kritik an einer gewinn- und luxusorientierten Umwelt. Stärker betont als in der Bibel haben allerdings die Kirchenväter asketische und hygienische Zielsetzungen der Arbeit. Arbeit ist Überwindung des Müßigganges. «Also pass auf, dass der Teufel dich immer beschäftigt antrifft», hieß es in einer kirchenväterlichen Ermahnung.

Für das Mittelalter soll hier zunächst Thomas von Aquin (1225–1274) exemplarisch herausgegriffen werden. Der Tenor bleibt: Arbeit hat die Aufgabe, die Muße zu bekämpfen, den Körper asketisch zu bezähmen und den Lebensunterhalt zu sichern. Aber wie auch sonst bei Thomas von Aquin wird der Einfluss der aristotelischen Philosophie wieder wirksam: Körperliche Arbeit ist zwar nach wie vor gut und nötig, aber: «Vita contemplativa simpliciter melior est quam vita activa.»[8] «Es ist also zu sagen, dass ‹das beschauliche Leben schlechthin besser ist als das tätige Leben›.»[9]

Ein neues Blatt wurde durch die reformatorische Theologie aufgeschlagen. In die Gesamtperspektive der Reformation hinein gehört der Rückgriff auf die Bibel. Dieser Rückgriff, vor allem die Wiedergewinnung der Würde der körperlichen und profanen Arbeit, ermöglichte eine emanzipatorische Polemik gegen die geistliche Ideologisierung der Arbeit im katholischen Mittelalter. Die Arbeit wird zum Ort, wo der Ruf Gottes ver-

nommen wird. Dadurch verändert sich manches zugleich. Die Arbeit wird
der Unterordnung unter die geistliche Hierarchisierung durch die Kirche
entzogen: Sie wird Ort der unmittelbaren Verantwortung vor Gott und gewinnt damit in ihrer profanen und einfachen Form ihre Würde zurück.
Man muss allerdings sagen, dass vergleichbare Aussagen bereits in
der deutschen Mystik zu finden sind. Von den Bauern, die den Mist aus-
führen, sagte Johannes Tauler (1300–1361): «Sie fahren besser, so sie folgen ihrem Ruf, denn die geistlichen Menschen, die auf ihren Ruf nicht
acht haben.»[10] Arthur Rich (1910–1992) sagte in einem Vortrag dazu:
«Hier wird meines Wissens zum ersten Mal das mit dem Wort ‹Beruf›
gleichbedeutende ‹Ruf› zur Qualifizierung der profanen Alltagsarbeit angewendet.»[11] Und Rich fährt im Sinne der Zusammenfassung des refor-
matorischen Arbeitsverständnisses wie folgt fort: «Wem sich die Arbeit in
dem so gemeinten Sinne als Beruf erschließt, der erfährt sich in ihr nicht
nur als ‹homo oeconomicus›, sondern mehr noch als ‹homo socialis› und
[…] als ‹homo responsalis›.»[12]

Die maßgeblichen Ideen zur Arbeit seit dem siebzehnten Jahrhundert werden mehr und mehr außerhalb von Theologie und Kirche entwickelt. Für die konzeptionellen Neuschöpfungen zur Arbeit und Wirtschaft
in der physiokratischen und klassischen Periode der Ökonomiegeschich-
te sind philosophisch-ethische Ansätze (Adam Smith, David Ricardo)
maßgebend, die Theologie steht abseits. Sie nimmt auch kaum Notiz von
den wirtschaftsethischen Ansätzen der deutschen Klassik, der Romantik
oder der Ethischen Schule, in denen, allerdings wirkungsgeschichtlich
vergeblich, eine Gegenposition gegen den ökonomischen Rationalismus
in England und Frankreich versucht wird.

Im neunzehnten Jahrhundert entsteht die Industriegesellschaft mit
einer sozial benachteiligten Arbeiterschaft. Diese war geprägt durch die
Trennung von Arbeitsort und Wohnwelt und durch lange Arbeitszeiten.
Zu Beginn des neunzehnten Jahrhunderts betrug die Arbeitszeit vierzehn
bis fünfzehn Stunden. 1856 wurde in der deutschen Druckindustrie der
Zehn-Stunden-Tag festgelegt. Die beginnende Arbeitsteilung führt zu einer Instrumentalisierung und der Arbeiter wird zum bloßen «Zubehör
der Maschine» (Karl Marx, 1818–1883). Arbeitszeit und Freizeit werden
immer schärfer getrennt. Erste Perioden der Arbeitslosigkeit verschärfen

die Unterprivilegierung der Arbeiterklasse, die sich politisch zu Gegenbewegungen (Sozialismus, Gewerkschaften) organisierte.

Die Wahrnehmung dieser sozialen Problematik im Zusammenhang mit der Industrialisierung des neunzehnten Jahrhunderts war in Kirche und Theologie zunächst bescheiden. Im Gegenteil: Von Friedrich Schleiermacher (1768–1834) über Rudolf Rothe (1799–1867) und Albrecht Ritschl (1822–1889) bis Wilhelm Herrmann (1846–1922) wird die Arbeit als Mittel für die Herrschaft des Menschen über die Natur bzw. als Kulturarbeit positiv gedeutet. Insofern wird das bürgerliche Arbeitsverständnis gestützt. Erst in der Mitte des neunzehnten Jahrhunderts wird die soziale Not der Arbeiterschaft in Kirche und Theologie wenigstens punktuell wahrgenommen. Heinrich Wichern (1808–1881) begründete die «Innere Mission» mit dem Ziel der Hilfe an die Opfer sowie der Hinführung zur Selbsthilfe. Adolf Stoecker (1835–1909) gründete später die christlich-soziale Arbeiterpartei. Rudolf Todt (1839–1887), der sozialistisch orientierte Theologe, postulierte soziale Absicherungen für die Arbeiterschaft. Bedeutsam ist die erste prominente Stellungnahme der römisch-katholischen Kirche zur Arbeit in der Neuzeit von Papst Leo XIII (1810–1903) 1891. In der Enzyklika ‹rerum novarum› wird die soziale Frage aufgegriffen. Bereits hier steht die personale Würde der Arbeit im Vordergrund.

Im zwanzigsten Jahrhundert entwickeln sich nochmals neue Fragestellungen, ausgehend von menschlichen, sozialen und politischen Defiziterfahrungen in der Arbeitswelt.

In den ethischen Entwürfen bedeutender Theologen wie Georg Wünsch (1887–1964), Emil Brunner (1889–1966), Karl Barth (1886–1968) und Dietrich Bonhoeffer (1906–1945) spielt das Thema Arbeit wieder eine wichtigere Rolle. Dabei stehen sich ordnungstheologische und christologische Begründungsansätze gegenüber. So ist Arbeit für Brunner göttliche Schöpfungsordnung; sie wird entsprechend hoch gewertet. Bei Barth ist Arbeit tätiges Leben in der Entsprechung zum Tun Gottes. Er widerspricht aus der Sicht der Bibel der Übersteigerung des europäischen Arbeitsethos. Die Arbeit ist «Entsprechung zum Tun Gottes».[13] Sachlichkeit, Würde, Humanität, Besinnlichkeit und Begrenzung sind Zielbestimmungen der Arbeit.[14] Für Dietrich Bonhoeffer ist Arbeit ein Mandat Gottes, wobei er unter Mandat den konkreten, in der Christusoffenbarung begründeten göttlichen Auftrag versteht.[15]

Rückblickend insbesondere auf die christlich-theologischen Aspekte dieser Ideengeschichte kam man den spezifisch christlichen Beitrag zum Arbeitsverständnis auf folgende Punkte bringen:

➤ *Übernahme von Verantwortung:* Arbeit bedeutet immer die tätige Übernahme von Verantwortung für die Sicherung des Lebensunterhalts für sich selbst und für diejenigen Menschen, für die wir verantwortlich sind. Arbeit ist immer Anstrengung, manchmal mühselige, manchmal auch spielerische Anstrengung.

➤ *Auf sinnvolle Zwecke ausgerichtet:* Arbeit in christlicher Sicht ist ausgerichtet auf sinnvolle Zwecke. Was produziert wird, soll Sinn machen, zunächst für sich selbst, aber auch für die anderen Menschen, die Gesellschaft und die Erhaltung der Lebensgrundlagen. Arbeit ist der Versuch, diejenigen Probleme zu lösen, die wir wirklich haben und die zu lösen notwendige Voraussetzung für eine sinnvolle Existenz ist.

➤ *Sinnerfahrung:* In der Arbeit soll Sinnerfahrung geschehen. Die Arbeit ist nicht zuletzt ein wichtiger Teil unserer Lebenszeit, in welcher wir Sinn und Selbstverwirklichung erfahren können.

➤ *Soziale Tätigkeit und gerechte Verteilung:* Arbeit ist eine soziale Tätigkeit, ja sie wird es immer mehr. Die Gesellschaft ist immer weniger eine Ansammlung von einzelnen Arbeitenden, sie wird mehr und mehr eine arbeitsteilige Arbeits- und Kooperationsgemeinschaft. Dabei ist gerade die Arbeitsteiligkeit je länger desto unausweichlicher. Die meisten Menschen können ihre Arbeit nicht außerhalb dieser Arbeitsgesellschaft verrichten. Dieser Umstand hat zur Folge, dass die *Chancen für die Arbeit* gerecht verteilt werden müssen. Beim Ausschluss aus der Arbeitsgemeinschaft muss diese Gemeinschaft Anstrengungen für den Ausgleich nichtvorhandener Chancen machen.

➤ *Gegenseitiger Beistand als Ziel:* Das Ziel der Arbeit in der arbeitsteiligen Gesellschaft ist der gegenseitige Beistand der Arbeitenden. Das Produkt der eigenen Arbeit befähigt und verpflichtet zum Dienst an den Menschen, die keine Chance zur eigenen Lebenssicherung haben.

➤ *Produkt der Arbeit gerecht verteilen:* Ebenso muss das Produkt der Arbeit gerecht verteilt werden. Dies gilt schon deshalb, weil in der arbeitsteiligen Gesellschaft prinzipiell alle Menschen in irgendeiner Form an der Herstellung des Produktes bzw. an den Voraussetzungen dazu, beteiligt sind. In den meisten Fällen ist diese Beteiligung schwer zu identifizieren und zu quantifizieren. Umso mehr drängt sich die gerechte Verteilung des Arbeitsproduktes auf.

➤ *Humane Arbeitsbedingungen:* Alle Arbeitenden haben ein Anrecht auf humane Arbeitsbedingungen.

➤ *Arbeit ist nicht das ganze Leben:* Aus christlicher Sicht gehört zur Arbeit auch die Fähigkeit zur Distanz. Das Ruhegebot in der Bibel ist auch gedacht als Damm gegen das Überborden der Arbeit sowie als Hinweis auf eine gewisse Relativierung der Arbeit. Die Arbeit ist nicht das ganze Leben.

➤ *Lebensgrundlagen erhalten:* Endlich hat Arbeit ihre Bedeutung in Hinblick auf die Schöpfung und die Erhaltung der Lebensgrundlagen. Arbeit soll tätige Arbeit zum Gedeihen der Schöpfung sowie an der Umgestaltung und Bewahrung der Natur sein.

Ethische Probleme im Zusammenhang mit der Arbeit

Allem voran ist hier das Problem der Arbeitslosigkeit zu nennen, auf das wir noch mehrfach zu sprechen kommen werden. Für viele Menschen ist der Zugang zu Gütern und Dienstleistungen erschwert. Zum Beispiel weil diese zu teuer sind, bzw. die Löhne dafür nicht reichen. Ein weiteres Problem aus ethischer Sicht ist das Verhältnis der Arbeitswelt zu dem aus ethischer Sicht erwünschten Typ der Gesellschaft. Ziele, Mittel und Folgen der Arbeitswelt heute stehen sehr oft in einer Spannung zu der Vorstellung von Lebensqualität, wie wir sie im Kapitel ‹Wirtschaft› beschrieben haben. Ethisch problematisch ist auch der Einfluss der Arbeit auf die Umwelt.

Ein weiteres Problem ist die Frage des gerechten Lohnes bzw. des angemessenen Lohnes für geleistete Arbeit. Problematisch ist endlich der Zusammenhang zwischen Arbeit und sozialer Schichtung oder sozialer Integration in die Gesellschaft. Im persönlichen Bereich sind gesundheitliche Probleme des arbeitenden Menschen zu nennen, weiter die Frage der Sinnerfahrung und Identitätsbildung. Ethisch anstößig ist nach wie vor die unterschiedliche Behandlung der Geschlechter in der Arbeitswelt und ebenso der Umgang mit bzw. die Verteilung der schweren und unangenehmen Arbeit: Dass es Menschen gibt, die schwere und unangenehme Arbeit leisten müssen, dabei wenig verdienen, früh krank werden und ebenfalls früh sterben, ist aus ethischer Sicht ein inakzeptables Syndrom. Ebenfalls Probleme aus ethischer Sicht gibt es mit der Mitbestimmung am Arbeitsplatz und mit der Bereitstellung von humanen Arbeitsbedingungen. Neue Probleme entstehen im Zeitalter der Globalisierung der Wirtschaft. Da ist zunächst sicher die Arbeitslosigkeit zu nennen. Problematisch sind aber auch die Unterschiede in der Arbeitsqualität zwischen hoch entwickelten und wenig entwickelten Ländern. So z. B. dann, wenn in hoch entwickelten Ländern mit einer relativ guten Arbeitsqualität profitiert wird von *billigen Gütern* aus Ländern mit ethisch problematischen Arbeitsbedingungen, z. B. Niedriglöhne, Kinderarbeit, Verbot von Gewerkschaften, ungesunde Arbeitsbedingungen und unethische Unternehmenskultur.[16]

Wie bereits erwähnt, ist wohl die weltweite *hohe Arbeitslosigkeit* das zentrale Problem der Arbeitsgesellschaft.[17] Was sind die Gründe für die

Arbeitslosigkeit heute? Man kann das Arbeitsverhältnis selber kündigen, es gibt aber auch die Kündigung durch den Arbeitgeber, z. B. aus betrieblichen Gründen. Arbeitslos kann man auch werden, wenn man vorher selbständig tätig war. Ebenfalls arbeitslos kann man direkt nach der Schul- oder Berufsausbildung werden. Das alles heißt: Es gibt vielfältige Wege in die Arbeitslosigkeit. Es gibt freiwillige und unfreiwillige Arbeitslosigkeit, wobei heute natürlich die unfreiwillige Arbeitslosigkeit absolut im Vordergrund steht. Eine Form der Arbeitslosigkeit ist die saisonale, welche bedingt ist durch die jahreszeitlichen Schwankungen der Arbeitsnachfrage.

Eine andere Form ist die konjunkturelle Arbeitslosigkeit. Diese hängt zusammen mit der zyklischen Entwicklung der Wirtschaft. Im Vordergrund heute steht die strukturelle Arbeitslosigkeit. D. h. eine Arbeitslosigkeit als Folge eines Strukturwandels der Wirtschaft wegen der Entwicklung neuer Technologie, der Veränderung der Märkte und der Globalisierung der Wirtschaft. Die erhöhte Verfügbarkeit von Kapital, die technologische Entwicklung und die Verschärfung der internationalen Konkurrenz fördern einen Rationalisierungsprozess, bei dem immer mehr Arbeitsplätze verloren gehen. Zwar werden in Folge technologischer Entwicklung neue Arbeitsplätze geschaffen, aber per Saldo verbleibt weltweit eine sehr hohe Arbeitslosigkeit, welche von Experten auf bis zu achthundert Millionen Menschen beziffert wird. Einen weiteren Beitrag zur Arbeitslosigkeit liefert die verschärfte Konkurrenz in der globalisierten Wirtschaft, vor allem durch Verlagerung von Arbeitsplätzen in Niedriglohngebiete. Dass dadurch auch positive Entwicklungen gefördert werden, vor allem in den nicht entwickelten Ländern, liegt auf der Hand. Bloß verläuft dieser Prozess der Verlagerung von Arbeitsplätzen meist für beide Seiten problematisch und konfliktreich.

Der internationale Konkurrenzkampf gefährdet nicht nur Arbeitsplätze, er erhöht zugleich den *Druck auf bestehende Arbeitsplätze*, z. B. durch Lohnsenkungen, höhere Tempoanforderungen, Verschlechterung der Arbeitsbedingungen, Stress und Angstzustände. Eine andere Form des Druckes besteht in der Anforderung einer erhöhten Flexibilität und Mobilität für Arbeitnehmerinnen und Arbeitnehmer.

Solche Feststellungen führten uns auf das bereits im Kapitel ‹Wirtschaft› dargestellte Problem der beschränkten Kompetenz des Marktes zurück.

Wir haben dort drei wichtige Dimensionen der defektiven Leistungen des Marktes ausgemacht: Der Markt ist unvollkommen hinsichtlich des Verteilungsproblems bzw. des gerechten Ausgleiches; er ist unvollkommen hinsichtlich der Erhaltung der Lebensgrundlagen, und er ist auch nicht fähig zwischen Sinnstiftung und Sinnlosigkeit angemessen zu unterscheiden. Daraus folgt, dass der Markt allein unfähig ist, das Problem der Arbeitslosigkeit, der Qualität der Arbeit und der Verteilung ethisch befriedigend zu lösen. Er ist auch nicht in der Lage, menschliche Dienstleistungen, d. h. personale Zuwendungen (z. B. Betreuung von Alten, Kranken und Behinderten) hinreichend zu motivieren bzw. zu bezahlen. Der Markt allein kann die Ungerechtigkeit in der Behandlung der Geschlechter sowie hinsichtlich der Arbeitsbedingungen bei schweren und ungesunden Arbeitsleistungen nicht beheben. Endlich ist der Markt nicht in der Lage, ein Lohnsystem zu entwickeln, welches die Unterschiede zwischen Arm und Reich verringert und auf die Bedürfnisse vor allem unterer Schichten eingeht.

Exkurs

Zusammenhang von Zeit und Arbeitslosigkeit

Es gibt zwei Ursachen, die im Zusammenhang mit der Erklärung der Arbeitswelt von heute von spezieller Bedeutung sind. Die eine Ursache betrifft die Veränderung der Einstellung zur Zeit im Laufe der kulturellen und gesellschaftlichen Entwicklung. Die zweite Ursache hängt zusammen mit der entfesselten Herrschaft des Marktes in der globalisierten Wirtschaft und Gesellschaft. Auf die Bedeutung der freien Marktwirtschaft sind wir bereits im Kapitel ‹Wirtschaft› gestoßen. Wir können uns deshalb hier mit einigen kurzen Überlegungen begnügen.

Zunächst soll uns aber die erstgenannte Ursache beschäftigen, eben der *problematische Umgang mit der Zeit*. Zunächst erkennen wir eine Reihe von Widersprüchen. Wir bekommen mehr und mehr den Eindruck, dass die herrschende Einteilung der Tätigkeitszeit in Arbeitszeit und Freizeit in Hinblick auf das Gelingen des Lebens Probleme und Defizite schafft. Viele Menschen haben heute gar keine Arbeitszeit. Die Verteilung der Arbeitszeit ist auf jeden Fall ungleich. Wir haben alle mehr Zeit, aber offenbar doch keine Zeit für das, was wir tun möchten. Wir haben auch keine Zeit für manche sinnvolle und notwendige humane, soziale und ökologische Dienstleistung. Wir haben oft keine Zeit füreinander, weil Arbeitszeit und Freizeit verschoben sind.

Wir sind zwar gewissermaßen dort angelangt, wo wir seit zweihundert Jahren hingelangen wollten: Zur Zeitersparnis durch Rationalisierung. Nur erkennen wir heute auch die problematischen Folgen dieser Rationalisierung.

Wir alle kennen unangenehme Zeiteinteilungen. In Betrieben kennt man heute die Hetzzeit. Es gibt zu lange Arbeitszeiten, Arbeitsspitzen und unnütze Wartezeiten. Es fehlt uns an gemeinsamer Zeit, an Zeit für sinnvolle Tätigkeiten und auch an Zeit für andere Menschen. Viele spüren schmerzlich diesen Mangel an eigener Zeitsouveränität.

Diese Widersprüche zeigen, dass unser Umgang mit der Zeit schwierig geworden ist. Offensichtlich haben wir in Hinblick auf die Zeit Probleme mit der Spannung von Freiheit und Notwendigkeit. Wir müssen also davon ausgehen, dass die herrschende Zeiteinteilung und der Umgang mit der Zeit das Gelingen des Lebens in zentralen Lebensbereichen negativ beeinflussen können. Womit hängt dies zusammen? Die Vermutung ist berechtigt, dass der sich im Laufe der Zeit verändernde Umgang mit der Zeit negative Auswirkungen auf die Lebensqualität hat. «Das vorherrschende Zeitsystem ist in hoch entwickelten Gesellschaften gegenwärtig die abstrakte Zeit. In der Jäger- und Sammlerphase herrschte die Nicht-Zeit oder organische Zeit mit dem Charakteristikum der spontanen und okkasionalen Anpassung an die Rhythmik der Natur und sozialer Prozesse vor (andere Zeiten existierten nicht). Mit der Einrichtung turnusmäßiger Markttage bildet sich die zyklische Zeit mit dem Charakteristikum der regelmäßigen Wiederkehr bestimmter Ereignisse innerhalb bestimmter Zeiträume heraus. Hierbei besteht jedoch noch keine chronologische Abfolge oder Anordnung von Ereignissen auf einer Zeitachse.

Mit den frühen Hochkulturen kommt die lineare Zeit mit dem Charakteristikum einer gleichförmig voranschreitenden irreversiblen Abfolge der Zeit auf. Die mit der kapitalistisch-industriellen Entwicklung entstehende abstrakte Zeit ist charakterisiert durch das Merkmal der Bewirtschaftung der Zeit.»[18]

Der zentrale Punkt für die Gegenwart ist nun die *Bewirtschaftung der Zeit*. Wir betreiben heute die Ökonomisierung der Zeit als die Ökonomie der Zeitersparnis. Wir betreiben dies bei der Produktion, bei der Mobilität, bei der Kommunikation oder gar in der Hausarbeit. Zeit ist Geld heißt die Devise. Rationalisierung heißt weitgehend Einsparung von Zeit. Aufgrund der Ökonomisierung von immer mehr Lebensbereichen, aufgrund der Ankoppelung von immer mehr Lebensbereichen an den Markt und die Konkurrenzgesellschaft bekommt der Faktor Zeitersparnis einen dominanten Einfluss. Die Ökonomisierung der Zeit ist ein wichtiges

Element in der Ökonomisierung des Lebens überhaupt. Die Folge ist, dass der Imperativ und die Sachzwänge von Ökonomie, Rationalisierung und Zeitersparnis immer mehr ansteigen, dafür aber andere Dimensionen des Lebens vernachlässigt bzw. negativ beeinflusst werden.[19]

Zunächst muss allerdings die Frage nach der *Bewirtschaftung der Zeit* vertieft angegangen werden. Wie kann man erklären, dass die Zeit zu einem knappen Gut geworden und damit den Gesetzen der Ökonomie unterstellt worden ist? Eine Dimension der Erklärung bekommt Plausibilität durch die Überlegung, dass wir die Mühsal der Notwendigkeiten erleichtern wollen und alles unternehmen, den Zeitaufwand für die alltäglichen Notwendigkeiten so klein wie möglich zu halten. Es ist einleuchtend, dass diese Tendenz zumindest in unserem Kulturkreis immer wirksamer wurde. Das bedeutet aber, dass die Zeit für die Erledigung der Notwendigkeiten knapp wird und somit bewirtschaftet wird. Diese Tendenz wurde verstärkt durch die Wahrnehmung, dass die Zeit für den Genuss der Freiheit begrenzt ist, natürlich auch durch den Umstand, dass alle Menschen sterben müssen.

Die Folge dieser Entwicklung ist auf jeden Fall die *Verknappung der Zeit*, soweit sie der Erledigung der Notwendigkeiten gewidmet wird. Dies hat zur Folge, dass diese Zeit nach Möglichkeit stets verkürzt und rationalisiert wird. Damit gelangen wir zur heutigen Entwicklung, welche sich auszeichnet durch die Verknappung und Bewirtschaftung der Tätigkeitszeit. Die Folge ist, dass wir Arbeitslosigkeit produzieren, gleichzeitig aber immer weniger Dienstleistungen erhalten, z. B. soziale und ökologische, weil diese zu teuer sind. Gleichzeitig unterstellen wir immer mehr Lebensbereiche der Ökonomie und somit der freien Weltwirtschaft. Damit wird der Prozess der Verknappung der Zeit für den Bereich der Notwendigkeit nochmals angeheizt.

Die herrschende Zeiteinteilung ist auch ein Problem für die *biologische Uhr des Menschen*. Sie bedeutet eine rhythmische Entfremdung. Nachtarbeit und Schichtarbeit sind die hervorstechendsten Beispiele in diesem Zusammenhang. Ein ganz tiefer Einschnitt ist sicher auch die Erfindung der elektrischen Beleuchtung, welche die menschliche Arbeitszeit von der natürlichen Tages- und Nachteinteilung unabhängig machte. Wenn man nun davon ausgeht, dass der nichtnatürliche Zeitverlauf völlig neuartige Reize auf den menschlichen Körper ausübt, deren Folgen wir nicht exakt kennen, dann sind hier Probleme von Rhythmusstörungen zu vermuten.

«Sehr ausführlich hat sich der Internist und Mitbegründer der psychosomatischen Medizin, V. v. Weizsäcker, mit der Zeitstruktur des Biologischen befasst. Ein zentraler Bestandteil dieser Theorie, die auch zur Frage nach dem Reiz-Reaktionsverhalten biologischer Systeme führte, war die Hervorhebung der aktiven Rolle der Sinnesorgane der Organismen bzw. des Menschen bei der Aneignung von Reizen und Wahrnehmungen. Im Gegensatz zu Theorien, die das menschliche Wahrnehmungsvermögen in erster Linie als Prozess der Abbildung der objektiven Wirklichkeit, also als passive Aneignung und als einen Reiz-Reaktions-Automatismus verstehen, versucht v. Weizsäcker den Prozess der Wahrnehmung als einen immer auch subjektiven und aktiven aufzufassen und darzustellen. Im Verlauf seiner Untersuchung fand v. Weizsäcker heraus, dass bei der Bestimmung körperlicher Vorgänge und des Biologischen allgemein der Faktor Zeit und die Rhythmizität biologischer Prozesse eine Schlüsselrolle spielen.»[20]

Die herrschende Zeiteinteilung ist gekoppelt mit *Umweltzerstörung*: Die Dynamik der Zeitknappheit zielt auf Energieverbrauch, Abfall und generell auf ein Aufreißen von Stoffkreisläufen. Zeitersparnis ist sehr oft mit erhöhtem Energieverbrauch gekoppelt, nicht zuletzt im Haushalt, wo viele von uns ca. dreißig bis vierzig elektrische Geräte installiert haben!

Die lineare, physikalische und abstrakte Zeiteinteilung widerspricht der Natur. Hier könnte man auf die ökologischen Horrorszenen auf unseren Flugplätzen hinweisen: Morgens um 7.30 Uhr startet die classe économique quer durch ganze Kontinente. Das gleiche gilt für sinnlose Tourismusflüge. Die Natur wird wund geflogen, letztlich aus dem Diktat der Zeitersparnis heraus.

Für ein Recycling des Abfalls fehlt uns meist die Zeit, was verheerende ökologische Folgen hat. Sowohl in Hinblick auf den

Abfall wie auf die Mobilität muss das *Gebot der Entschleunigung* zum Zuge kommen. Diese Überlegungen gelten generell in Hinblick auf den Energieverbrauch.

Die herrschende Zeiteinteilung und ihre Dynamik verhindern ein hinreichendes Maß an humanen Dienstleistungen. Zeit für Menschen, z. B. für alte, kranke, behinderte Menschen fehlt oder ist unbezahlbar. Die Zeit unter dem Aspekt der Ökonomisierung ist zu teuer geworden, als dass sie in entsprechendem Ausmaß für wichtige humane Dienstleistungen in Frage käme.

Die herrschende Zeiteinteilung verhindert eine optimale *Sinnstiftung.* Weil die Zeit unter das Diktat der ökonomischen Bewirtschaftung gerät, bestimmt dieses Diktat auch die Auswahl der Tätigkeiten. Sinnstiftende, unökonomische, mitmenschliche, soziale, kulturelle Tätigkeiten sind immer weniger möglich oder über den Markt erhältlich.

Die herrschende Zeiteinteilung schafft Arbeitslosigkeit, indem sie in Form eines Konkurrenz- und Rationalisierungsdruckes immer mehr Menschen aus dem Arbeitsprozess herausfiltert. Der Gesichtspunkt der Schnelligkeit des arbeitenden Menschen ist dabei bedeutend.

Der Faktor Zeit ist maßgeblich im Rationalisierungsprozess. *Rationalisieren heißt Zeitsparen.* Damit wird ein ungeheurer Zeitdruck auf die arbeitenden Menschen aufgebaut. Der Druck kann so groß sein, dass die Menschen darunter zugrundegehen oder dass sie aus dem Arbeitsprozess entlassen werden, weil sie dem Tempodiktat nicht folgen können. Im Zeitalter der Rationalisierung erreichen wir die höchste Stufe der Anpassung der den Menschen zur Verfügung stehenden Zeit an die bewirtschaftete Zeit. Eigentlich sollte es ja umgekehrt sein. Nur beiläufig ist hier zu erwähnen, dass durch diesen Prozess die Arbeitslosigkeit immer stärker angetrieben wird, d. h. also, dass immer mehr Menschen ihre monetarisierte Arbeit verlieren. Wenn wir uns nach Lösungen fragen, dann wird klar, dass wir den Umgang mit der Zeit neu strukturieren müssen.

Gesucht ist eine neue Zeiteinteilung, welche einen höheren, menschlichen, sozialen, psychologischen, kulturellen, ökonomischen und ökologischen Spielraum schafft in Hinblick auf ein optimales Gleichgewicht zwischen Freiheit und Notwendigkeit. Wichtige Gesichtspunkt dabei sind:

➤   Entschärfung und Entdynamisierung der rigiden physikoökonomischen Zeitstruktur

➤   Anerkennung durch die Zeit vermittelter Anreize, aber ohne deren Totalanspruch

➤   Spielraum für den Einzelnen zur autonomen Verfügung über die Zeit

➤   Soziale Absicherung der Freiheit zur partiellen Zeitsouveränität

➤   Neuverteilung der Arbeitszeit

➤   Neuverteilung der unangenehmen Arbeit bzw. der Zeit für die Notwendigkeit

➤   Zeitbudget für Nachhaltigkeit, humane Dienstleistungen, menschliche Zuwendungen, Sinnstiftung

➤   Keine Ausgrenzung im Arbeitsprozess wegen Mangel an Tempo

➤   Zeit haben für Körper, Seele und Geist

➤   Zeit haben für freiwillige bedeutsame und notwendige soziale und ökologische Leistungen.

Zusammenhang von Lohn und Leistung

Im Rückblick auf die bisherigen Ausführungen wird deutlich, dass es sich beim Phänomen Arbeit bzw. Arbeitslosigkeit um ein höchst vielschichtiges und komplexes Problem handelt. Arbeit und Arbeitslosigkeit können keinesfalls allein als ökonomische Probleme betrachtet werden. Vielmehr gibt es dabei ökologische, psychologische, politische, demografische, technologische, kulturelle und ethische Implikationen. Die Auseinandersetzung mit dem Problem der Arbeit muss also diese verschiedenen Dimensionen berücksichtigen.

In diesem Zusammenhang stellen sich eine Reihe schwieriger ethischer Probleme. Eines davon betrifft die Frage der *gerechten Entlöhnung von Leistungen*. Folgende Überlegungen führen zu dieser Fragestellung. Zum ersten werden wichtige Leistungen für die Gesellschaft, z. B. die Aufzucht von Nachkommen oder die Hausarbeit nicht oder nicht genügend honoriert. Weiter gibt es Leistungen, die eine Person für sich selbst erbringt, die aber gleichzeitig sinnvoll und kostendämpfend für die Gesellschaft sind. So erbringt eine Joggerin zunächst eine Leistung für sich selbst bzw. für ihre Lebensfreude und Gesundheit, gleichzeitig ist anzunehmen, dass dadurch die Gesundheitskosten, vielleicht auch sozial-psychologische Kosten, für die Gesellschaft gesenkt werden.

Viele gut ausgebildete Menschen erbringen für die Gesellschaft bedeutsame Leistungen. Ihre Ausbildung wird aber weitgehend von der Gesellschaft bezahlt und man kann die Frage stellen, ob und wie diese Leistungen der Gesellschaft bei der Lohnzumessung zu berücksichtigen sind. Die Lohnzumessung erfolgt sehr oft nicht aufgrund einer ökonomischen Logik. Wäre dies der Fall, müssten bei gleicher Leistung beide Geschlechter gleich behandelt werden, was aber nicht der Fall ist. Das kann nur heißen, dass die Festlegung von Lohnsystemen neben ökonomischen Überlegungen auch abhängig ist von Interessen, Macht und Traditionen.

Im Übrigen sind viele Leistungen schwer messbar, quantifizierbar und in ihrer Bedeutung für die Lebensqualität einschätzbar. Der Leistungsbegriff verführt dazu, dass wir versucht werden, Leistungen rational zu beurteilen, aber wie soll man die Bedeutung der Leistung einer Krankenschwester, einer Kindergärtnerin, eines Zahnarztes und eines Forschers miteinander vergleichen? Ebenfalls nicht identifizierbar und messbar sind neben den positiven Folgen auch die negativen Folgen von Leistungen für die Gesellschaft. Wie soll man die Sicherheitskosten beziffern, welche im Gefolge von Gewaltsendungen im Fernsehen entstehen? Insgesamt muss man feststellen, dass die Messbarkeit und Quantifizierung von Leistungen in der arbeitsteiligen Gesellschaft nur unvollkommen möglich sind. Damit soll nicht bestritten werden, dass es Leistungen gibt, die eindeutig messbar und quantifizierbar sind. Wenn in der gleichen Zeit vom einen Werktätigen hundert, vom anderen zweihundert Schrauben hergestellt werden, liegt ein eindeutig messbarer Unterschied vor, der auch unterschiedlich honoriert werden muss.

Dazu kommt noch ein weiterer Umstand: Das Phänomen der Arbeitslosigkeit entwickelt sich je länger desto mehr jenseits der Verantwortung oder Leistungsmöglichkeit des einzelnen Menschen. Arbeitslosigkeit ist oft ein politisch-gesellschaftlich-ökonomisches Verdikt in einer arbeitsteiligen Konkurrenzgesellschaft, auf das der Einzelne keinen Einfluss hat. Welche Folgerungen lassen sich nun aus diesen Überlegungen ziehen. Es sind insbesondere deren drei:

➤ Die Lösung der Arbeitslosigkeit setzt solidarisches Handeln voraus.

➤ Die Verteilung der Arbeit muss nach Prinzipien der Gerechtigkeit erfolgen, insbesondere in Hinblick auf das Verhältnis von Gleichheit und Ungleichheit, wie wir es im Kapitel IV beschrieben haben.

➤ Endlich und ganz wichtig ist die Feststellung, dass das Entgelt für die Arbeit nie exakt und gerecht zu beziffern sein wird, dass wir also auf eine teilweise pauschale Entschädigungsform zurückgreifen müssen. D. h., dass auch aufgrund der hier entwickelten Analyse die Vorstellung eines arbeitsunabhängigen Grundlohnes neue Plausibilität bekommt.

Ebenfalls im Rückblick auf die bisherigen Überlegungen nennen wir eine Reihe von wichtigen Gesichtspunkten, welche bei der Suche nach neuen Lösungen für die Arbeitswelt relevant sind.

➤ Im Vordergrund steht das Prinzip der gerechten Verteilung.

➤ Ebenso wichtig ist die Bewahrung der menschlichen Würde.

➤ Zwischen diesen ethischen Prinzipien und einer funktionierender Wirtschaft muss ein vernünftiger Ausgleich gefunden werden.

➤ Alle Maßnahmen und Modelle müssen sich messen lassen an ihrer Bedeutung für die Lebensqualität und für die Überlebensfähigkeit.

➤ Leistungen müssen teilweise pauschal abgegolten werden.

➤ Eine hohe Bedeutung wird bei jedem zukünftigen Modell der Flexibilität zukommen.

➤ Zukünftige Modelle für die Arbeit dürfen sich nicht zu sehr vom spontanen Lebensgefühl entfernen.

➤ Jede Lösung muss so einfach wie möglich konzipiert werden.

➤ Und endlich: Zukünftige Konzepte müssen immer ethischen und kulturellen Standards genügen.

Neues Modell für die Tätigkeitsgesellschaft

Wir unterscheiden zwischen Arbeits- und Tätigkeitsgesellschaft. Bei der Tätigkeitsgesellschaft geht es um die Gesamtheit des menschlichen Tätigkeitshaushaltes bzw. der menschlichen Aktivitäten. Unter Arbeit verstehen wir die monetarisierte Arbeit in ihren vielfältigen Formen, z. B. als Lohnarbeit, als selbständige Erwerbsarbeit usw. Die wichtigsten Ziele einer zukünftigen Arbeits- bzw. Tätigkeitsgesellschaft sind die folgenden:

> Produktion von Gütern und Dienstleistungen im Dienste der Lebensqualität.

> Gerechte Verteilung der Arbeit bzw. der menschlichen Tätigkeit überhaupt.

> Gerechte Verteilung des Rationalisierungsgewinns.

> Sinnvolle Nutzung von zeitlichen Spielräumen aufgrund des Rationalisierungsgewinns.

> Möglichkeit der sinnvollen Integration und Kooperation der Menschen in den Arbeitsprozess.

> Ein gerechtes Lohn- und Entgeltsystem.

> Sinnerfahrung bei der Arbeit.

> Bewahrung der Überlebensfähigkeit.

Wir gehen davon aus, dass ein neues Konzept der Arbeitsgesellschaft zunächst die kulturelle Dimension und weniger die ökonomische zu beachten hat. Wollen wir diese Ziele erreichen, müssen nicht in erster Linie ökonomische, sondern kulturelle Veränderungen fundamentaler Natur vorgenommen werden. Die kulturellen Veränderungen betreffen zunächst das Verständnis der menschlichen Tätigkeit überhaupt, das Verhältnis von Tätigkeit und Geld, den Zusammenhang von menschlicher Tätigkeit und Natur und endlich den Umgang des Menschen mit der Zeit. Von diesen Überlegungen her machen wir zunächst den Versuch, einige Grundprin-

zipien für eine Tätigkeitsgesellschaft zu formulieren, welche helfen können, die genannten Probleme zu lösen:

➤ *Tätigkeiten und Arbeit entkoppeln:* Tätigsein und monetarisierte
Arbeit sind zu entkoppeln. Der Begriff der Tätigkeit soll nicht
mehr so exklusiv für den Bereich der monetarisierten Arbeit gelten, sondern das Tätigsein soll andere Ausrichtungen bekommen.

➤ *Neues Verhältnis zwischen Tätigkeiten und freier Zeit:* Tätigsein
und freie Zeit sollen in ein neues Verhältnis gebracht werden.
Wenn man so will: Die Freiheit der freien Zeit soll mit dem Ernst
des Tätigseins verbunden werden.

➤ *Arbeit und Lohn entkoppeln:* Arbeit und Lohn sollen teilweise ent-
koppelt werden. Die ökonomische Sicherstellung des Lebensunterhalts soll nicht mehr ausschließlich über die eigene monetarisierte Arbeit erfolgen.

➤ *Neue Beziehung zwischen Arbeit und Tätigkeiten:* Monetarisierte
Arbeit und unbezahlte Arbeit[21] sollen in ihrer Beziehung und Ge-
wichtung neu geordnet werden, insbesondere in Hinblick auf das
Verhältnis der Geschlechter, aber auch in Hinblick auf individuelle Erwerbsbiografien.

➤ *Verringerung der Bedeutung von Arbeit und Freizeit:* Die quanti-
tative und z. T. qualitative Bedeutung der traditionellen Arbeit
und der Freizeit sollen zurückgestuft werden. Zwischen einem
zeitlich verminderten Bereich der Arbeitszeit und, am andern
Ende, einem zeitlich verminderten Bereich der Freizeit soll ein
großer Bereich entstehen, der den Kern der zukünftigen Tätigkeitsgesellschaft ausmacht. Wir reden also zunächst von einer
Dreiteilung der Zeit in Arbeitszeit, Tätigkeitszeit und Freizeit.

➤ *Sinn und gesellschaftlicher Nutzen der Tätigkeiten:* Der zentrale
Gedanke für den Bereich der Tätigkeitszeit besteht in der Nütz-
lichkeit der Tätigkeit für die Gesellschaft und gleichzeitig in der
Sinnerfahrung für das Individuum oder die Gruppe selbst. In der
Tätigkeitszeit werden viele notwendige und für die Gesellschaft
bedeutsame Leistungen erbracht, z. B. Umweltarbeit, Beziehungs-

arbeit, Familienarbeit, Bildungsarbeit, Kulturarbeit oder soziale
Arbeit.

➤ *Finanzierung der Tätigkeiten:* Finanziert bzw. ökonomisch ermöglicht wird die Tätigkeitszeit einerseits durch einen arbeitsunabhängigen Grundlohn, andererseits durch die Früchte der Leistungen, die darin erbracht werden.

➤ *Realisierung durch einen zweiten Arbeitsmarkt:* Für die Realisierung der Tätigkeitszeit braucht es neue institutionalisierte Formen, vor allem einen zweiten Arbeitsmarkt.

➤ *Sinn und monetarisierte Arbeit:* Monetarisierte Arbeit muss Sinn
vermitteln und sich am Prinzip der Nachhaltigkeit ausrichten.

Wesentliche Elemente für ein solches Konzept sind die folgenden, zum
Teil fundamentalen Veränderungen gegenüber den heute geltenden Kon-
zepten:

➤ Neuaufteilung der menschlichen Tätigkeitszeit. Denkbar ist eine
Dreiteilung in Freizeit, Arbeitszeit und Sozialzeit. Noch besser ist
eine weitere Differenzierung in: Freizeit, monetarisierte Arbeitszeit, Eigenarbeitszeit, freiwillige Sozialzeit, obligatorische Sozialzeit, Bildungszeit, Ichzeit und Reproduktionszeit.

➤ Teilweise Entkoppelung von Arbeit und Lohn – Grundlohn.

➤ Installierung eines öffentlich geförderten Arbeitsmarktes im Sinne
eines zweiten oder Komplementärmarktes.

Im Folgenden geht es darum, diese drei fundamentalen Veränderungen
weiter zu umschreiben, zu differenzieren und zu vertiefen.

Neuaufteilung der menschlichen Tätigkeitszeit

Diese Neuaufteilung der Tätigkeitszeit entsprechend den oben genannten Zeiten ist eine absolute Voraussetzung für den Umbau der Arbeitsgesellschaft bzw. des Sozialstaates. Nur so ist eine Flexibilisierung am Arbeitsplatz möglich. Nur so kann eine Umverteilung der Arbeit gelingen.

Freizeit

Im Blick auf die *Freizeit* stellen wir uns auch eine zeitliche Verminderung vor. Man sollte den Versuch wagen, in der sogenannten freien Zeit Dinge zu tun, die nützlich sind für die Gesellschaft und die gleichzeitig einen Gewinn an Sinnstiftung und Befriedigung, allenfalls auch Erholung bringen.

Monetarisierte Arbeitszeit

Die monetarisierte Arbeit ist ein Segment dieses Tätigkeitshaushaltes neben den sieben anderen genannten Segmenten. Das bedeutet auch eine zeitliche Verminderung der Arbeitszeit. Wir gehen davon aus, dass sich die *Arbeitszeit* in Folge der höheren Produktionskraft tendenziell immer mehr nach unten bewegen kann und soll. Wir werden in der Lage sein, mit weniger Aufwand in kürzerer Zeit mehr zu produzieren. Aus ethischer Sicht ist es entscheidend, dass wir diese Chance nutzen und bei verminderter Arbeitszeit andere Tätigkeitsbereiche ausweiten. Die entscheidende Folge dieser Reduktion der Arbeitszeit liegt in der Möglichkeit einer massiven Umverteilung der monetarisierten Arbeit. Auf diese Weise wird eine Flexibilisierung der Arbeitsplätze möglich. Dass dies nicht von heute auf morgen geschehen kann, liegt auf der Hand. Aber es eröffnet sich hier die Perspektive einer kontinuierlichen Senkung der Erwerbsarbeitszeit zugunsten einer ebenso kontinuierlichen Umverteilung der Arbeit.

Eine solche Politik der Flexibilisierung bringt auch für Arbeitgeber Vorteile. Viele Studien weisen nach, dass die effektivste Arbeitszeit nicht 100%, sondern ca. 70% beträgt. Die Flexibilisierung am Arbeitsplatz muss nicht nur als Senkung der wöchentlichen Arbeitszeit vorgestellt werden. Vielmehr sind andere Formen der Flexibilisierung denkbar. Am weitesten gehen die Vorstellungen von Unternehmen, in denen Arbeitnehmerinnen und Arbeitnehmer autonom den Zeitbedarf der anfallenden Arbeiten beurteilen und dementsprechend bereit sind, einmal zehn Stunden und mehr am Tag zu arbeiten, dafür aber bei einem temporären Rückgang der Aufträge kompensatorisch freie Zeit konsumieren. Denkbar sind auch Verträge, in denen Arbeitnehmer und Arbeitgeber flexible Arbeitszeiten vereinbaren, z. B. auf der Basis von Jahres-, Monats- oder Tagesarbeitszeiten. Die Meinung ist, dass sich die monetarisierte Arbeitszeit für Männer und Frauen bei 50% des bisherigen Volumens einpendelt.

Eigenarbeitszeit

Unter Eigenarbeitszeit versteht man das Herausholen von Tätigkeiten aus der Monetarisierung, Ökonomisierung und Professionalisierung. In gewisser Weise drückt der Do-it-yourself-Gedanke diese Grundidee aus. Eigenarbeit meint die eigene tätige Erledigung von Arbeiten, die wir nötig haben zur Deckung des Bedarfs an Gütern und Dienstleistung. Als Beispiele können gelten: Die Eigenarbeitszeit im Dienste der eigenen Gesundheit, d. h. die Eigenanstrengung für gesundheitliche Prävention. Unter solchen vorsorglichen Tätigkeiten meinen wir zum Beispiel das Aufwenden von Zeit zur Bewegung des Körpers, das Tätigsein für gesunde Ernährung oder für Erholung. Eigenarbeit kann auch im Haushalt, bei der Mobilität, in der Kultur und in der Pflege geleistet werden.

Der Sinn solcher an Eigenarbeit orientierter Tätigkeit besteht allgemein darin, dass sie ressourcenschonend funktioniert, beispielsweise im Haushalt. Ganz besonders dann, wenn wir unter Entmonetarisierung und Entökonomisierung der Mobilität das Zu-Fuß-Gehen oder das Fahrradfahren verstehen. Eigenarbeit ist auch eine widerständige Haltung im Konsumrausch der Gegenwart. Eigenarbeit geschieht auch dann, wenn Konsumentinnen und Konsumenten mit dem Fahrrad einheimische Produkte auf dem Bauernhof kaufen und dafür eben mehr Zeit aufwenden. Desgleichen ist Eigenarbeit auch die Selbstversorgung im Garten und auf dem Bauernhof, insbesondere dann, wenn der Verzicht auf den Einsatz von Giftstoffen mit erhöhter und längerer körperlicher Arbeit verbunden ist. Endlich ist Eigenarbeit der Verzicht auf viele elektrische Geräte im Haushalt, verbunden mit körperlichen Anstrengungen in der Zeitdimension.

Freiwillige und obligatorische Sozialzeit

Unter Sozialzeit verstehen wir das Erbringen von gesellschaftlich-sozial-ökologisch notwendigen bzw. bedeutsamen Leistungen durch Tätigkeiten außerhalb der Monetarisierung und Professionalisierung, sofern diese Leistungen über den Markt nur unvollkommen erbracht werden. Die Sozialzeit kann man einteilen in obligatorische und freiwillige Sozialzeit. Während die obligatorische Sozialzeit eine verfassungsmäßige oder gesetzliche Verankerung einer allgemeinen Dienstpflicht voraussetzt, ist die freiwillige Sozialzeit ehrenamtlich. Was die Aufgaben der *freiwilligen Sozialzeit* betrifft, kann man viele Formen ökologischer Dienstleistungen nennen: Waldreinigung, Seereinigung, Altlastensanierung, ethisch-orientierte Landwirtschaft, Unkraut- und Ungezieferbeseitigung, energiefreier Transport. Als Beispiele für soziale Dienstleistungen nennen wir das Zeit-Haben für kranke, behinderte und alte Menschen, alltägliche Hilfeleistungen und Beratungen jeglicher Art. Beispielsweise Hilfestellung bei Gymnastik und Sport für ältere Menschen, Animation und Gassenarbeit bei Randgruppen, kulturelle Angebote im regionalen und lokalen Bereich, internationale Friedensdienste. Viele dieser Dienstleistungen sind für Teile der Gesellschaft sehr bedeutsam, aber eben nicht erschwinglich oder nicht erhältlich. Einige davon betreffen Arbeiten, die unangenehm oder schwer sind und die wir häufig zu schlechten Bedingungen an gesellschaftliche Randgruppen delegieren. Wer arbeitet freiwillig? Freiwillige kommen aus den unterschiedlichsten Bereiche und Gruppierungen: Pensionierte, Jugendliche, Hausfrauen und Hausmänner, Berufsleute, die einen Teil ihrer Arbeitskraft zur Verfügung stellen.

Die Struktur eines *obligatorischen Sozialdienstes* könnte man sich wie folgt vorstellen: Eine erste Tranche besteht aus einem obligatorischen Dienstjahr in der Jugend. Ein zweiter Teil des Sozialdienstes könnte in Form von Wiederholungskursen durch das Leben hindurch konzipiert werden, in Analogie zu den militärischen Wiederholungskursen in der Schweiz. Denkbar ist auch eine Form von Sozialdienst nach der Pensionierung. Ein Einwand gegen den obligatorischen Sozialdienst besteht im Bürokratisierungsvorwurf. Dies muss keinesfalls zutreffen. Denkbar ist eine dezentrale Organisation des obligatorischen Sozialdienstes. Gemeinnützige Gesellschaften und Organisationen wie Rotes Kreuz, Frauenvereine, Naturschutzvereine, Greenpeace, Menschenrechtsorganisationen usw.

könnten einen jährlichen Etat von Dienstleistenden zugesprochen erhalten. Der obligatorische Sozialdienst sollte insgesamt nicht länger als zwei Jahre pro Person dauern. Von zentraler Bedeutung für einen sinnvollen Sozialdienst bleibt eine gute Ausbildung der Dienstpflichtigen. Dabei geht es nicht nur um eine Einführung in die spezielle Aufgabe, sondern im Sozialdienst sollen auch wichtige soziale Kompetenzen erlernt werden wie Orientierungskompetenzen, Urteilskompetenzen und kommunikative Kompetenzen. Vorgestellt ist eine Kombination von Sozialdienst und menschlich-sozialer Weiterbildung.

Ein Einwand gegen das Obligatorium richtet sich gegen den Zwangscharakter. Viele erachten es unzumutbar für mündige Menschen, dass es so etwas wie eine Arbeitspflicht geben soll. Dem gegenüber muss man erwähnen, dass der Zwangscharakter an manchem Arbeitsplatz einschneidender sein kann als in einem obligatorischen Sozialdienst, der ja zeitlich begrenzt ist. Und für den obligatorischen Sozialdienst sollte es Wahlmöglichkeiten geben. Denkbar ist, dass jeder und jede Sozialdienstpflichtige bei der Einberufung drei Optionen benennen können, die nach Möglichkeit berücksichtigt werden.

Ich-Zeit

Unter Ich-Zeit verstehen wir diejenige Zeit, die der Einzelne oder die Einzelne sich selber schenkt oder herausnimmt. Es ist die Zeit, die ich für meinen Körper, für meine Seele, meinen Geist und meine Bedürfnisse zur Verfügung habe. In der Ich-Zeit geschieht auch ein Beitrag zum Aufbau meiner eigenen Identität und Persönlichkeit. Sport, Muße, Meditation, Religion, Kultur, Musik, Liebhabereien sind Stichworte für die Ich-Zeit.

Reproduktionszeit

Unter Reproduktionszeit oder familialer Zeit werden alle Formen, Anstrengungen und Tätigkeiten verstanden, welche die Zuwendung für die künftigen Generationen betreffen. Dazu gehört die Haus- und Familienarbeit, es gehört aber auch die Zuwendung über mehrere Generationen hinweg dazu.

Bildungszeit

Unter Bildungszeit verstehen wir diejenige Zeit, die wir ein Leben lang für Ausbildungen, vor allem aber auch für Bildung aufwenden. Aus vielen Gründen ist eine Verstärkung und Vertiefung der Bildung von großer Bedeutung. Einmal wird die Lösung geistiger und kultureller Probleme immer wichtiger. Die vertiefte Bildung setzt aber auch einen Kontrapunkt zur elektronischen Spaßgesellschaft und der Konsumgesellschaft der Gegenwart. Bildung wird immer mehr bedeutsam für den Aufbau von Orientierungskompetenzen in einer immer unübersichtlicher werdenden Gesellschaft. Auch in Bezug auf die Ausbildung steigen die Anforderungen. Die gesellschaftlichen und wirtschaftlichen Herausforderungen verlangen vermehrt eine permanente Aus- und Weiterbildung für diejenigen, die sich in der globalen Konkurrenzgesellschaft behaupten wollen.

Die These unseres Buches heißt *die Zukunft ist ethisch – oder gar nicht*. Dieser Herausforderung kann nur eine Gesellschaft genügen, welche ihre Orientierungs- und Urteilskompetenzen zu einer zentralen Aufgabe der Bildungspolitik macht. In den kommenden Umbruchszeiten ist die Fähigkeit für geistige Leistungen, für kreative Innovation, für Sinnvermittlung, für visionäre Neuorientierung und für begeisterte Veränderungsbereitschaft immer stärker gefragt. Wohin die Bildungsreise gehen soll, steht bereits in den Bildungszielen des zweiten deutschen Familienberichts:

«a) Durch Sozialisation sollen Kinder ein Maß an *Selbstsicherheit* entwickeln, das sie einerseits davor bewahrt, sich aufgrund negativer Selbstbilder in dauerhafte Abhängigkeit von anderen zu flüchten und dabei jeglichem Autoritätsdruck ängstlich nachzugeben, dass sie andererseits aber auch davor schützt, selbstgerecht und lernunfähig zu werden.

b) Sozialisation soll zur Bildung eines *Gewissens* beitragen, das einerseits stark genug ist, um spontane Bedürfnisse ebenso wie soziale Zumutungen moralisch kontrollieren zu können, das sich andererseits aber auch nicht auf starres Befolgen verinnerlichter Handlungsnormen ohne Ansehen der jeweiligen Situation und ohne Berücksichtigung der sozialen Konsequenzen rigider Normanwendung festlegen lässt.

c) Sozialisation soll eine Entwicklung *intellektueller Fähigkeiten* anzielen, die dem Einzelnen in seinen Handlungsfeldern einen sach- und

sinngerechten Umgang mit Begriffen und Theorien gestatten und eine
selbständige Lösung von Aufgaben ermöglichen.

d) Durch Sozialisation soll eine *Leistungsmotivation* derart vermittelt werden, dass inhaltlich bedeutsame und sozial legitimierbare Güte-
maßstäbe als Handlungsanreize vom Einzelnen angenommen und verfolgt werden, ohne dass dabei eine starre Fixierung auf «Leistung an und
für sich» entsteht.

e) Zu den Sozialisationszielen zählt die Erzeugung der individuellen Bereitschaft und Fähigkeit, die Bedürfnisse und Interessen anderer
wahrzunehmen *(Empathie)* und, je nach ihrem Recht, in der eigenen Hand-
lungsführung um so mehr zu berücksichtigen, je schwächer die Fähigkeit
des anderen ist, seine Bedürfnisse und Interessen selber zu erkennen und
durchzusetzen *(Solidarität)*.

f) Schließlich sollten in Sozialisationsprozessen Bereitschaft und
Fähigkeiten zur ‹produktiven› *Konfliktbewältigung* aufgebaut werden; d. h.
es sollte gelernt werden, soziale Konflikte weder zu verdrängen noch
durch bloße Eliminierung des Widerstandes gewaltsam zu beseitigen.»[22]

Wenn wir der ethischen Herausforderung der Zukunft angemessen begegnen wollen, dann müssen wir also neue Fähigkeiten und Kompetenzen
entwickeln, so die Fähigkeit:

➤   **Die Zukunftsprobleme ethisch, d. h. in der Kategorie der Verant-
     wortung anzugehen.**

➤   **Notwendige Unterscheidungen zu treffen in Hinblick auf die Am-
     bivalenz und Widersprüchlichkeit des Fortschritts.**

➤   **Zum Perspektivenwechsel bei der Wahrnehmung des anderen als
     Ausgangspunkt für eigenes Handeln.**

➤   **Vernetzt zu denken und zu handeln und sich am Kreislauf der
     Natur zu orientieren.**

➤   **Den eigentlichen Sinn des Lebens und der Gesellschaft zu er-
     kennen.**

➤ Die Ziele der Gesellschaft stärker mit dem menschlichen Hoffen und Sehnen zu verbinden.

➤ Innovativ, kreativ, flexibel und kompetent in kommenden Zeiten des Umbruchs zu bestehen.

➤ Antworten bereit zu stellen für die großen und ungelösten Fragen der Zukunft wie Armut, Arbeitslosigkeit, Umweltzerstörung, Gewalt, Sinnlosigkeit, demografische Entwicklung, Zerfall der Traditionen, Fundamentalismus, Konflikt der Kulturen, Chaos im Weltdorf.

Entkoppelung von Arbeit und Lohn – Grundlohn

Es gibt viele Gründe, die für eine teilweise Entkoppelung von Arbeit und Lohn sprechen. Eigentlich sollte jede Gesellschaft, welche durch strukturelle Arbeitslosigkeit und Niedriglohnpolitik die Menschen an der Sicherung des Lebensunterhalts hindert, einen arbeitsunabhängigen Grundlohn, eine Bürgerrente für alle, ausbezahlen. Es gibt aber auch ethische Gründe für die Bürgerrente: Die positiven oder negativen Leistungen der Menschen lassen sich nicht vollständig identifizieren, weder innerbetrieblich noch gesellschaftlich. Hier müssen Ausgleich und eine soziale Absicherung geschaffen werden. Dabei wird an die Größenordnung von etwa tausend Euro pro Monat und Person gedacht. Dies ist nicht existenzsichernd. Gedacht ist, dass im Normalfall die Menschen dazu noch während mindestens 50% der bisherigen Arbeitszeit Erwerbsarbeit nachgehen. Der Grundlohn hat die Bedeutung, dass damit eine Grundsicherung für alle gelegt ist, und dass ebenso die Voraussetzung für die Flexibilisierung am Arbeitsplatz sowie für die Sozialzeit gelegt ist. Der Grundlohn ist so die unabdingbare Voraussetzung für eine Umverteilung der Arbeit, für die Sicherstellung notwendiger Dienstleistungen und für eine teilweise arbeitsunabhängige Sicherung der Lebensrisiken.

Der Grundlohn bekommt eine neue Bedeutung im Zusammenhang mit sozialer Sicherheit. Die Gegenwart zeichnet sich durch eine starke Veränderung in den Erwerbsbiografien aus. Wenn das Konzept für die Sicherung der Altersvorsorge an die Idee der Vollbeschäftigung gekoppelt

ist, dann muss mit dem Ende der Vollbeschäftigung auch über die Altersvorsorge neu nachgedacht werden. Überhaupt gibt es eine tief greifende
Veränderung in Hinblick auf die soziale Sicherheit. Die Europäische Kom-
mission hat schon 1993 die wichtigsten Faktoren benannt:

> **Die Veränderung der Altersstruktur der Bevölkerung**

> **Die höhere Lebenserwartung**

> **Die Unsicherheit auf dem Arbeitsmarkt**

> **Anhaltend hohe Arbeitslosenquoten**

> **Das Aufkommen neuer Formen von Armut und Ausgrenzung**

> **Die Veränderung familiärer Strukturen**

> **Die Forderung nach Gleichstellung von Mann und Frau in der
sozialen Sicherheit**

Wir gehen hier davon aus, dass es dringend geboten ist, aufgrund solcher
Veränderungen sowohl über die Sicherung des Lebensunterhalts wie über
die soziale Sicherheit neu und vertieft nachzudenken. Der arbeitsunabhängige Grundlohn ist aus unserer Sicht die beste Antwort auf die genannten Veränderungen. Er ist eine Schlüsselgröße nicht nur für die Neuverteilung der Arbeit, sondern auch für die langfristige Gewährleistung
einer stabilen sozialen Sicherheit.

Die Idee eines arbeitsunabhängigen Grundlohnes ist alt. Sie wurde
in den Utopien des sechzehnten und siebzehnten Jahrhunderts in unterschiedlichen Variationen vertreten, so bei Thomas Morus (1478–1535),
Tommaso Campanella (1568–1639) und Francis Bacon (1561–1626). Der
österreichische Pfarrer Josef Popper-Lynkens (1838–1921) hatte zu Beginn des zwanzigsten Jahrhunderts eine Arbeitspflicht mit einer lebens-
langen Grundversorgung gekoppelt. Auf dieser Linie argumentiert, wenn
auch in anderer Form, André Gorz (1923–2007), wenn er einen Grundlohn mit der Pflicht zur Arbeit koppelt, die der Staat allen Bürgern bereitstellen muss. Gorz befürchtet schwerwiegende Nachteile für ein arbeits-
unabhängiges Grundeinkommen jenseits der Arbeit. Es ist entweder ein
«institutionelles Almosen», also die Beschwichtigung des Gewissens der
Habenden, oder aber es grenzt die arbeitslosen Bezüger aus. Denn die Arbeit hat für Gorz eminent emanzipatorischen Charakter. Zudem ist der

arbeitslose Grundlohn ein Mittel, mit dem der Kapitalismus seine Probleme bewältigt ohne die eigene Rationalität in Frage zu stellen. Wir bevorzugen hier anstelle der staatlichen Bereitstellung von Arbeit die indirekte Koppelung von Grundlohn und obligatorischem Sozialdienst, weil wir die generelle staatliche Arbeitspflicht als problematisch beurteilen.

Und im Übrigen stellen wir uns vor, dass im Normalfall neben dem Grundlohn Einkünfte aus einer vollen oder teilweise monetarisierten Arbeit generiert werden. Und eben dieser arbeitsunabhängige Grundlohn sollte neue Arbeitsmöglichkeiten schaffen, weil wegen des Grundlohnes nicht wenige Arbeitnehmerinnen und Arbeitnehmer ihre Arbeitszeit senken können. Wer trotzdem ohne eigenes Verschulden arbeitslos wird, muss allerdings nach wie vor von den Leistungen einer Arbeitslosenversicherung profitieren können. Von besonderer Bedeutung ist, dass bei der Einführung einer allgemeinen Dienstpflicht alle Menschen in gleicher Weise und solidarisch Leistungen erbringen müssen, während bei der Statuierung einer staatlichen Arbeitspflicht davon weitgehend arbeitslose Mensch und Randgruppen betroffen wären.

Die Höhe des Grundlohnes soll aus unserer Sicht unterhalb des Existenzminimums angesetzt werden. Die Empfänger des Grundlohnes sollen im Normalfall einer monetarisierter Arbeit nachgehen. Dass der Grundlohn unterhalb des Existenzminimums angesetzt wird, soll eben gerade den Anreiz zur monetarisierten Arbeit aufrechterhalten. Die Höhe des Grundlohnes ist aber auch so bemessen, dass er bei kleineren Einkommen ins Gewicht fällt. Dies soll am Beispiel einer allein erziehenden Mutter mit zwei Kindern verdeutlicht werden. Als Verkäuferin verdient sie vielleicht etwa zweitausend Euro monatlich. Kommt sie in den Genuss des Grundlohnes, bezieht sie dreitausend Euro pro Monat. Vielleicht kann sie es sich damit leisten, nur noch vier statt fünf Tage zu arbeiten und hat damit mehr Zeit für Haushalt und Kinder und trotzdem verdient sie mehr als früher. Da nicht wenige Menschen niedrige Einkommen beziehen, ist die positive Auswirkung des Grundlohnes für viele eine spürbare Verbesserung der Lebenssituation.

Was nun die Finanzierung des Grundlohnes betrifft, muss man diese Zahlung mit anderen Sozialleistungen vergleichen. Der Grundlohn würde einen großen Teil der Alters- und Invalidenversicherung, des Arbeitslosengeldes, der Stipendien und der Sozialhilfe ersetzen. Die

Finanzierung des Grundlohnes sollte weitgehend über eine ökologische Steuerreform und nicht über die Besteuerung der Arbeit erfolgen. Neue Formen von Erbschaftssteuern und Kapitalgewinnsteuern sind zusätzlich denkbar. Von einem solchen Grundlohnsystem erwarten wir eine beträchtliche Senkung der Bürokratiekosten in den verschiedensten Bereichen der sozialen Sicherung. Ein Argument gegen den Grundlohn betrifft das Schmarotzertum. Viele befürchten, dass bei einem arbeitsunabhängigen Grundlohn eine beträchtliche Zahl von Menschen keiner geordneten Arbeit mehr nachgehen würden. Dagegen kann man argumentieren, dass es gesellschaftlich und ökologisch durchaus von Interesse ist, wenn ein Teil der Menschen mit einem bescheidenen Lebensstil zufrieden sind und so z. B. ökologische Schäden vermieden werden. Im Übrigen haben die Sozialexperimente in den USA im letzten Jahrhundert gezeigt, dass bei der Auszahlung des Grundlohnes kaum mehr Menschen aus dem Arbeitsmarkt aussteigen. Endlich könnte der Grundlohn auch eine Antwort auf die höhere Lebenserwartung, die neue Fitness im Alter und die damit verbundenen ökonomischen Probleme bereitstellen. Denkbar wäre die prinzipielle Aufhebung der Pensionierung.

Zweiter Arbeitsmarkt – Sozialmarkt

Ein wesentliches Element in der Neuordnung des menschlichen Tätigkeitshaushalts ist der sogenannte zweite Arbeitsmarkt. Unter diesem Titel beschreiben wir eine Institutionalisierung der Sozialzeit. Wir nennen im Folgenden diesen zweiten Arbeitsmarkt Sozialmarkt, weil alle Begriffe, die heute dafür gebraucht werden (wie zum Beispiel «öffentlich geförderter Arbeitsmarkt» oder «Komplementärmarkt») unsere Vorstellung eines alternativ-komplementären Marktes nur unvollständig oder verzerrt wiedergeben. Dies deshalb, weil wir den hier beschriebenen Sozialmarkt als ein wichtiges Element einer zukünftigen dualen Marktgesellschaft verstehen. Der Sozialmarkt ist nicht einfach ein minderwertiges unvermeidbares Übel, sondern transportiert auch die Idee einer neuen Wirtschafts- und Lebensform, welcher die Zukunft gehört, nämlich eben ein duales Marktsystem, in dem sich zwei Marktformen gegenseitig durchdringen und befruchten, aber durchaus auch konkurrieren.

Ein wichtiger Ausgangspunkt der Idee des Sozialmarktes ist der tiefe innere Widerspruch der Massenarbeitslosigkeit. Es kann ökonomisch nicht Sinn machen, wenn eine Gesellschaft durch das Arbeitslosengeld Nicht-Arbeit anstelle der Arbeit bezahlt. Genau dies geschieht heute und die Kosten dieser Nicht-Arbeit sind beträchtlich. Der zweite Ausgangspunkt für die Idee des Sozialmarktes besteht in der Feststellung, dass in unserer Gesellschaft viele humane, soziale, sinnstiftende, kulturelle und ökologische Dienstleistungen fehlen. Wir kennen die Liste dieser Defizite: Kein Geld für menschliche Zuwendung, z. B. keine Zeit und kein Geld für Alte, Kranke, Behinderte, für Kultur, für die Entsorgung von Abfall und für die Sinnstiftung. Ein Ausgangspunkt für den Sozialmarkt ist die Defiziterfahrung in Bezug auf menschlich und gesellschaftlich notwendige, aber am Markt nicht hinreichend erhältliche Dienstleistungen.

Was sind nun die wesentlichen Strukturelemente des Sozialmarktes? Zunächst geht es um die Entwicklung von konkreten Projekten auf dem Hintergrund der genannten Defiziterfahrungen. Projekte des Sozialmarktes sind Konzepte für die Sicherstellung von fehlenden, aber bedeutsamen Dienstleistungen. Beispiele dafür sind: Pflegeinstitutionen für Behinderte, Ferien für Behinderte, Streetworking für gewalttätige und arbeitslose Jugendliche, Modelle für die Unterstützung von Haus- und Familienarbeit sowie Schulen, Integrationsleistungen für Ausländer, Projekte für die Entsorgung, Reparaturzentralen, Förderung lokaler Kultur, Förderung des ökologischen Handwerks und der ökologischen Landwirtschaft, Bildungsangebote, Nachhilfestunden, Sportunterricht für ältere Menschen, Dienstleistungen in Vereinen usw. Zwei Beispiele sollen hier etwas genauer betrachtet werden, zunächst das Projekt *Altlastensanierung*.

Frühpensionierte Ingenieure und Freiwillige entwickeln Pläne und Technologien. Freiwillige, obligatorisch Sozialdienst Leistende und andere Helfer und Helferinnen setzen diese Pläne praktisch um, z. B. bei der Sanierung von Altlasten in einem alten Fabrikgebiet. Industrien und Gemeinde unterstützen das Projekt. Als Gewinn steht fest: Zukünftige, wahrscheinlich sehr teure Umweltgefahren sind gebannt, neue Technologien, Verfahren und Fähigkeiten sind entwickelt, Kosten sind gespart, neues Nutzland ist bereitgestellt, Tätigkeitsfelder sind geschaffen, gemeinsam wurden sinnvolle Zwecke erreicht, neue gesellschaftliche Verbindungen wurden geschaffen.

Das zweite Beispiel betrifft *Kommunikation und Sport im Alters-heim.* Sozialdienstleistende, Freiwillige und Arbeitslose werden ausgebil-det in Kommunikation und Bewegung. Sie betätigen sich in diesen Feld-ern in Altersheimen. Positive Folgen werden sein, dass ältere Menschen Abwechslung erfahren, der Einsamkeit entrissen werden, körperlich fit werden, dadurch Gesundheitskosten sparen und zugleich die jungen Men-schen neue Sinnerfüllung erfahren. Dieses Projekt ist ein mögliches Bei-spiel für einen neuen Gesellschaftsvertrag zwischen alt und jung: Junge Menschen leisten über reale Dienstleistungen Beiträge zur Kostensenkung und zur Erhöhung der Lebensqualität.

Bei beiden Projekten wird es notwendig sein, dass Professionelle und Freiwillige zusammenarbeiten. Es ist wichtig, hier einen Grundsatz des Sozialmarktes festzuhalten. Es geht nie um einen kostengünstigen Er-satz von Arbeiten und Dienstleistungen, die marktfähig sind. Es geht auch nicht um eine billige Beseitigung von Schäden, welche durch den ersten Arbeitsmarkt entstehen. Es geht vielmehr um die Suche nach neuen Win-win-Situationen. Es geht um Projekte, die auch für Professionelle nur da-rum ökonomisch möglich werden, weil sich eine beträchtliche Anzahl von Freiwilligen und Sozialdienstleistenden darin engagiert.

Eine nächste Frage betrifft die Finanzierung der Projekte. Grund-sätzlich sind Projekte des Sozialmarktes Projekte der Zivilgesellschaft, d. h. möglichst viele Menschen sollen sich auch um die Finanzierung küm-mern. Eine Möglichkeit sind Beiträge von Privaten und Sponsoren oder auch von der Öffentlichkeit, insbesondere von Gemeinden. Diese werden sich vor allem dann beteiligen, wenn durch die Projekte eine Senkung öffentlicher Kosten erfolgt, z. B. von Gesundheits-, Umwelt- oder Gewalt-kosten. Die Senkung von Kosten ist durchaus ein wichtiges Argument für den Sozialmarkt. Denkbar ist die finanzielle Beteiligung von gemeinnüt-zigen Gesellschaften und Vereinen. Gedacht ist auch an die Schaffung neuer gemeinnütziger Gesellschaften. Wir stellen uns z. B. eine gemein-nützige Gesellschaft mit dem Namen Pro Präventione vor, welche Mög-lichkeiten von präventiver Verhinderung von Krankheit, Sucht, Umwelt-zerstörung und Gewalt praktisch und strategisch angeht. Die Aussicht auf Verminderung von Sucht und Gewalt wird auf Interesse von Wirtschaft und Gesellschaft stoßen.

Ein Problem ist der Lohn für alle diejenigen, die an Sozialmarkt-projekten arbeiten. Grundsätzlich verstehen wir die Leistungen am Sozialmarkt als indirekt abgegolten durch den arbeitsunabhängigen Grundlohn. Allerdings muss für Professionelle und Arbeitslose eine Ausnahme gemacht werden. Sie haben im Sozialmarkt einen Anspruch auf angemessenes Entgelt; für die übrigen Kategorien von Mitarbeitenden sind Spesenregelungen sinnvoll.

In den Sozialmarkt integriert sind Anstrengungen für Bildung und Weiterbildung all jener, die sich darin engagieren. Die Bildung muss zentrales Element des Sozialmarktes sein, und zwar nicht in erster Linie als fachliche Ausbildung, sondern als Erwerb von neuen menschlichen und sozialen Kompetenzen.

Alle diese Überlegungen machen deutlich, dass wir unter dem Sozialmarkt nicht bloß den ergänzenden Arbeitsmarkt mit wenig attraktiven Dienstleistungen verstehen, sondern eben auch ein Experimentierfeld für eine alternative, zukunftsweisende Gesellschafts- und Wirtschaftsform. Der Sozialmarkt ist gedacht als Betätigungsfeld derjenigen, die unter der gegenwärtigen Situation leiden, sowie derjenigen, die aus Einsicht und Verantwortung nach neuen Gesellschafts-, Wirtschafts- und Marktformen suchen. Es geht um die Koalition der Betroffenen, der Einsichtigen und der Verantwortungsbereiten.

Im Rückblick auf unser Konzept des Sozialmarktes muss nochmals betont werden, dass dieses niemals instrumentalisiert werden darf für die Umgehung von gesetzlichen und ethischen Standards. Beispielsweise soll der Sozialmarkt Unternehmer nicht dazu verleiten, dass sie überhaupt keine behinderten Menschen mehr einstellen. Das Gegenteil ist angestrebt. Es gehört zur Selbstbindung von Unternehmen,[23] dass sie nach Möglichkeit Elemente des Sozialmarktes ins eigene Unternehmen integrieren. Wir propagieren die Idee einer dualen Marktwirtschaft also nicht nur auf der Ebene der Gesellschaft, sondern auch der Unternehmen selbst. Im Übrigen können die Grenzen zwischen beiden Märkten nicht eindeutig gezogen werden. Es kann wohl sein, dass ein gut funktionierender Sozialmarkt hohe gesellschaftliche Attraktivität besitzt und auf großes Kunden- und Anlegerinteressen stößt. Dieser Gedanke führt uns auf die eigentliche Spur eine Gesellschaftsvision, wie wir sie vertreten: Das eigentliche Ideal für Wirtschaft und Gesellschaft besteht darin, dass wir ökonomischen Erfolg und Gewinn mit Projekten und Dienstleistungen erzielen, welche für Mensch und Gesellschaft positiv sind.

Diese Strategie lebt von der Bereitschaft der Menschen, ihr Schicksal in die eigene Hand zu nehmen und so Wirtschaft, Politik und Gesellschaft zu verändern. Bezogen auf einzelne Adressaten sind folgende Umsetzungen denkbar:

➤ Unternehmerinnen und Unternehmer, Managerinnen und Manager, Mitarbeiterinnen und Mitarbeiter setzen die zeitliche Flexibilisierung am Arbeitsplatz in drastischer Weise um. Massive freiwillige und abgesprochene Arbeitszeitverkürzungen schaffen in dramatischer Weise neue Arbeitsplätze.

➤ In den Familien und Partnerschaften werden neue Zeitmodelle umgesetzt, die sich an einer gleichmäßigen Verteilung der Berufs- und Hausarbeit von Mann und Frau orientieren.

➤ Unternehmen, Freiwillige, Bildungsinstitute und Arbeitsämter organisieren neue Formen der Bildung und Weiterbildung unter besonderer Berücksichtigung von Bildungsurlauben für alle.

➤ Gemeinden, Kirchen, Institutionen und Private entwickeln eine Vielzahl von Projekten für den Sozialmarkt. Sie sind um Sponsoring und Finanzierung bemüht. Bildungsinstitutionen schaffen neue Bildungsangebote als Anreize für die Mitarbeit an Projekten des Sozialmarktes. Insgesamt steigt die Gründung neuer gemeinnütziger Gesellschaften ständig an.

➤ Eine besondere Bedeutung haben alle Formen von freiwilligen Diensten. Koordinationsstellen für Freiwillige, nicht zuletzt im Bereich der älteren Menschen, werden geschaffen. Alternative Sozialzeitprojekte für Jugendliche im In- und Ausland werden angeboten.

➤ Immer mehr Menschen entscheiden sich für duale Erwerbsbiografien: Teilzeitarbeit im ersten Arbeitsmarkt und Mitarbeit in Projekten des Sozialmarktes werden in einzelnen Erwerbsbiografien einander zugeordnet bzw. in Partnerbeziehungen koordiniert.

VII
Schluss

Zum Schluss kehren wir nochmals zur Grundthese des Buches zurück. Die eigentlichen Herausforderungen sind geistig-ethischer Natur. Ein schönes Beispiel und Bild für eine Annahme dieser Herausforderung finden wir im ersten Ballonflug um die Erde von Bertrand Piccard und Brian Jones 1999. Der Erfolg dieses Projekt hing von der Bewältigung verschiedener Herausforderungen ab.

Anforderungen:	Erdumrundung von Piccard und Jones:
Es braucht den Einsatz modernster Technologie:	Heißluftballon, Navigation etc.
Der Energieaufwand muss minimal sein:	Nur Auftrieb wird genutzt
Es braucht das intelligente Ausnützen der Naturkräfte:	Vortrieb durch den Wind
Geschwindigkeit ist unwichtig:	Das Ziel ist wichtig, das Tempo Nebensache
Rollende Neukonzeptionierung:	Routen werden regelmäßig neu bestimmt
Umwege sind Normalfall:	Wenn der direkte Weg energieaufwendig ist, dann sind Umwege vorzuziehen
Respekt vor den Grenzen:	Das Mögliche wird nur innerhalb von festgelegten Grenzen möglich gemacht
Gefordert sind personale Kompetenzen:	Erfolg hängt von kommunikativen Kompetenzen ab

Obwohl die Ballonfahrt technisch und finanziell aufwendig war, war damit der Erfolg noch nicht garantiert. Entscheidend war die geistig-ethische Ausrichtung des Projekts. Das Einlösen der genannten Anforderungen braucht zudem bestimmte Charaktereigenschaften, die im Unternehmen

Piccard offensichtlich vorhanden waren: Begeisterung, Geduld, Neugier, Mut, Intelligenz, Bescheidenheit, Kreativität, Radikalität, Weitsicht und innerer Friede. Im Übrigen bringt das neue Projekt von Piccard, die Erdumrundung mit einem von Sonnenenergie angetriebenen Flugzeug,[24] eine weitere Annäherung an unsere Vorstellungen einer zukunftsfähigen Gesellschaft.

Wir haben in unserem Buch beschrieben, wie die Menschheit sich in schwerwiegende ökologische, wirtschaftliche und soziale Problemstellungen hineinmanövriert hat. Wir haben auch beschrieben, dass wir die Auswege eben gerade nicht auf einer ökonomischen und technischen Ebene sehen, sondern auf der Ebene der ethischen und geistigen Besinnung des Menschen: Zu lösen sind in erster Linie nicht materielle Fragen, sondern geistige und ethische. Darin besteht der entscheidende Paradigmenwechsel, wenn man eine zukunftsfähige und menschenwürdige Gesellschaft anstrebt.

VIII
Anmerkungen

I Überleben und Lebensqualität als Thema der Ethik

1 Jochen Bittner: Atombombe gefällig? DIE ZEIT 52/2002.
2 NZZ 31. 8. 2005.
3 Tages-Anzeiger 5. 9. 2005.
4 Tages-Anzeiger 5. 9. 2005.
5 Marc Pitzke: Ungleiches Leid unterm Sternenbanner. Spiegel 5. 9. 2005.
6 Timothy Garton Ash in: Tages-Anzeiger 9. 9. 2005.
7 Vgl. dazu: Erhard Eppler, 1974, S. 61.
8 Vgl. S. 87ff.
9 Jürgen Todenhöfer in: DIE ZEIT 32/2005.
10 Vandana Shiva, 2004a, S. 38.
11 Vgl. S. 43ff.
12 Vandana Shiva, 2004b, S. 322.
13 Ebd. S. 322.
14 NZZ 1. 6. 2004.
15 Ein verbreitetes biologistisches Muster in der Ökonomie ist das Prinzip des «survival of the fittest», also die Überzeugung, dass in der Wirtschaft die Starken auf Kosten der Schwachen überleben sollen.
16 Vgl. S. 51ff.
17 Vgl. zur folgenden Liste Hans Jonas, 1987, S. 42ff.
18 Vgl. S. 71ff.
19 Vgl. Anmerkung 16 in : II Ethik als Lebensweisheit.
20 Rudolf Bultmann, 1954, S. 331.
21 Vgl. dazu die Ausführungen zur Nachhaltigkeit S. 87ff.
22 Hermann Krings, 1973, S. 538.
23 China war 2003 ein wichtiger Importeur von Zement (55%); Kohle 40%; Eisen 25% und ist nach den USA der grösste Importeur von Erdöl.

II Ethik als Lebensweisheit

1 Vgl. S. 61.
2 Vgl. Martha C. Nussbaum, 1999.
3 Adolfo Perez Esquivel, 1983, S. 46.
4 Viktor E. Frankl, 1982, S. 124f.
5 Platon, 1994, S. 289.

6 Ebd. 290.

7 Johann Gottfried Herder, 1960, S. L.

8 Ebd. S. 56f.

9 Ebd. S. 165.

10 Die bekannteste Form des kategorischen Imperativs von Kant lautet: «Handle nur nach derjenigen Maxime, durch die du zugleich wollen kannst, dass sie ein allgemeines Gesetz werde.» Immanuel Kant, 1998, S. 51.

11 Hermann Krings, 1973, S. 156.

12 Wilhelm Schmid, 1998, S. 147.

13 Gal 5,1.

14 Gal 5,13.

15 Gal 5,13.

16 Martin Luther, 1977, S. 162.

17 Utilitarisierung meint eine Orientierung an den Ideen der ethischen Theorie des Utilitarismus. Im Utilitarismus geht es darum, das Nützliche (utilis) zu verfolgen und das Schädliche zu vermeiden. Man kann die Theorie mit dem Satz von Jeremy Bentham zusammenfassen: Anzustreben ist «das größtmögliche Glück für die größtmögliche Zahl». Trotz den Leistungen dieser Theorie besteht die Gefahr, dass bei einer solchen Kosten-Nutzen-rechnung unverhandelbare Güter wie etwa die Menschenwürde beschnitten werden.

18 Friedrich Heiler, 1982, S. 52.

19 Avishai Margalit, 1999, S. 83f.

20 Die Goldene Regel findet sich in allen Weltreligionen. Hier zitieren wir aus der Bibel, Mt 7,12: «Alles nun, was ihr wollt, dass es euch die Menschen tun, das sollt auch ihr ihnen tun.»

21 Georg Picht, 1963, S. 324–326.

22 Kontingenz bedeutet Zufälligkeit im Gegensatz zu Notwendigkeit. Es ist die Erkenntnis, dass etwas auch ganz anders geschehen kann.

23 Vgl. S. 89.

24 Hans Jonas, 1989, S. 36.

25 Ebd. S. 63.

26 Ebd. S. 70.

III Umwelt

1 Aus: Wuppertal Institut für Klima, Umwelt, Energie, 2005, S. 34f.

2 Schweizer Rück, 1994, S. 42.

3 Vgl. Gen 1,28.

4 Vgl. Mt 6,26f.

5 Insofern enthält der hier verwendete Begriff der Nachhaltigkeit einige Aspekte des Programms «Dauerhafte Entwicklung» gemäß dem Brundtland-Bericht: «Die Menschheit wäre durchaus in der Lage, die Voraussetzungen für eine dauerhafte Entwicklung zu schaffen; einer Entwicklung, die den

gegenwärtigen Bedarf zu decken vermag, ohne gleichzeitig späteren Generationen die Möglichkeit zur Deckung des ihren zu verbauen.» (Brundtland-Bericht, 1987, S. 9f).

6   Dennis L. Meadows, 1992, S. 70f.
7   Vgl. S. 150.
8   Peter Ulrich, 1998, S. 133.
9   Vgl. Hans Ruh, 2005, S. 100f.
10   Rolf Iten, 1992, S. 130.

IV Wirtschaft

1   Wilhelm Röpke, 1943, S. 24.
2   2. Thess 3,10.
3   Adam Smith, 2001, S. 370f.
4   Bernard Mandeville, 1998, S. 81f.
5   Ebd. S. 84.
6   Ebd. S. 84.
7   Ebd. S. 88.
8   Ebd. S. 92.
9   Alfred Müller-Armack, 1966, S. 243.
10   Immanuel Kant, 1984, S. 33.
11   Friedrich August von Hayek, 1969, S. 120.
12   Nach der These von Samuel P. Huntington.
13   Claus Offe, 2002, S. 71.
14   Es ist auf die wichtige Unterscheidung zwischen legal und legitim hinzuweisen. Legal bezieht sich immer auf ein positives Recht, z. B. in staatlichen Gesetzen. Legitim meint hier eine ethisch begründete Aussage, welche unter Umständen nicht mit den gesetzlichen Grundlagen übereinstimmen muss.
15   Vgl. Thomas Meyer, 2002, S. 17.
16   Ebd. S. 12.
17   Wilfried Hinsch, 2002, S. 119.
18   Ebd. S. 120.
19   Ebd. S. 122.
20   Ebd. S. 124.
21   Ebd. S. 126.
22   Friedrich August von Hayek, 1969, S. 118.
23   John Rawls, 1993.
24   Vgl. Elizabeth Anderson, 2000, S. 117.
25   Vgl. Exkurs S. 146f.
26   Vgl. S. 222ff.
27   Elizabeth Anderson, 2000, S. 120.
28   Ebd. S. 157f.

29 Vgl. Achim Brunnengräber, 2003.

30 Vgl. S. 174f.

31 Vgl. Hans Ruh, 2004, S. 15ff.

32 USP: «unique selling proposition» bedeutet Marktdifferenzierung, d. h. es wird eine besondere Marktleistung gegenüber der Konkurrenz erreicht.

V Landwirtschaft

1 Vgl. S. 94ff.

2 Neben den verbreiteten Begriffen «industrielle Landwirtschaft» und «Intensivlandwirtschaft» wird oft auch der Begriff «konventionelle Landwirtschaft» gebraucht. Wir bevorzugen den Begriff «industrielle Landwirtschaft», denn darin kommt die Nähe zur technisch-ökonomischen Logik zum Ausdruck.

3 Integrierte Produktion (IP) will Landwirtschaft im «Einklang mir der Natur» betreiben, wobei Kunstdünger und Pestizide gezielt und begrenzt eingesetzt werden. Vgl. www.ipsuisse.ch.

4 Grundlage der Zeichennutzung ist die EU-Öko-Verordnung (Verordnung (EWG) Nr. 2092/91 und Folgerecht).

5 Vgl. www.bio-suisse.ch.

6 IFOAM: International Federation of Organic Agriculture Movements. Vgl. www.ifoam.org.

7 Pat Mooney, 1991, S. 20.

8 Ebd. S. 22.

9 José Lutzenberger, 1999, S. 19.

10 Ebd. S. 19.

11 Bundesamt für Statistik, 2004, S. 320 (Zahlen für die Schweiz).

12 Ebd. S. 320.

13 Vgl. S. 182ff.

14 Franziska Wolff, 2004, S. 43ff.

15 Vgl. S. 97.

16 Hors sol ist eine Methode, Pflanzen auf einer künstlichen Masse, etwa Steinwolle, wachsen zu lassen. Nährstoffe werden flüssig direkt zu den Pflanzen gegeben.

17 José Lutzenberger, 1999, S. 12.

18 Heinrich F. J. Wohlmeyer, 2005, S. 117.

19 www.evb.ch, Landwirtschaft und Wasser 14.7.2003 (www.evb.ch/index.cfm ?page_id=2328&archive=none) vom 8. 9. 2005.

20 In südlichen Ländern wird oft hart um den Besitz von ungenutztem Land gestritten. Landreformen, welche den Kleinbäuerinnen und Kleinbauern Landbesitz ermöglichen, können wirkungsvoll helfen, Armut zu bekämpfen.

21 Mit der Terminator-Technologie werden Pflanzen so verändert, dass die geernteten Samen nicht keimfähig sind und die Bauern jedes Jahr neues Saatgut kaufen müssen.

22 Gil Ducommun, 2005, S. 186.

23 R. Googdland, 1998, S. 218 (Übersetzung Gröbly).

24 Peter Huber in: DIE ZEIT 3. 2. 2000.

25 Miges Baumann in: NZZ 26. 6. 2001.

26 Vandana Shiva, 2004a, S. 160.

27 Vgl. S. 222ff.

28 Christa Wichterich, 2004, S. 88.

29 Hans W. Popp, 2005, S. 84.

30 Ebd. S. 85.

31 Franz-Theo Gottwald, 2005, S. 141.

32 Vgl. S. 154ff.

33 «Die Stakeholder in einer Unternehmung sind die Individuen und Gruppen, die freiwillig oder unfreiwillig zu den Fähigkeiten und Aktivitäten der Unternehmung beitragen, Wohlstand zu schaffen, und die deshalb die potenziellen Nutznießer und/oder Risikoträger sind.» Sybille Sachs, 2004, S. 227.

VI Die Zukunft der Arbeit

1 Vgl. Wilhelm Korff, 1999, S. 88.

2 Vgl. S. 15.

3 Banause war im antiken Griechenland die abwertende Bezeichnung für einen Handwerker ohne Sinn für die Philosophie. Das schwingt auch heute noch mit, wenn man damit einen Menschen ohne Sinn für Kunst bezeichnet.

4 Vgl. 1. Thess 2,5; 2. Kor 7,2; 12,14-18.

5 2. Thess 3,10.

6 Gen 3,19.

7 Max Weber, 1925, S. 800.

8 Thomas von Aquin, 1954, S. 226.

9 Ebd. S. 226.

10 Ferdinand von Vetter, 1910, S. 177.

11 Arthur Rich, 1978, S.7.

12 Ebd. S. 8. Unter dem homo oeconomicus versteht man das Konstrukt eines Menschen, welcher nur egoistisch seinen Nutzen optimiert. Ein homo socialis setzt seine Energie hingegen für soziale Beziehungen ein und der homo responsalis ist ein Mensch, welcher Verantwortung für sein Leben und die Folgen seiner Handlungen übernimmt.

13 Karl Barth, 1993, S. 543.

14 Vgl. Karl Barth, 1993, S. 605ff.

15 Vgl. Dietrich Bonhoeffer, 1958, S. 71.

16 Vgl. Wilhelm Korff, 1999, S. 28f.

17 Vgl. S. 122ff.

18 Jürgen Rinderspacher, 1985, S. 72.

19 Vgl. Jürgen Habermas, der in seiner Theorie des Kommunikativen Handelns (1981) von einer «Kolonialisierung der Lebenswelt» spricht.

20 Jürgen Rinderspacher, 1985, S. 134f.

21 Im Rahmen des vorgestellten neuen Konzepts des menschlichen Tätigkeitshaushalts gilt der Begriff Tätigkeit als Oberbegriff. Arbeit ist grundsätzlich verstanden als monetarisierte Arbeit bzw. Tätigkeit. Auf diese Weise eben eine Dimension des Tätigkeitshaushaltes. Diese Begrifflichkeit im Verlauf der Entwicklung des Konzepts vollständig durchzuhalten ist schwierig, weil Begriffe wie Eigenarbeit, freiwillige Arbeit u. a. sich stark etabliert haben. Für eine saubere begriffliche Durchführung des Konzepts fehlen also gewisse Voraussetzungen.

22 Vgl. Bundesminister für Jugend, Familie und Gesundheit, 1975, S. 14.

23 Vgl. S. 154ff.

24 Vgl. www.solar-impulse.com.

IX
Literatur

Anderson, Elizabeth in: Krebs, Angelika (Hg.) (2000): Gleichheit oder Gerechtigkeit. Frankfurt a/M: 2000.

Barth, Karl (1993): Kirchliche Dogmatik. KD III, 4. Bd. 20. Zürich: 1993.

Bonhoeffer, Dietrich (1958): Ethik. München: 1958.

Brundtland-Bericht (1987): Unsere gemeinsame Zukunft. Der Brundtland-Bericht der Weltkommission für Umwelt und Entwicklung. Hg. von V. Hauff. Eggenkamp Greven: 1987.

Brunnengräber, Achim (Hg.) (2003): Globale öffentliche Güter unter Privatisierungsdruck. Münster: 2003.

Bundesamt für Statistik (Hg.) (2004): Statistisches Jahrbuch der Schweiz 2004. Zürich: 2004.

Bundesminister für Jugend, Familie und Gesundheit (Hg.) (1975): Zweiter Familienbericht. Bonn-Bad Godesberg: 1975.

Bultmann, Rudolf (1954): Theologie des Neuen Testamentes. 2. durchgesehene Auflage. Tübingen:1954.

DIE ZEIT: Hamburg.

Ducommun, Gil (2005): Nach dem Kapitalismus. Wirtschaftsordnung einer integralen Gesellschaft. Petersberg: 2005.

Eppler, Erhard (1974): Maßstab für eine humane Gesellschaft. Lebensstandard oder Lebensqualität? Stuttgart: 1974.

Esquivel, Adolfo Perez in: Goss, Jean; Goss-Mayr, Hildegard (1983): Die Gewaltlosigkeit Jesu – eine Kraft, die Frieden schafft. Pax Christi. Schrift Nr. 26. Schriftreihe des Jugendhauses Düsseldorf: 1983.

Frankl, Viktor E. (1982): … trotzdem Ja zum Leben sagen. München: 1982.

Goodland, Robert in: Westra, Laura; Werhane Patricia H. (Hg.) (1998): The Business of Consumption. Boston: 1998.

Gorz, André (1998): Kritik der ökonomischen Vernunft. Hamburg: 1998.

Gottwald, Franz-Theo in: Riegler, Josef (Hg. u. a.) (2005): Land in Gefahr. Zukunftsstrategien für den ländlichen Raum. Graz: 2005.

Habermas, Jürgen (1981): Theorie des Kommunikativen Handelns. Frankfurt a/M: 1981.

Hayek, Friedrich August (1969): Freiburger Studien. Gesammelte Aufsätze. Grundsätze einer liberalen Gesellschaftsordnung. Tübingen: 1969.

Heiler, Friedrich (1982): Die Religionen der Menschheit. Stuttgart: 1982.

Herder, Johann Gottfried in: Heintel, Erich (Hg.) (1960): Sprachphilosophische Schriften. Hamburg: 1960.

Hinsch, Wilfried (2002): Gerechtfertigte Ungleichheiten. Berlin, New York: 2002.

Iten, Rolf (Hg. u. a.) (1992): Ökologische Steuerreform. Europäische Ebene und Fallbeispiel Schweiz. Zürich: 1992.

Jonas, Hans (1987): Technik, Medizin und Ethik. Praxis des Prinzips Verantwortung. Frankfurt a/M: 1987.

Jonas, Hans (1989): Das Prinzip Verantwortung. Frankfurt a/M: 1989.

Kant, Immanuel (1984): Zum ewigen Frieden. Ein philosophischer Entwurf. Stuttgart: 1984.

Kant, Immanuel (1998): Grundlegung der Metaphysik der Sitten. Frankfurt a/M: 1998.

Korff, Wilhelm (Hg. u. a.) (1999): Handbuch der Wirtschaftsethik. Bd. I. Gütersloh: 1999.

Krings, Hermann; (Hg. u. a.) (1973): Handbuch philosophischer Grundbegriffe. Bd. 2, München: 1973.

Luther, Martin in: Metzger, Wolfgang (Hg.) (1977): Von der Freiheit eines Christenmenschen. Bd. 2. 4. Auflage. Stuttgart: 1977.

Lutzenberger, José (1999): Ernährung in der Wissensgesellschaft. Frankfurt, New York: 1999.

Mandeville, Bernard (1998): Die Bienenfabel. Frankfurt a/M: 1998.

Margalit, Avishai (1999): Politik der Würde. Über Achtung und Verachtung. Frankfurt a/M: 1999.

Meadows, Dennis L.; Meadows, D. H.; Randers, J. (Hg.) (1992): Die neuen Grenzen des Wachstums. Die Lage der Menschheit. Bedrohung und Zukunftschancen. Stuttgart: 1992.

Meyer, Thomas; Weil, Reinhard und Friedrich-Ebert-Stiftung (Hg.) (2002): Die Bürgergesellschaft. Perspektiven für Bürgerbeteiligung und Bürgerkommunikation. Bonn: 2002.

Mooney, Pat (1991): Die Saat des Hungers. Reinbeck bei Hamburg: 1991.

Müller-Armack, Alfred (1966): Wirtschaftsordnung und Wirtschaftspolitik. Freiburg im Breisgau: 1966.

Nussbaum, Martha C. (1999): Gerechtigkeit oder Das gute Leben. Frankfurt a/M: 1999.

NZZ: Neue Zürcher Zeitung. Zürich.

Offe, Claus in: Meyer, Thomas (Hg. u. a.) (2002): Die Bürgergesellschaft. Perspektiven für Bürgerbeteiligung und Bürgerkommunikation. Bonn: 2002.

Picht, Georg (1963): Wahrheit, Vernunft, Verantwortung. Philosophische Studien. Stuttgart: 1963.

Platon in: König, Burhard (Hg.) (1994): Sämtliche Werke. Bd. 1. Hamburg: 1994.

Popp, Hans W. in: Riegler, Josef (Hg. u. a.) (2005): Land in Gefahr. Zukunftsstrategien für den ländlichen Raum. Graz: 2005.

Rawls, John (1993): Eine Theorie der Gerechtigkeit. Frankfurt a/M: 1993.

Rich, Arthur: Arbeit als Beruf. Das christliche Verständnis der Arbeit in: Arthur Rich und Eberhard Ulich (Hg.) (1978): Arbeit und Humanität. Königstein/Ts: 1978.

Rinderspacher, Jürgen (1985): Gesellschaft ohne Zeit. Individuelle Zeitverwendung und soziale Organisation der Arbeit. Frankfurt, New York: 1985.

Röpke, Wilhelm (1943): Die Lehre von der Wirtschaft. Zürich: 1943.

Ruh, Hans; Leisinger, Klaus M. (Hg.) (2004): Ethik im Management. Ethik und Erfolg verbünden sich. Zürich: 2004.

Ruh, Hans (2005): Störfall Mensch. Wege aus der ökologischen Krise. 3. Auflage. Herbolzheim: 2005.

Schmid, Wilhelm (1998): Philosophie der Lebenskunst. Frankfurt a/M: 1998.

Schweizer Rück (Schweizerische Rückversicherungs-Gesellschaft) (1994): Risiko Klima. Zürich: 1994.

Shiva, Vandana (2004a): Geraubte Ernte. Biodiversität und Ernährungspolitik. Zürich: 2004.

Shiva, Vandana (2004b) in: Mander, Jerry; Goldsmith, Edward (Hg.) (2004): Schwarzbuch Globalisierung. München: 2004

Smith, Adam (2001): Der Wohlstand der Nationen. 9. Auflage. München 2001 Spiegel: Hamburg.

Sybille Sachs in: Ruh, Hans; Leisinger, Klaus M. (Hg.) (2004): Ethik im Management. Ethik und Erfolg verbünden sich. Zürich: 2004.

Tages-Anzeiger: Zürich.

Thomas von Aquin (1954): Summa theologica, II–II, 182,1. Abertus-Magnus-Akademie Walberberg bei Köln (Hg). Heidelberg, München, Graz, Wien, Salzburg: 1954.

Ulrich, Peter (1998): Integrative Wirtschaftsethik. Grundlagen einer lebensdienlichen Ökonomie. 2. Auflage. Bern: 1998.

Umwelt 2/2004: Zeitschrift des Bundesamts für Umwelt, Wald und Landschaft. Bern 2004.

Vetter, Ferdinand von (Hg.) (1910): Die Predigten Taulers. Berlin: 1910.

Weber, Max (1925): Wirtschaft und Gesellschaft. Tübingen: 1925.

Wichterich, Christa (2004): Das Livelihood-Konzept. Ernährungssicherung als entwicklungspolitischer Paradigmenwechsel – feministisch gesehen in: Widerspruch. Beiträge zu sozialistischer Politik. Nr. 47. 24. Jg./2. Halbjahr 2004. Zürich: 2004.

Wolff, Franziska in: Schneider, Manuel (Hg.) (2004): Zeitschrift Politische Ökologie 91-92. München: 2004.

Wohlmeyer, Heinrich F. J. in: Riegler, Josef (Hg. u. a.) (2005): Land in Gefahr. Zukunftsstrategien für den ländlichen Raum. Graz: 2005.

WoZ: Wochenzeitung. Zürich.

Wuppertal Institut für Klima, Umwelt, Energie (2005): Fair Future. Begrenzte Ressourcen und globale Gerechtigkeit. Ein Report. München: 2005.

Zürcher Bibel (1982). Zürich: 1982.

Hans Ruh

* 1933. Studium der protestantischen Theologie, Professor für Systematische Theologie mit Schwerpunkt Sozialethik an der Universität Zürich (seit 1998 emeritiert), Verwaltungsratspräsident der Blue Value AG.

Bücher:

Argument Ethik
(3. Aufl., TVZ, Zürich, 1993, vergriffen)

Anders, aber besser
(3. Aufl., Waldgut Verlag, Frauenfeld, 2002)

Ethik im Management
(Hans Ruh [Hg.] u. a., Orell Füssli, Zürich, 2004)

Störfall Mensch
(3. Aufl., Centaurusverlag, Herbolzheim, 2005)

Thomas Gröbly

* 1958. Nach landwirtschaftlicher Berufslehre Studium der Theologie mit Schwerpunkt Ethik. Master of Advanced Studies in Applied Ethics (MAE) an der Universität Zürich, Dozent für Ethik an verschiedenen Fachhochschulen.

Arbeitsschwerpunkte:
Wirtschafts-, Technik- und Umweltethik sowie Landwirtschaft und Ethik.

www.ethik-labor.ch

Hans Ruh
Anders, aber besser

Die Arbeit neu erfinden – für eine
solidarische und überlebensfähige Welt

Waldgut Verlag Frauenfeld
3. Auflage 2002
ISBN 978-3-7294-0219-5
CHF 32.00 / EUR 21.00

«Arbeitslos!» – wer sich nicht angesprochen fühlt, sei glücklich. Doch wer Arbeit beschaffen muss, sieht sich oft unlösbaren Problemen gegenüber. Viele Modelle sind aufgetaucht und wieder verschwunden, weil die Konsequenzen gefürchtet wurden, oder weil die Modelle unrealistisch waren.

Der Sozialethiker Hans Ruh hat nach den Ursachen der Arbeitslosigkeit geforscht und herausgefunden, dass rundum viel mehr als «die Arbeit» nicht stimmt. Aus seinen Erkenntnissen wuchsen die «Strategien zur Überwindung der Arbeitslosigkeit». Was sich so pragmatisch anhört, sind lebendige, begeisternde Vorschläge für die Umverteilung von Arbeit, die Neubewertung der Freizeit, die Verankerung der Arbeit im gesamten menschlichen Tun, die Entkrampfung starrer Grenzen zwischen Sein, Wollen und Bedürfnissen.

Hans Ruhs «Neuerfindung der Arbeit» ist nicht einfach ein weiteres Modell; es ist eine grundsätzliche Auseinandersetzung mit klaren Aussagen. Die Umsetzung darf mit Optimismus und Lust auf anderes (aber besseres) untermauert werden, sie braucht jedoch den ganzen Menschen, ja, sehr viele ganze Menschen.